本书获长春师范大学学术专著
出版计划项目支持

国际区域合作动力机制研究

宫倩 著

Research on Dynamic Mechanism of
International and Regional Cooperation

中国社会科学出版社

图书在版编目(CIP)数据

国际区域合作动力机制研究 / 宫倩著 . —北京：中国社会科学出版社，2023.12
ISBN 978-7-5227-3071-4

Ⅰ.①国… Ⅱ.①宫… Ⅲ.①国际合作—区域经济合作—研究 Ⅳ.①F114.4

中国国家版本馆 CIP 数据核字（2024）第 037519 号

出 版 人	赵剑英
责任编辑	许 琳
责任校对	李 硕
责任印制	郝美娜

出　　版	中国社会科学出版社
社　　址	北京鼓楼西大街甲 158 号
邮　　编	100720
网　　址	http：//www.csspw.cn
发 行 部	010-84083685
门 市 部	010-84029450
经　　销	新华书店及其他书店

印刷装订	北京市十月印刷有限公司
版　　次	2023 年 12 月第 1 版
印　　次	2023 年 12 月第 1 次印刷

开　　本	710×1000　1/16
印　　张	15.5
插　　页	2
字　　数	260 千字
定　　价	88.00 元

凡购买中国社会科学出版社图书，如有质量问题请与本社营销中心联系调换
电话：010-84083683
版权所有　侵权必究

前　　言

　　在当今的国际社会，国家想要凭借自身的实力与强权进行武力的吞并和扩张已然成为不可走通的路径，那么民族国家想要增强经济实力和扩大政治影响力又该从何处着手？冷战的结束使得世界政治中的全球性因素减弱，被冷战格局所掩盖的地区力量加强，国际社会中各国的政治经济发展越来越被地区合作动力所左右，区域一体化获得了较大发展。从当下世界经济发展的现实状况来看，经济全球化的重心逐渐由多边主义向区域主义转变。国际区域合作构造了国家之间良好的国际关系，成为一种规避政治风险、降低边际成本的理性选择，它将一国利益与地区内其他国家的利益相结合，集中区域内部资源和能量，通过共同努力解决面临的共同问题，维护和促进共有利益，最终达到共赢目标。稳定的国际环境是中国安身的立命之本，发展繁荣之基，伟大复兴的启航之港。国际区域合作不仅为中国和亚洲其他国家缔造了安稳的国际环境，而且为彼此的共同昌盛提供了良好的机遇，也是中国践行"睦邻、安邻、富邻"外交政策的最佳路径。党的二十大报告指出，"坚持在和平共处五项原则基础上同各国发展友好合作，推动构建新型国际关系，深化拓展平等、开放、合作的全球伙伴关系，致力于扩大同各国利益的汇合点"。面对世界百年未有之大变局与后疫情时代，如何打破合作困境、利用契机来共同应对挑战乃至构建人类命运共同体是需要解决的问题。基于此，本书试图探寻国际区域合作进程中所具有的规律，即究竟是哪些因素起到关键作用。也就是说，是什么因素驱动着国际区域合作的产生与发展，决定了其成功与否及其延续性。对于这个问题的研究有利于启示中国在进行国际区域合作时有必要优先考虑这些驱动要素，并努力发挥它们的作用，以此参与并完善区域合作体系建设，契合区域整体利益，能够提升区域国际竞争力及其地位。

本书在归纳和总结区域合作一般理论之后，以政治学相关理论分析和解读了区域合作产生与发展的驱动要素是什么及其内在机理。同时，在大量的文献资料和前期成果的基础上，经过不断地比较和选择，总结出四种驱动国家间区域合作的主导动力要素，即国际制度、共有观念、政治领袖和国际体系结构，并分别为每一个动力要素各成一章，详细论述了它们在区域合作中的地位和作用。由于区域合作的产生与发展并非是某一动力要素单独地在某一阶段发挥作用，而是与其他要素共同发挥作用推动的结果，只是某些动力因素在某一阶段会比另一些更为关键。因此，对于这四种驱动要素来说，它们并不是相互排斥的，而是能够相互作用、相互影响的，即在强化各自路径的同时，还能够促进其他要素的发展。基于此，在着重各自分析四种动力要素之后，运用系统动力学理论，阐述了什么是动力机制、动力机制的内容、区域合作动力机制及其特点的理论内涵以及四种动力要素的相互作用机理，从而探索出一条如何促使国际区域合作更为有效和持久的路径。本书主要的研究框架和写作思路具体如下。

本书主要由三大部分构成，包括导论、正文和结论。

第一部分是导论，主要对选题依据与意义、国内外研究现状、研究内容与方法、研究的重难点及创新之处与不足等四个方面进行了详细介绍，以此从整体上了解本书的研究脉络。

第二部分是本书的主体部分，由六章内容构成。第一章是论述国际区域合作动力机制的理论逻辑。这一章是本书研究的理论基础，主要是对已有的经济学、政治学理论关于国际区域合作动力问题相关性探讨的回顾，并反思现有理论的缺失与不足，尝试构建一种以四种核心动力要素及其内在作用机理为基点的国际区域合作动力机制的理论分析框架。在这一框架下，对国际区域合作进行较为全面、综合的规范研究，包括动力机制的内涵、国际区域合作动力机制的内涵、研究国际区域合作动力机制的重要意义以及国际区域合作动力机制四种驱动力要素分析的理论假设。第二章是论述国际区域合作动力中的国际制度要素。在这一章中，主要论述国际制度的内涵与类型，国际制度在国际区域合作中的效用发挥，即从几个方面阐述国际制度对区域合作的推动作用。同时，又对国际制度在区域合作中发挥有效作用的影响因素进行了深入分析。第三章是论述国际区域合作动力中的共有观念要素。这一章对共有观念要素的阐述体现在：首先，是对共有观念的理论分析，包括观念的内涵、类型以及观念对国家行为的影响。其次，阐述共有观念在国际区域合作中的驱动力作用，包括共有观念塑造国家间关系的建构主义解释，并以文化认同为例来说明该作用的具体表现。再次，论述共有观念在国际区域合作中的驱动力作用基础，即共有观念在国际区域合作中发挥动力作用的限度，表明其在什么条件下才能真正有效发挥动力作用。最后，对国际制度在国际区域合作中发挥动力的作用维度加以案例分析，以东北亚区域治理机制为例，分析该治理机制滞后的制约性因素，由此对推进东北亚区域治理机制建设发展提出了几点思考。第四章是论述国际区域合作动力中的国际体系结构要素。本章包括国际体系结构内涵、类型及其特征，之后运用肯尼思·华尔兹的新现实理论作为支撑，系统深入研究了国际体系结构如何在国际区域合作中发挥动力作用，包括国际体系结构影响国家行为的新现实主义分析、区域合作中国际体系结构"促生"性影响作用的发挥，具体来说，一是国际体系无政府状态对区域合作产生的积极影响，二是地区体系结构中核心国家对区域合作的牵引力，三是对地区核心国家发挥作用的现实分析，以德国在欧债危机中的核心领导力为例，四是阐述影响国际体系结构中地区核心国家在区域合作中发挥助推作用的因素。第五章是论述国际区域合作动力中的政治领袖要素。本章内容首先对政治领袖的内涵及其特殊地位和作用进行了一般理论分析。其次，阐述了政治领袖在国际区域合作中的特殊作用。在这一框架内，通过政治心理学的理论分析了政治领袖的错误认知对外交决策的负面影响，由此分析了政治领袖正向的外交理念在国际区域合作中发挥驱动力作用表现。最后，阐述影响政治领袖在国际区域合作中发挥作用的主要因素。第六章是论述国际区域合作驱动力要素的作用机理。这一章主要阐述各动力要素之间如何相互作用、相互影响。首先，阐述了国际区域合作驱动力要素作用机理的理论基础，涉及一般理论的系统思想、政治系统分析的基本理论和思想以及对国际区域合作驱动力要素作用机理的系统分析。其次，阐述了国际区域合作驱动力要素作用机理的过程，主要从横向维度、纵向维度考察国际区域合作驱动力要素作用机理。最后，通过对国际区域合作驱动力要素之间作用机理的深入分析，阐述了其在现实中的启示意义，主要包括国际区域合作驱动力要素作用机理的一般启示，以及对中国参与国际区域合作过程实践的现实启示。

  第三部分是本书的结论。主要是对本书的整体研究进行总结，并在之前分析作用机理的基础上进行启示性的展望。

宫 倩

长春师范大学

2022 年 11 月

目　　录

导　　论 ·· （1）
 一　选题依据与意义 ······································ （1）
 二　国内外研究现状 ······································ （3）
 三　研究思路与方法 ······································ （24）
 四　研究的重难点及创新之处与不足 ······················ （30）

第一章　国际区域合作动力机制的理论逻辑 ·················· （32）
 第一节　国际区域合作动力机制的理论基础 ················ （33）
  一　国际区域合作动力问题的经济学理论阐释及反思 ······ （33）
  二　国际区域合作动力问题的政治学理论阐释及反思 ······ （36）
 第二节　国际区域合作动力机制的分析框架 ················ （53）
  一　国际区域合作动力机制的相关概念解析 ·············· （53）
  二　研究国际区域合作动力机制的重要意义 ·············· （54）
  三　国际区域合作动力机制驱动力要素分析的理论假设 ···· （55）

第二章　国际制度与国际区域合作 ·························· （61）
 第一节　国际制度的内涵及类型 ·························· （62）
  一　制度的内涵 ······································ （62）
  二　国际制度的内涵 ·································· （63）
  三　国际制度的类型 ·································· （65）
 第二节　国际制度在国际区域合作中的效用发挥 ············ （66）
  一　新自由制度主义对国际制度效能的理论阐释 ·········· （67）
  二　区域合作机制对国际区域合作的驱动力效应 ·········· （68）

三　区域合作机制在国际区域合作中发挥动力作用的
　　　　实践分析……………………………………………………（72）
第三节　国际制度在国际区域合作中发挥动力作用的维度……（84）
　　一　共有利益：区域合作机制发挥动力作用的现实条件……（84）
　　二　共有观念：区域合作机制发挥动力作用的价值理念……（86）
　　三　政治领袖：区域合作机制发挥动力作用的个体力量……（87）
第四节　国际制度在国际区域合作中发挥动力作用维度的
　　　　案例分析……………………………………………………（88）
　　一　东北亚区域合作机制建设的实践进程…………………（89）
　　二　影响东北亚区域合作机制建设的因素…………………（91）
　　三　推进东北亚区域合作机制建设的路径…………………（94）

第三章　共有观念与国际区域合作……………………………………（98）
第一节　共有观念的理论基础分析………………………………（99）
　　一　观念的内涵………………………………………………（99）
　　二　观念的类型………………………………………………（100）
　　三　观念对国家行为的影响…………………………………（101）
第二节　共有观念在国际区域合作中的凝聚力作用……………（103）
　　一　共有观念塑造国家间关系的建构主义解释……………（103）
　　二　文化认同：共有观念在国际区域合作中发挥凝聚力
　　　　作用的体现…………………………………………………（106）
第三节　共有观念在国际区域合作中发挥动力作用的
　　　　基础…………………………………………………………（113）
　　一　共有利益：共有观念发挥动力作用的物质基础………（113）
　　二　国际制度：共有观念发挥动力作用的实践载体………（115）
　　三　国际体系结构：共有观念发挥动力作用的
　　　　促生媒介……………………………………………………（116）

第四章　国际体系结构与国际区域合作……………………………（119）
第一节　国际体系结构的基本内涵、类型划分及其特征……（120）
　　一　国际体系结构的基本内涵………………………………（120）
　　二　国际体系结构的类型划分………………………………（121）

三　国际体系结构的主要特征……………………………（123）
　第二节　国际体系结构在国际区域合作中的助推力…………（125）
　　一　国际体系结构影响国家行为的结构现实主义分析……（125）
　　二　国际体系结构在国际区域合作中的牵引力作用………（128）
　　三　地区核心国家发挥作用的现实分析：德国在欧债
　　　　危机中的核心领导力…………………………………（131）
　第三节　国际体系结构在国际区域合作中发挥动力作用的
　　　　　受限因素……………………………………………（144）
　　一　地区核心国家在国际区域合作中发挥动力作用的
　　　　内在受限因素…………………………………………（144）
　　二　地区核心国家在国际区域合作中发挥动力作用的
　　　　外在受限因素…………………………………………（148）

第五章　政治领袖与国际区域合作…………………………（151）
　第一节　政治领袖的理论内涵及其地位和作用………………（152）
　　一　政治领袖的理论内涵………………………………（152）
　　二　政治领袖在政治生活中的特殊地位和作用…………（152）
　第二节　政治领袖在国际区域合作中的独特作用……………（155）
　　一　政治领袖影响外交决策的政治心理学分析…………（155）
　　二　政治领袖正向的外交理念对国际区域合作的调动
　　　　作用……………………………………………………（160）
　　三　政治领袖正向的外交理念在国际区域合作中发挥
　　　　特殊作用的实践分析…………………………………（163）
　第三节　政治领袖在国际区域合作中发挥实质作用的
　　　　　依据……………………………………………………（168）
　　一　政治领袖的个性：政治领袖理念形成的风格………（168）
　　二　国内政治文化：政治领袖理念形成的根基…………（170）
　　三　国家利益：政治领袖理念形成的目标………………（171）
　　四　国内利益集团：政治领袖理念形成的趋向…………（172）
　　五　国内思想库：政治领袖理念形成的参照……………（173）
　　六　国际环境：政治领袖理念形成的外界环境…………（175）

第六章　国际区域合作驱动力要素的作用机理 （176）
第一节　国际区域合作驱动力要素作用机理的学理分析 （176）
　　一　一般系统论的基本思想 （177）
　　二　政治系统分析的基本思想 （180）
　　三　国际区域合作驱动力要素作用机理的系统分析 （189）
第二节　国际区域合作驱动力要素作用机理的过程分析 （191）
　　一　横向维度对国际区域合作驱动力要素作用机理的考察 （192）
　　二　纵向维度对国际区域合作驱动要素作用机理的考察 （195）
第三节　国际区域合作驱动力要素作用机理的现实启示 （200）
　　一　国际区域合作驱动力要素作用机理的一般性启示 （200）
　　二　对中国参与国际区域合作实践的借鉴意义 （204）
结　论 （213）
参考文献 （216）
后　记 （238）

导　　论

一　选题依据与意义

（一）背景依据

康威·汉得森指出，"国际关系中的政治，其本质就是冲突与合作。这两大主题几乎贯穿了所有的人类事件。"① 冷战结束后，各国在相对稳定的国际环境中谋求和发展本国经济。随着国际生产分工的逐渐细化、跨国公司的迅速发展，国家之间逐渐形成相互依赖关系，经济全球化进程推进，相近或相邻的国家之间紧密的双边和多边经济合作又带来地区化趋势的发展。自20世纪50年代，欧洲共同体建立之后，以其为标杆，各种区域一体化合作组织相继兴起，如亚太经合组织、东盟、北美自由贸易区、独联体一体化、南锥体共同市场等，呈现出合作领域广泛、合作形式灵活、多样等特点。可以说，国际区域合作已成为当今世界各国、各地区谋求发展的主流。国际区域合作推动了各国经济社会发展，使得国家以全面的、发展的、多维的视角重构国家利益，在竞争中更多地实现利益契合，有效地整合了国与国之间的关系，实现国家间的良性互动，维护了本地区的安全与和平。同时，它也是处理全球性和区域性问题的有力手段，使各国可以凝聚力量共同解决问题，从外部效应的负面影响中维护国家利益。区域化进程还成为了国际经济格局的基础，更是国际政治格局多极化发展的依托。对于发展中国家来说，国际区域合作更是顺应历史发展潮流、拓宽本国经济社会发展以及参与国际政治经济秩序构建的一个必然选

---

① ［美］康威·汉得森：《国际关系：世纪之交的冲突与合作》，金帆译，海南出版社2004年版，第12、35页。

择，而对于如何实现区域合作的高效、持续与和谐发展一直是世界各国政界与学界探索的课题。经过改革开放后的长期积累和发展，中国的国力迅速增强，国际地位也随之提升。然而，随着中国整体实力的崛起，一些大国出于自身利益的考虑，对中国的崛起持有一种武断式的、自带有色眼镜的看法，即认为"中国的崛起将成为世界体系中的不稳定因素甚至是破坏性因素，并刻意寻找和放大中国与邻国的各种争端和历史遗留问题，试图在中国的周边地区引发冲突，使它们获得所谓'力量准入'的机会，从而编织围堵中国的网络。"[1] 当今亚洲在世界政治经济格局中的地位与日俱增，亚洲各国在面临经济全球化进程、本国发展以及全球问题等方面都无法置身度外，需要共同寻求合作共赢的道路。2015年3月，在博鳌亚洲论坛上，习近平主席呼吁亚洲国家"把握好世界大势，跟上时代潮流"，一道营造"更为有利的地区秩序"，"迈向亚洲命运共同体"，并以此"推动建设人类命运共同体"。[2] 中国积极参与并推进区域合作，与周边国家实现共同利益，是打破围堵中国网络、消除"中国威胁论"、与相关国家建立政治互信以及提高国际社会威望的必然选择，也是维护本国利益、推动国内经济社会发展的最佳路径。对于如何处理地区关系，如何有效推动并主导地区合作是中国面临的重要议题，如在东亚地区，区域合作有利于地区的安全秩序和经济发展，而中国是东亚地区的大国，中国应如何积极推动东亚的区域合作就显得尤为重要。基于此，就需要深入研究在国际区域合作这一国际政治现象背后的实质，即区域合作如何得以成功并得到持续发展，这就涉及诸多因素在其中发挥作用。由此，本书选取国际区域合作动力一题进行深入研究。

(二) 选题意义

国际区域合作自产生以来就一直受到学术界的重点关注，它不单单是一个经济现象，而且还关系到国际关系乃至国际秩序的稳定与发展。因此，将区域合作作为研究议题具有重要的理论与现实意义。从

---

[1] 黄仁伟：《中国崛起的时间和空间》，上海社会科学院出版社2002年版，第10页。
[2] 习近平：《迈向命运共同体、开创亚洲新未来——在博鳌亚洲论坛2015年年会上的主旨演讲》，《人民日报》2015年3月28日。

理论意义方面来说，目前关于国际区域合作的学术研究成果颇丰，尤其是从经济学角度出发的前期成果更是比比皆是。在政治学领域，关于国际区域合作的研究大多是从区域合作制度、地区认同、领导权以及国际环境等视角进行剖析，主要以欧盟为研究对象并扩展开来，借鉴欧盟经验为其他区域合作组织如何发展提出建设性的意见。然而，从驱动区域合作的动力要素及其作用机理角度进行综合性、系统性研究的成果较少，对于宏观的国际结构层次和微观的个人层次也给予较少关注，大多数只是对某种区域合作在建立之后如何实现延续进行探讨，缺乏如何解释区域合作为何能够建立并因此而发展的问题。在大量的文献资料和前期成果的基础上，经过不断地比较和选择，总结出贯穿整个国际区域合作发展历史进程的、具有决定性作用的四种核心驱动力要素，即国际制度、共有观念、政治领袖和国际体系结构，避免了零散、单一的片段分析。同时，该项研究也是对构建人类命运共同体学术成果的不断完善。因此，本书的研究在一定程度上丰富了政治学领域关于国际区域合作的研究成果，具有一定的理论价值。从现实意义来讲，国际区域合作是当今时代的发展主流，对其进行深入挖掘，探索其产生与发展的动因，有利于引导国家间的区域合作朝着积极的方向发展，为我国如何在国际合作中实现良性互动提供有益的参考依据和启示，促使各国在未来继续深入区域合作发展时考量主导动力要素的影响，努力发挥其关键作用，以此更加完善地建设区域合作组织，更好地平衡国家利益与区域集体利益，提高区域国际竞争力和地位，从而对推动世界和平发展有着重大意义。

二　国内外研究现状

有关国际区域合作的研究专著、学术论文等国内外学术成果可谓浩如烟海，因而试图穷尽所有文献并非易事。因此，笔者在力所能及的基础上，对具有代表性的国内外前期学术成果进行述评，以此明确对这一问题的研究进展，为本书的研究提供了参考依据和理论支撑。

（一）国外研究现状

自20世纪50年代欧洲经济共同体建立之后，各种国际区域合作组织陆续出现。为了满足国际区域合作发展的需要，推动各国经济的良好发展，国外学者开始从不同的研究视角和对象出发对国际区域合作的相关议题进行深入研究，在政治学领域内的相关研究内容大概包括以下几个方面。

1. 对区域合作进程影响因素的相关研究

有关区域合作如何建立和持续发展，国外学者从领导国、地区认同、合作制度等某一单一因素进行深入研究，取得了很多具有代表性的研究成果：沃尔特·迈特尼（Walter Mattli）从需求与供给的角度分析认为，保证区域一体化成功需要两个前提，即供给与需求因素。从需求方面讲，"市场参与者对于地区规则、管理和政策的需求是一体化的重要推动力量"，如果地区市场潜在经济收益很小，地区经济体间缺乏互补性，地区市场规模狭小，规模经济无法产生，一体化进程就无法维持。从供给方面来说，"政治领导人在一体化进程中的每一步上愿意而且能够适应地区机构要求的条件"，① 这是推动一体化深入发展的重要保障。如果参与和推动一体化能够"明显提高国内经济条件"，增加其保持统治权的机会，政治领导人就会更愿意推动一体化进程。米特兰尼（Mitrany）提出了实现区域经济一体化必须满足三个条件，这三个条件分别是："区域内必须有对自由流通市场的需求""区域内必须要有关于统一某一个或几个领域的制度""区域内必须要有强势国家来主导合作进程"②。阿米塔·艾查尤（Amita Achaya）则从地区成员国集体认同的视角研究区域合作，他认为，"各国必须认同一些相同的规则"是区域经济一体化的前提条件。这些规则既包括"有主观层面的文化、信仰和意识形态，也包括客观层面的经济和政治制度"③ 等。卡尔·多伊奇（Karl W. Deutsch）侧重探讨了区域安全共同体建立的问题，他认为"主体价值的互适性""组成单元间的

---

① ［美］海伦·米尔纳：《利益、制度与信息：国内政治与国际关系》，曲博译，上海人民出版社 2012 年版，第 14 页。
② David Mitrany, *A Working Peace System*, Chicago: Quadrangle, 1996.
③ 参见李鹭瑶《大图们江地区国际合作——次区域经济合作模式探讨》，硕士学位论文，清华大学，2014 年。

相互感应性"和"行为的相互可预测性"①是建立区域安全共同体的三个重要基础。这些条件都建立在单位层次的行为体之间的互动,并且相互之间要有集体认同感,有保证合作稳定的制度安排。新功能主义者哈斯认为,区域一体化要建立在多元的社会结构、发达的经济、工业和共同的意识形态模式的基础上。他的思想强调了经济、社会的发展和意识形态因素是区域一体化形成的条件。约瑟夫·奈（Joseph Nye）认为"结构和认知"②是区域合作的存在与发展的两种条件。奈所指的结构就是区域合作组织的内部结构,即国家之间的经济水平相似,政治精英之间要有认同感,国家之间存在信任,对彼此的行为有预测性,并且能够相互了解、沟通。同时在认知方面,强调观念的重要性,单元行为体要对外部因素有一定感知和反应能力。盖伊尔（H. S. Geyer）从经济全球化的视角阐述了区域一体化现状及其合作机制的建构问题。③阿瑟·斯坦（Arthur A. Stein）运用"战略互动"模式分析国家选择国际合作的内外原因,主要包括:"共同利益和共同背离、错误知觉和战略选择、灭亡与国家生存、霸权和竞争的困境、联盟和陷入之困境等。"④国家的战略互动就是在这些内外因素中做出是否合作选择的反复过程。

2. 对欧洲区域一体化合作的相关研究

国外学者研究欧洲区域一体化合作的成果主要包括理论分析、欧洲区域一体化发展成功的原因研究,如大国、政府间谈判、文化等因素产生的作用。

关于欧洲区域一体化的理论分析,先后产生了功能主义、新功能主义、政府间主义等理论流派。随着欧洲一体化的发展,这些理论流派都不能很好地解释和促进欧洲一体化的深入发展。20世纪90年代,

---

① 参见陈玉刚《国家与超国家：欧洲一体化理论比较研究》,上海人民出版社2001年版,第145页。
② ［美］詹姆斯·多尔蒂等：《争论中的国际关系理论》（第五版）,阎学通等译,世界知识出版社2003年版,第556—557页。
③ H. S. Geyer, *Global Regionalization*: *Core peripheral trends*, Cheltenham Edward Elgar Publishing Limited, 2006.
④ ［美］阿瑟·斯坦：《协调与合作：无政府世界中的制度》,载［美］大卫·A. 鲍德温主编《新现实主义与新自由主义》,肖焕荣译,人民出版社2001年版,第94页。

建构主义的兴起为欧洲区域一体化进程的持续性给予了新的理论阐释和启示。建构主义以认同为核心概念，一方面解释了欧洲得以联合是建立在文化认同基础上，另一方面阐述了欧洲区域一体化的未来仍然是以欧洲认同来达成各国共识，从而深化欧洲区域一体化进程。

有关欧洲区域一体化得以深入发展的原因，一些学者们将大国作为分析视角，认为其是形成与向前迈进的重要牵引动力。海格·西蒙尼（Hagrid Simone）在其著作《权力性伙伴——法国与德国在欧洲联盟中的关系（1960—1984）》（*Power partners—France's relationship with Germany in the European Union*）中肯定了德法在欧共体中的核心作用，指出"海牙首脑会议相互利益的交换以及随后的关于共同体扩大的谈判、经济货币联盟、法德两国在准备国际货币体系改革中的作用都证实了两国协作的重要性"。① 海伦·华莱士（Helen Wallace）也持同样的态度，认为"在欧洲共同体内，甚至是在整个20世纪70年代，法国巴黎和德国波恩之间的亲密关系时常共同决定了欧洲共同体的议事日程和行动方案"。② 有关政府间谈判在欧洲一体化中的作用研究，斯坦利·霍夫曼（Stanley Hoffman）发表的《顽固还是过时——民族国家的命运与西欧的个案》（*The Fate of the Stubborn or Outdated Nation—state and the Case of Western Europe*）一文认为，"区域一体化是主权国家为追求自身利益而相互进行谈判的一个过程，因而成员国政府为了维护民族国家利益在欧洲一体化进程中更加'顽固'，而不是过时。"③ 西蒙·布尔莫（Simon Bulmer）在《国内政治与欧共体的决策》（*Domestic Politics and EC Decision-making*）一文中指出，"成员国国内关于欧共体的谈判方式，决定着各政策问题的进展和整个一体化的发展。欧共体层面上的谈判处于若干个他变量之间，但在自变

---

① 唐静：《博弈与共赢：欧洲一体化的政府间谈判框架分析》，博士学位论文，华东师范大学，2008年。

② Helen Wallace, "Institutionalized Bilateralism and Multilateral Relations: Axis, Motor or Detonator?", in Robert Picht and Wolfgang Wessels, *Motor fur Europe? Deutsch—franzosischer Bilateralismus and Europaische Integration*, Bonn: Europe Union, 1990, p.146.

③ S. Hoffman, "Obstinate or Obsolete the Fate of the Nation State and the Case of Western Europe", *Daedalus*, 1966, p.31.

量之外。这就是说，欧共体没有'一个自主的政治制度'"。① 维尔纳·魏登费尔德（Werner Weidenfeld）在回顾区域一体化的发展后，指出欧洲一体化具有五方面的动机②："重新自我定位的意愿；和平的意愿；对自由主义的向往；对经济繁荣的期望；对共同强大的期望。"

以文化视角分析欧洲区域一体化的研究成果较多，这类研究又分别强调了文化差异和文化认同的作用。从欧洲文化差异视角出发的研究，强调欧洲各国在传统风俗习惯、语言和社会政治制度等方面的较大差异，导致真正的联盟难以建立。欧盟东扩之后，这种差异因突出的民族文化矛盾而影响欧洲一体化的进程。这类成果包括："莫妮卡·谢莉（Monica Shelley）和玛格丽特（Margaret）的《欧洲文化多样性的体现》（*A Reflection of the Cultural Diversity of Europe*）、M. 施皮林（M. Shi Pilling）的《民族认同与欧洲统一》（*National Identity and European Unity*）、迈克尔·温特尔（Michael Venter）的《欧洲文化与认同》（*European Culture and Identity*）、安东尼·D. 史密斯（Anthony D. Smith）的《民族认同与欧洲统一思想》（*National Identity and European Unity*）、M. 希尔（M. Hill）的《欧洲文化多样性》（*Cultural Diversity in Europe*）、斯塔凡·赛特霍尔姆（Stavan Stenholm）的《民族文化与欧洲一体化》（*National Culture and European Integration*）、尼尔斯·阿恩·索伦森（Nils Arne Sorensen）的《欧洲认同：自1700年以来的欧洲文化多样性与欧洲一体化》（*European Identity*：*European Cultural Diversity and European Integration since* 1700）。"③ 从认同视角研究欧洲一体化最重要的学者是哈贝马斯（Habermas）。哈贝马斯从建立欧洲认同的基础上设想欧洲的未来。他认为，欧洲各国经济联系密切但政治联系松散，这是欧洲一体化深化的阻力。如果因为欧洲一体化产生了重要的经济效益而需要推进一体化，则必须超越经济范畴，追

---

① Simon Bulmer, "Domestic Politics and European Community Policy Making", *Jcms*：*Journal of Common Market Studies*, 1983（4）：861—886.
② 参见［德］贝娅特·科勒-科赫等《欧洲一体化与欧盟治理》，顾俊礼等译，中国社会科学出版社2004年版，第19—20页。
③ 唐静：《博弈与共赢：欧洲一体化的政府间谈判框架分析》，博士学位论文，华东师范大学，2008年。

求文化的凝聚力。只有"超越民族界限，建立一种新的认同形式"，"激发了一种未来的欧洲新观念，从而可以再一次创造性地迎接当前的挑战"①。法布里斯·拉哈（Fabrice Raha）对欧洲认同持一种谨慎态度。他认为，与民族认同相比，欧洲认同可能更加无害（几乎不被用作压迫别人的意识形态），但也因此更加感情色彩淡漠，内容模糊，"能否具体体现在政治领域也难以确定。"② 迈克尔·沃尔泽（Michael Walzer）从欧洲公民身份不同参照点（欧盟、成员国、宗教、家庭或其他的种族、语言群体和阶层）之间的可能引发的摩擦和冲突的视角出发，探讨了培育欧盟认同需要处理的两个关系及其敏感性的问题。③ 与此相关的研究视角还包括：斯塔凡·赛特霍尔姆的《为什么文化多样性是一个政治问题？——关于阻碍政治一体化文化因素的讨论》（Why is Cultural Diversity a Political Issue？—Discussion on Cultural Factors Impeding Political Integration）④、理查兹（Richards）的《文化吸引力和欧洲旅游业》（*Cultural Attractions and European Tourism*）⑤、克里斯·肖尔（Chris Shore）的《欧盟文化政策与欧盟治理：以欧洲文化为分析视角》（European Cultural Policy and European Governance：From the Perspective of European Culture）⑥、萨萨泰利（Salsa Terry）的《欧洲文化政策的逻辑》（The Logic of European Cultural Policy）。⑦ 欧美学者有关欧洲区域一体化的研究包括了规范研究、案例研究或是政

---

① ［德］尤尔根·哈贝马斯等：《后民族结构》，曹卫东译，人民出版社2019年版，第151—161页。
② ［法］法布里斯·拉哈：《欧洲一体化史——（1945—2004）》，陈志瑞译，中国社会科学出版社2005年版，第128—130页。
③ Walzer, Michael, *Obligations：Essays on Disobedience War and Citizenship*, Clarion NY, 1970, p. 194.
④ Zetterholm, Staffan, "Why is Cultural Diversity a Political Issue？—Discussion on Cultural Factors Impeding Political Integration", in Staffan Zetterholm ed., *National Cultures and European Integration*, Berg, Oxford, 1994, p. 67.
⑤ Richards, G. ed., *Cultural Attractions and European Tourism*, Wallingford：CAB International, 2014, p. 22.
⑥ Chris Shore (2006), "European Cultural Policy and European Governance：From the Perspective of European Culture", *Cultural Analysis*, The University of California. p. 5.
⑦ Salsa Terry, M., "*The Logic of European Cultural Policy*", in Meinhof, U. H. & Triandafyllidou A. eds., *Transcultural Europe：cultural policy in a changing Europe*, Basingstoke and New York：Palerave Macmillan, 2006, pp. 24-42.

策研究，理论体系较为成熟，达到了一定的理论高度，为我国学者研究欧洲区域一体化奠定了理论基础。

3. 对东亚区域合作的研究

有关东亚区域合作的研究成果，一些学者以东南亚地区主义、东盟为研究对象，深入探讨了区域合作的根源和价值。学者们从不同的角度探讨了东亚区域合作的根源和动因。Eero Palmrjok 认为"政治合作的需要"是推动东盟产生的动力机制。"随着经济全球化和区域一体化的发展"，这种政治需要"将会外溢到其他次区域的政治合作"，从而推动中国与东南亚各国政治合作的进一步发展。① Richard Srubbs 以东盟为分析对象，阐述了东南亚地区主义产生的基础和动力。他认为，"历史经验、某些共同的文化特征和相近的经济体制"是促进地区整合的基础，而中国与东南亚国家的双边政治合作是整合过程的重要动力。② 约翰·奈斯比特（John Naisibite）在《亚洲大趋势》（*Asian Megatrends*）一书中指出，在东南亚金融危机后建立起来的"集体亚洲观念"使得亚洲共同体意识明显增强，推动了东亚次区域合作的发展③。Toshihiko 指出，"新地区主义的蓬勃发展、地区内贸易、资本及人力资源网络的实现是推动东亚经济整合的主要动因"。④ 关于东盟区域合作的意义，学者们也都给予了积极评价。Leszek Buszynski 认为，东盟从"维持地区秩序在现有地缘现状基础上的稳定"的角度讲，是地区主义成功的典范。⑤ 阿米塔·阿查亚认为，"东盟方式"是使东盟国家自我克制，避免冲突升级并保持国家间长期和平合作的重要原因。⑥ 皮特（Peter）等在其著作《欧洲、东亚和亚太经合组织》（*Eu-*

---

① Eero Palmrjok, *Regionalism and Globalism in the southeast Asia*, Published by Palgrane, 2001, pp. 179-185.

② Richard Srubbs, "ASEAN plus Three: Emerging East Asian Regionalism?", *Asian Survey*, 2002 (3).

③ [美] 约翰·奈斯比特：《亚洲大趋势》，蔚文译，外文出版社 1996 年版。

④ Toshihiko, "Economic Integration in East Asia and Japan's Role", *SPFUSA Semina*, "Asia's Voice" in Washington, D. C.

⑤ Leszek Buszynski, "Southeast Asia in the Post-Cold War Era: Regionalism and Security", *Asian Survey*, 1992 (9): 830.

⑥ [加拿大] 阿米塔·阿查亚：《建构安全共同体东盟与地区秩序》，王正毅、冯怀信译，上海人民出版社 2004 年版。

rope, East Asia and APEC）中探讨了东亚区域合作的独特动力和独特道路与前景，认为由于独特的"历史背景、经济发展水平、文化传统、价值观取向"，东亚地区"不可能达到高度整合"，"将走一条完全不同的道路"，"最终的结构也可能是完全不同于欧洲和北美的"。① 其他一些学者也提出了类似的观点和看法，如马诺兰贾·达塔（Manoranga Datta）②、罗伯特·S. 罗斯（Robert S. Ross）③、诺曼·D. 帕尔默（Norman D. Palmer）④ 等。

对于东亚区域合作的研究，还有一些学者以欧洲一体化为借鉴经验来探讨东亚一体化的发展。卡罗利纳·赫南兹（Carolina G. Hernanz）在《东亚合作与来自欧洲的教训》（East Asian Cooperation and Lessons from Europe）一书中，在简述东亚地区概况基础上，主要从主导国、政治领袖、政治决心和包容性四个方面总结了欧洲区域一体化发展成功的经验，指出虽然东亚一体化在其发展的过程中有其独特性，但不能完全忽略欧洲区域一体化的经验。⑤ 肯恩·莫里塔（Ken Morita）等在比较欧盟与东亚地区主义之间的差异之后，指出东亚可以吸收欧盟经验，"加强国际交流和沟通"，探讨建立"可以将经济效益转变为和平与秩序的""适合自身的新机制"，是东亚地区主义发展的关键。⑥ Shabir Mohsin Hashmi 认为，可以参照欧盟建立和欧盟统一货币发行的经验，逐步建立符合该地区发展需要的合作制度。⑦

---

① Peter Drysale, David Vines, Europe, *East Asia and APEC: a Shared Global Agenda?*, Cambridge University Press, 1998.

② Manoranga Datta, *Economic Regionalization in the Asia-Pacific: Challenges to Economic Cooperation*, Cheltenham: Edward Elgar Publishing Ltd., 1999.

③ Robert S. Ross ed., *East Asia in Transition: Toward a New Regional Order*, New York: M. E. Sharpe, 1995.

④ Norman D. Palmer, *the New Regionalism in Asia and the Pacific*, Lexington, MA: Lexington Books, 1991.

⑤ Carolina G. Hernanz, "East Asian Cooperation and Lessons from Europe", Prepared for the International Conference on European Integration and the Process of East Asian Cooperation 10-11, October 2006.

⑥ Ken Morita, Yun Chen, "Asian Integration and European Integration: Towards East Asian Communit", *Paper presented at the 49th ISA Annual Meeting*, San Francisco, CA, USA, March 26-29, 2008.

⑦ Shabir Mohsin Hashmi, "Towards East Asian Economic Integration", *European Journal of Economics, Finance and Administrative Sciences*, Issue 12, 2008.

除了关注东南亚地区的合作,一些日韩学者基于地理位置的缘故对东北亚地区合作问题进行了探讨。孙炳海认为东北亚政治和经济关系极其复杂,矛盾众多,不利于"技能型经济联盟"的形成,在局部地区建立地方合作更合适。可以"连接据点城市间的自由贸易区,建立线型自由贸易区。"① 英贵吉松隆(Ying Guiji Songlong)指出中、日、韩三国三国应该加强监督管理该以促进区域经济合作的发展。②

另外一些学者还从中国参与东亚区域合作的角度着重进行探讨,指出中国如何更好地参与东亚区域合作。Joseph Y. S. Cheng 指出,中国和东盟紧密联系和加强磋商可以成为与西方大国和国际组织进行有效协商的力量。如何消除东盟内部的"中国威胁论"对中国与东盟双边政治关系的负面影响,是决定双方能否合作并加强共识,在国际经济政治新秩序建构中发挥重要作用的关键。③ 约书亚·库兰齐克(Joshua Kuranzik)阐述了区域一体化对中国和东南亚各国的现实意义,体现在"随着地区主义的进展,中国将更加注重谋求地区的核心领导地位。同时,从长远看,地区主义的发展对中国和东南亚双边的政治和经济合作是有裨益的。"④ 郭清水认为中国日益积极参与地区性国际机制既是"基于对政治、经济与安全利益的考虑",也是"身份认同的转变"的原因。⑤

可见,国外学者在研究东亚区域合作问题时,一方面认可了东亚区域一体化发展取得的重大成效,另一方面也看到由于东亚各国之间存在的多种差异,从整体上东亚区域一体化进程发展还是较为缓慢的。他们指出,导致东亚区域合作发展滞后的原因,除了国家间存在差异外,还包括弱化的地区认同感和核心国家领导力的缺乏。因而,

---

① [韩] 孙炳海:《为"东北亚经济协力圈"形成线型自由贸易区的构思和期待效果》,对外政策研究院,1992年。
② Hidetaka, Yaoshimatsu, "Regional Cooperation in Northeast Asia: Searching for the Mode of Governance", *International Relations of the Asia-Pacific*, 2010 (10): 247.
③ Joseph Y. S. Cheng, "China's ASEAN Policy in the 1990s: Pushing for Regional Multipolarity", *Contemporary Southeast Asia*, 1999 (2): 176.
④ Joshua Kuranzik, "Is East Asia Integrating?", *The Washington Quality*, 2001: 19-28.
⑤ [马来西亚] 郭清水:《中国参与东盟主导的地区机制的利益分析》,《世界经济与政治》2004年第9期。

学者们普遍认为，学习欧盟经验是推动东亚区域一体化进一步发展的重要工作。在探寻一条适合东亚区域一体化发展的亚洲模式的过程中，不可忽视寻找欧盟一体化进程的经验和启示。

4. 对北美自由贸易区的研究

欧美学者对北美自由贸易区的研究主要集中于对北美自由贸易区的争端解决机制发展的阐述。J. G. Merrills 对北美自由贸易区的争端解决方式进行了介绍与横向比较，并对其中的外交和法律手段进行了深入探讨。① 罗伯特·A. 帕斯特（Robert A. Paster）在其著作《走向北美共同体——新世界应从旧世界汲取的教训》（*Toward the North American Community—Lessons from the Old World for the New World*）中对北美自由贸易区的产生、发展模式及其面临的问题等方面进行了详细分析，试图通过对北美自由贸易区和欧盟的比较研究，揭示区域合作组织发展的规律和不同组织的差异，进而预测北美自由贸易区未来走向。② 在相关的学术论文中，Sharon D. Fitch 从政治、文化与法律等方面对美国与墨西哥加入北美自由贸易区的态度进行了对比，从而表明北美自由贸易区中的争端解决机制是成员国之间博弈的结果。③ William P. Avery 等学者认为，《北美自由贸易协定》建立的实质是国家之间谈判的结果，而谈判的过程还受到国内因素的影响，包括国内利益集团、国内大选与民意的互动以及国内贸易政策理念的变化。④ David Lopez 分析了北美自由贸易区的争端解决机制所审理的

---

① J. G. Merrills, *International Dispute Settlement*. 4th edition, Cambridge University Press, 2005.

② ［美］罗伯特·A. 帕斯特：《走向北美共同体——新世界应从旧世界汲取的教训》，商务部美洲大洋洲司译，商务印书馆 2004 年版。

③ Sharon D. Fitch, "Dispute Settlement under the North American Free Trade Agreement: Will the Political, Cultural and Legal Differences Between the United States and Mexico Inhibit the Establishment of Fair Dispute Settlement Procedures?", *California Western International Law Journal*, 1991-1992.

④ William P. Avery, "Domestic Interests in NAFTA Bar-gaining", *Political Science Quarterly*, 1998, 113 (2): 281-305; R. Grinspun, "NAFTA and Neoconservative Transformation: the Impact on Canada and Mexico", *Review of Radical Political Economics*, 1993, 25 (4): 14-29; John Aldrich, C. Kramer, J. Merolla, "Tough Choices: The Influence of Electoral Context and Constituencies on Senators Trade Votesln", In Paper Presented at the Annual Meeting of the American Political Science Association, Chicago, 2004.

早期案例，提出了完善该机制的建议。① 其他具有代表性的成果还包括：Patrick Dumberry 对《北美自由贸易协定》第 11 章项下投资争端解决机制的研究②、Jennifer Danner Riccardiz 对《北美自由贸易协定》第 19 章项下反倾销与反补贴案件争端解决机制的研究、Frederick M. Abbott 对《北美自由贸易协定》中环境案件争端解决机制的研究③。

5. 对次区域合作的研究

次区域合作是 20 世纪 80 年代末、90 年代初在东亚地区出现的一种经济发展方式。次区域合作属于区域经济合作的范畴，其实质是地理相近的地区之间生产要素趋于自由流动，提高该区域的生产效率和资源有效配置。随着次区域合作的出现，相关的理论研究也相继兴起。国外学者对于次区域合作的研究主要集中于次区域合作的理论和以某一种次区域合作进行案例分析研究。

关于次区域合作的理论性研究，以探讨次区域合作的内涵为主。Krugman 等④、Hanson⑤ 关于边界企业的跨境活动与企业绩效之间呈正相关性的研究结论，成为促进世界各国参与跨境合作的重要理论基础。McCallum、John⑥ 运用"重力引力模型"研究"边界"（边境）效应及其属性问题，发现即使在文化、语言、习惯等相似性很强的美国和加拿大，在排除了关税和非关税壁垒等显性因素影响之后，仍存在"边界效应"（Border Effect）的作用机制。罗伯特·斯卡拉皮

---

① David Lopez, "Dispute Resolution under NAFTA: Lessons from the Early Experience", *Texas International Law Journal*, 1997.

② Patrick Dumberry, "Expropriation under NAFTA Chapter 11 Investment Dispute Settlement Mechanism: Some Comments on the Latest Case Law", *Interantional Arbitration Law Review*, 2001.

③ Frederick M. Abbott, "The NAFTA Environmental Dispute Settlement System as Prototype for Regional Integration Arrangements", *Yearbook of International Environmental Law*, 2012, 4 (1).

④ Krugman P., Hanson G., *Mexico-US Free Trade and Location of Production: the Mexico-US Free Trade Agreement*, MIT Press, 1994.

⑤ Gordon Hanson, "Economic Integration, Intra-industry Trade, and Frontier Regions", *European Economic Review*, 1996, 40 (3-5).

⑥ McCallum, John, "National Borders Matter: Canada-U. S. Regional Trade Patterns", *American Economic Review*, 1995 (85): 615-623.

诺（Robert Scalapino）在1992年美国的《外交事务》杂志上发表《美国和亚洲：未来的前景》（The United States and Asia：Prospects for the Future），将次区域经济合作看作是"自然的经济领土"（Natural Economic Territories）。斯卡拉皮诺（Scarapino）将"'自然的经济区域'界定为跨越政治边疆的自然的经济互补性。所谓'自然'是指政府为促进区域内要素的自由流动采取的干预措施，也就是说，为了实现'自然的经济领土'内的经济合作，需要政府进行宏观调控。"① 麦克吉（McGee）则从"核心—边缘"的角度定义了次区域经济合作的内涵。他与斯科特·麦克劳德（Scott McLeod）以"新柔廖成长三角"作为案例研究对象，认为可以将区域经济合看成是"扩大的都市地区"，可以通过核心城市的带动，促进扩大的都市地区的经济合作与经济发展，形成"核心—边缘"的次区域经济合作形式。② 林华生将次区域经济合作区界定为"以一些国家地理上相近或相邻的地方经济为主体的跨国（地区）的经济合作区"，"通过加强区内产业贸易和投资等领域的相互协作，从而形成一个内部市场"。③ 另外一些学者是以某一种次区域合作进行案例分析研究，如以湄公河次区域合作为研究对象，阐述了湄公河次区域合作的发展状况以及不足。1990年，南方委员会④发表了《对南方的挑战》报告。该报告指出在未来的几年内，"振兴现存的区域级和次区域级合作机构和机制"必须成为南方地区人民及其行动纲领的主要目标之一。虽然包括澜沧江—湄公河次区域在内的发展中国家合作取得了长足的进展，但影响南南合作顺利进行的问题并没有自然消失。⑤ Medhi Krongkaew指出，"虽然大湄公河次区域合作在多个领域取得了初步效果和收益，但由于区域内部各国在经济发展水平上的巨大差异以及政治上

---

① 张杰：《次区域经济合作研究——以大图们江次区域经济合作为中心》，博士学位论文，吉林大学，2009年。
② Nitsch Uolker, "National Borders and International Trade：Evidence from the European Union", *Canada Journal of Economics*, 2000, 33 (4).
③ 林华生：《东盟地区地壳的变动——面向21世纪的次区域经济圈的形成》，复旦大学出版社1996年版，第1—3页。
④ 由坦桑尼亚总统尼雷尔、国际知名人士和专家学者组成。
⑤ 章启月等：《对南方的挑战》，中国对外翻译出版公司1991年版。

的动荡性等原因减缓了次区域合作的进程，使得预期收益减少"。①

关于次区域合作的国外研究成果较少，已有的研究成果的关注点大多集中于对次区域合作的概念界定以及某一种次区域合作发展状况的说明和鲜有的对策性分析，整体的理论体系还尚未成熟，理论研究滞后于实践。

（二）国内研究现状

国内学者对国际区域合作进行的相关研究成果主要包括对东亚区域合作的研究，对欧洲区域一体化的研究、北美自由贸易区的研究以及对次区域合作的研究，其中对欧洲区域一体化和北美自由贸易区的研究主要是分析两大区域合作的发展模式及其形成与发展的动因，从而为东亚区域合作提供经验借鉴，并分析东亚区域合作发展取得的成效和面临的困境以及未来前景。

1. 对东亚区域合作的研究

长期以来，基于中国的地位和作用以及国内经济社会的发展，国内学者一直重视对东亚区域合作的研究。对于东亚区域合作的研究，国内学者们的研究成果涉及东亚合作的模式、动力、制约因素、发展模式以及路径选择等。王子昌认为，"东亚一体化是以东盟合作框架为基础、以中日两国合作为轴心，吸纳东盟和韩国、朝鲜等国参与的新型模式"。② 黄河从区域公共产品的角度探讨了东亚区域合作的动力。他分析认为可以通过提高区域公共产品的供应水平，克服东亚区域合作的发展障碍。区域性公共产品可为东亚区域合作提供新的动力来源，不断加强的区域合作可以改善和提高区域性公共产品的供给效率。③ 戴念岭从整个区域制度安排来考虑区域合作动力，认为欧洲和北美地区经济一体化组织的发展历程表明，"国际性的制度安排具有

---

① Medhi Krongkaew, "The Development of the Greater Mekong Sub-region (GMS): Real Promise or False Hope?", *Journal of Asian Economics*, 2004 (15): 977-998.
② 王子昌：《东亚区域合作的动力与机制》，中国社会科学出版社2004年版。
③ 黄河：《区域公共产品：东亚区域合作的新动力》，《南京师大学报》（社会科学版）2010年第3期。

强大的生命力。"① 其他关于这一研究视角的相关研究的代表性成果还包括：刘少华的《东亚区域合作的路径选择》②，廖少廉、陈雯和赵洪合著的《东盟区域经济合作研究》③，苏浩的《东亚区域合作的机制化安排》④，阎学通、金德湘的《东亚和平与安全》⑤，赵怀普的《欧洲一体化对东亚合作的若干启示》⑥，陈玉刚和陈晓翌的《欧洲经验与东亚合作》⑦，王志民、熊李力等的《东亚区域合作的政治因素及中国的对策》⑧，耿协峰的《新地区主义与亚太地区结构变动》⑨ 等。

东亚合作的可持续发展存在哪些障碍？一些学者从不同的角度阐述了制约东亚合作水平提升的制约因素。张蕴岭详细阐述了东亚区域合作存在的三个方面的问题："一是东盟着力于自身共同体建设和主导地位维护，并不热心推动合作机制的建设；二是日本拉拢域外国家参与东亚峰会，形成对"10+3"合作机制的竞争态势；三是当前东亚新一代政治家更多考虑国家利益，缺乏强烈的区域主义的理想信念"。⑩ 孙加韬指出，"东亚一体化的制约因素分为内部和外部因素，内部因素有宗教文化因素、政治因素、地理历史因素、经济因素等，外部主要是美国的制衡"。⑪ 彭述华阐述了东亚经济一体化的制约因素，指出"东亚各国国情差异、不对称相互依存、外向型经济、民族主义观念及现实主义思维、所谓的'安全困境'、日本的消极态度、中日关系障碍、核心国家牵引动力的缺乏和国际合作机制缺失等各种

---

① 戴念岭：《经济一体化与制度变迁——兼论APEC的制度创新》，《学术月刊》2000年第11期。
② 刘少华：《东亚区域合作的路径选择》，《国际问题研究》2007年第5期。
③ 廖少廉等：《东盟区域经济合作研究》，中国对外经济贸易出版社2003年版。
④ 苏浩：《东亚区域合作的机制化安排》，《外交学院学报》2004年第4期。
⑤ 阎学通、金德湘：《东亚和平与安全》，时事出版社2005年版。
⑥ 赵怀普：《欧洲一体化对东亚合作的若干启示》，《外交学院学报》2005年第4期。
⑦ 陈玉刚、陈晓翌：《欧洲经验与东亚合作》，《世界经济与政治》2006年第5期。
⑧ 王志民、熊李力等：《东亚区域合作的政治因素及中国的对策》，世界知识出版社2009年版。
⑨ 耿协峰：《新地区主义与亚太地区结构变动》，北京大学出版社2003年版。
⑩ 张蕴岭：《东亚合作之路该如何走》，《外交评论》2009年第2期。
⑪ 孙加韬：《东亚一体化的制约因素及发展方向》，《亚太经济》2004年第3期。

消极因素阻滞了东亚一体化进程。其中，民族主义引发的安全疑虑和政治歧见的'裂变'影响尤甚"。① 肖欢容探讨了东亚区域一体化发展中的美国因素产生的影响，认为"美国的双轨战略计划"给东亚地区业已存在的地区组织的"身份和认同特性带来混乱"。② 刘翔峰认为，与"具有制度性的合作机制、固定的运行机制及宏观经济政策的定期协商机制的"北美自由贸易区相比，东亚遵循的"协商对话式的区域合作机制"缺乏强制规则和集体行动计划。③

一些学者接受了建构主义的理论，强调观念和文化认同要素在区域合作中的重要作用，并积极提倡构建东亚的地区认同。李文认为要从积极角度探讨东亚认同的重要性，认为认同意识"有助于人们超越民族、国家界限建立互相信任，有时甚至会将他者利益定义为自我利益的一部分，从而有利于降低交易成本"。④ 孙洪魁、李霞则从东北亚区域合作进展缓慢的角度，强调"共同的文化底蕴和互信、认同的区域文化平台的支撑"的重要性，倡导东亚各国共同打造区域合作的文化基础，以文化认同促进区域合作。二人特别强调中国也须建立面向"东北亚的文化发展战略"。⑤ 代表成果还包括杨光的《多向度视角下的东北亚国际体系及其强势建构》⑥、肖承锋的《从新地区主义视角看中国多边外交战略》⑦。

关于东亚合作中的领导权问题，曹云华认为东亚一体化的领导力量短期看是东盟，但长远看非中日莫属。全毅通过探讨东盟合作模式的方式，间接地阐明了东亚合作领导权问题的特殊性和复杂性。他指

---

① 彭述华：《试析东亚经济一体化的内部制约因素——国际政治经济学视角》，《国际论坛》2006年第4期。
② 肖欢容：《地区主义：理论的历史演进》，北京广播学院出版社2003年版，第249—250页。
③ 刘翔峰：《东亚区域合作与北美区域合作的比较》，《经济研究参考》2004年第4期。
④ 李文：《构建东亚认同：意义、问题与途径》，《当代亚太》2007年第6期。
⑤ 孙洪魁、李霞：《东北亚区域合作的文化视角——打造区域合作的文化基础》，《东北亚论坛》2006年第3期。
⑥ 杨光：《多向度视角下的东北亚国际体系及其强势建构》，《武汉大学学报》（哲学社会科学版）2006年第3期。
⑦ 肖承锋：《从新地区主义视角看中国多边外交战略》，《国际问题论坛》2004年春季号。

出,东亚合作要保持开放性,在坚持"10+3"机制主渠道作用与平等协商、循序渐进的东盟原则的基础上,"发挥中日韩等大国的核心协调作用",发展和协调与"区域外政治经济大国的关系"。①

另外一些学者专门探讨了中国参与东亚区域经济合作的问题。蒋旭华主要考察了中国参与东亚区域经济合作的进程和特点②;侯松龄、迟殿堂强调中国的地区合作蓝图应该是东亚和中亚两翼齐飞③;庞中英认为在东亚地区合作问题上,中国"必须深刻体认与把握地区合作的'微妙性',在'东南亚'发挥好自己的核心作用"④。其他一些代表成果还包括:俞新天的《东亚认同感的胎动——从文化的视角》⑤、韦红的《地区视野下的中国—东盟合作研究》⑥、王士录和王国平的《走向21世纪的东盟与亚太——东盟的发展趋势及其对亚太的影响》⑦、唐世平和张蕴岭的《中国地区战略》⑧、莫金莲的《亚太区域合作研究》⑨。

2. 对欧洲区域一体化的研究

郇庆治对欧洲一体化发展的内在动力和影响因素的研究很具启发性。他从四对矛盾的角度探讨了欧洲一体化的内在动力,即经济领域与非经济领域的矛盾、扩大与深化的矛盾、联邦主义与邦联主义的矛盾和超国家机构创建与政府间合作方法的矛盾。⑩影响一体化的因素主要有五个方面。一是经济"外溢"因素,跨国界的经济生产活动需

---

① 全毅:《东亚区域合作的模式与路径选择》,《和平与发展》2010年第3期。
② 参见华晓红主编《国际区域经济合作——理论与实践》,对外经济贸易出版社2007年版,第172—180页。
③ 侯松龄、迟殿堂:《东南亚与中亚:中国在新世纪的地缘战略选择》,《当代亚太》2003年第4期。
④ 庞中英:《东盟与东亚:微妙的"东亚地区主义"》,《太平洋学报》2001年第2期。
⑤ 俞新天:《东亚认同感的胎动——从文化的视角》,《世界经济与政治》2004年第6期。
⑥ 韦红:《地区主义视角下的中国—东盟合作研究》,世界知识出版社2006年版。
⑦ 王士录、王国平:《走向21世纪的东盟与亚太——东盟的发展趋势及其对亚太的影响》,当代世界出版社1999年版。
⑧ 唐世平、张蕴岭:《中国地区战略》,《世界经济与政治》2004年第6期。
⑨ 莫金莲:《亚太区域合作研究》,湖南人民出版社2007年版。
⑩ 郇庆治:《多重管制视角下的欧洲联盟政治》,山东大学出版社2002年版,第320—322页。

要超国家的行政或机构管理；二是国内政治因素，涉及"直接参与政府间谈判的成员国相关机构"、国内的政党政治、选举制度、政治传统等多种政治力量；三是领导者因素，欧盟委员会主席和成员国政府领导人的政治支持是取得成功的前提；四是经济环境因素，不同经济环境下发起的一体化倡议取得成功的几率不同；五是国际压力因素，特殊的国际环境成为一些重要的一体化文件出台的国际背景和动力。① 伍贻康在《欧洲一体化整合协调经验及其启迪》一文中致力于总结欧洲一体化历程中化解矛盾冲突的经验，指出欧盟成员国之间"本着互谅互让追求共同目标实现共同利益的精神"，"摒弃零和游戏规则和霸权主导"的合作方式，"善于求同存异和平衡利弊得失"的谈判妥协是欧洲一体化成功的重要经验。②

从文化角度研究欧洲一体化，阐述文化因素对欧洲一体化的影响，具有一定的理论深度，为研究提供了较好的分析思路与切入点。李明明对欧洲认同的目的、性质作了有见地的分析。他认为，建构欧洲认同的目的，是"培养民众对欧洲的认同感和归属感"；未来欧盟的整合程度取决于欧洲认同能否形成；欧洲认同是一种超越现有民族认同的新型认同；欧洲认同是一个进程，而不是给定的状态，其产生经历了"由潜在的无意识到有意识的建构的过程"。③ 张骥等指出，虽然欧洲文化具有很强的同一性，但是文化因素对欧洲一体化的发展起到促进作用的同时，也存在阻碍作用。"塑造欧盟的思想文化基础是欧洲一体化深化的重要保障，但要时刻注意民族文化对欧盟深化的阻碍作用"。④ 其他代表性成果还包括：陈春常的《欧洲一体化进程中的文化多样性》⑤、马风书等的《欧洲一体化：一种文化的解读》⑥、

---

① 郇庆治：《多重管制视角下的欧洲联盟政治》，山东大学出版社2002年版，第320—322页。
② 伍贻康：《欧洲一体化整合协调经验及其启迪》，《太平洋学报》2005年第1期。
③ 李明明：《试析一体化进程中的欧洲认同》，《现代国际关系》2003年第7期。
④ 张骥、闫磊：《论欧洲一体化进程中文化因素的影响》，《当代世界社会主义问题》2004年第1期。
⑤ 陈春常：《欧洲一体化进程中的文化多样性》，《国际观察》2003年第1期。
⑥ 马风书、任娜：《欧洲一体化：一种文化的解读》，《现代国际关系》2003年第9期。

王志强、戴启秀的《欧盟东扩的文化基础及其战略意义》①。

以区域治理为视角研究欧洲区域一体化的内容体现在：对欧盟的组织机构及其政策制度的特征结构分析，代表性成果包括：吴志成等的《欧盟超国家制度安排的政治合法性分析》②、谭功荣的《欧洲一体化进程中的行政趋同分析》③；关于欧洲区域治理模式及其价值示范效应的代表性研究成果主要包括：伍贻康的《欧盟软力量探析——欧盟治理模式的效应评价》④、卢静和衡孝军的《透析欧盟治理困境》⑤、郑春荣的《规范分析视角下的欧盟新型治理模式："社会对话"》⑥、牛海彬的《欧盟治理的变量与困境》⑦；在欧洲一体化的区域治理过程中，对某种类型的行为体或相关机制的研究主要包括：喻锋的《走向"地方的欧洲"：欧洲地方治理的发展及其启示》⑧、程同顺和高飞的《协合民主下的欧盟治理》⑨、朱贵昌的《开放协调机制——欧盟应对成员国多样性的新治理模式》⑩、王明进的《欧洲跨国政党联盟的功能》⑪、鲁茉莉的《"欧洲化"对德国福利社团游说功能的影响》⑫、伍慧萍的《欧盟治理中的公共领域与市民社会》⑬。

---

① 王志强、戴启秀：《欧盟东扩的文化基础及其战略意义》，《德国研究》2003年第2期。
② 吴志成、赵晶晶：《欧盟超国家制度安排的政治合法性分析》，《国际政治研究》2008年第4期。
③ 谭功荣：《欧洲一体化进程中的行政趋同分析》，《国家行政学院学报》2007年第4期。
④ 伍贻康：《欧盟软力量探析——欧盟治理模式的效应评价》，《世界经济与政治》2008年第7期。
⑤ 卢静、衡孝军：《透析欧盟治理困境》，《国际问题研究》2008年第2期。
⑥ 郑春荣：《规范分析视角下的欧盟新型治理模式："社会对话"》，《欧洲研究》2008年第2期。
⑦ 牛海彬：《欧盟治理的变量与困境》，《现代国际关系》2004年第7期。
⑧ 喻锋：《走向"地方的欧洲"：欧洲地方治理的发展及其启示》，《国家行政学院学报》2010年第6期。
⑨ 程同顺、高飞：《协合民主下的欧盟治理》，《教学与研究》2010年第11期。
⑩ 朱贵昌：《开放协调机制——欧盟应对成员国多样性的新治理模式》，《国际论坛》2010年第3期。
⑪ 王明进：《欧洲跨国政党联盟的功能》，《中共天津市委党校学报》2008年第1期。
⑫ 鲁茉莉：《"欧洲化"对德国福利社团游说功能的影响》，《欧洲研究》2007年第3期。
⑬ 伍慧萍：《欧盟治理中的公共领域与市民社会》，《德国研究》2008年第3期。

3. 对北美自由贸易区的研究

关于北美自由贸易区的国内研究成果较少，主要集中于法学和国际贸易领域，而从政治学领域研究的更是寥寥无几。陈芝芸等所写的《北美自由贸易协定：南北经济一体化的尝试》一书从经济视角出发较为系统地对其进行了研究。① 宫占奎等著的《区域经济组织研究：欧盟、北美自由贸易区、亚太经合组织》一书对北美自由贸易区的整体情况进行了详细介绍。② 叶兴平在其著作《国际争端解决机制的最新发展：北美自由贸易区的法律与实践》中对北美自由贸易区的争端投资机制进行了深入研究，在分析其具有的特点和创新性之后，也指出其存在的问题，并对其未来的发展前景进行了展望。③ 韩召颖在其发表的《美国研究中几个值得关注的问题：美国帝国、政治制度与北美自由贸易区》的文章中提到，"要关注由美国主导的北美自由贸易区与东亚区域合作的共性与差异。这些问题对于中国对外政策的制定和实施有着重要的现实意义。"④ 范思聪在《北美自由贸易区的发展过程及其政治解读》中认为，"北美自由贸易区自建立起来备受关注，其建立的过程看似简化，却反映出三个成员国不同的地位及迥异的行为方式。北美自由贸易区客观上采取的是两步走的战略，先有美国与加拿大两国的合作，后有墨西哥的加入。在三国加强经济合作的动因之时，北美自由贸易区建立过程背后的政治驱动力十分巨大。在贸易区建立的过程中，美国的主导作用、加拿大的'不甘人后'、墨西哥的委曲求全形成了北美自由贸易区强大的向心力，构成其发展的动力，值得进一步的研究与借鉴。"⑤ 王春婕在其《北美自由贸易区模式的创新价值探析》一文分析了北美自由贸易区为区域一体化组织模

---

① 陈芝芸等：《北美自由贸易协定：南北经济一体化的尝试》，经济管理出版社 1996 年版。

② 宫占奎等：《区域经济组织研究：欧盟、北美自由贸易区、亚太经合组织》，经济科学出版社 2000 年版。

③ 叶兴平：《国际争端解决机制的最新发展：北美自由贸易区的法律与实践》，法律出版社 2006 年版。

④ 韩召颖：《美国研究中几个值得关注的问题：美国帝国、政治制度与北美自由贸易区》，《教学与研究》2006 年第 8 期。

⑤ 范思聪：《北美自由贸易区的发展进程及其政治解读》，《江汉论坛》2013 年第 12 期。

式提供的创新价值。该文认为,北美自由贸易区"根据区域一体化组织内成员国的差异性需求","设计了一套兼具软法与硬法特征的组织架构与法律制度"。这种灵活的制度安排"不仅恰当解决了北美自由贸易区内各成员国经济发展水平不一所带来的诸多问题,而且开创了'南北合作'的新路径。"[1] 其他相关的研究成果还包括张学良的《新区域主义在北美自由贸易区的应用》[2]、邓宁的《北美自由贸易区保障措施研究》[3]、古惠冬的《北美自由贸易区的解析及其对区域经济合作的启示》[4]。

4. 对次区域合作的研究

次区域合作是发展中国家应对经济全球化挑战而在较小的特定地理范围内形成的一种区域合作形式。国内关于次区域合作的研究始于20世纪80年代,主要集中于东亚地区。由于次区域合作是一种新兴的区域合作形式,发展层次较低,因而其理论研究程度还处于发展和演绎阶段,尚未形成较为成熟的理论体系,其研究内容主要是探讨次区域合作的理论内涵或是以某一单一视角或对某一具体的次区域合作进行理论和实证分析。关于次区域合作的理论内涵,吴世韶认为"次区域经济合作是指在具有自然地理联系的三个或三个以上国家的相邻地域间,由政府推动的经济合作行为。"[5] 余禹雕等认为,"地理上的邻近性、经济上的互补性以及政府间相互协调的可能性"是成为"成长三角"的具备因素。其中,该"成长三角"地区对外资的吸引力和各"点"腹地对"成长三角"地区的潜在与现实的支持程度是最重要的两个因素。[6] 夏禹龙等认为,次区域经济合作是指"在一个大的

---

[1] 王春婕:《北美自由贸易区模式的创新价值探析》,《山东社会科学》2009年第2期。

[2] 张学良:《新区域主义在北美自由贸易区的应用》,《世界经济研究》2005年第7期。

[3] 邓宁:《北美自由贸易区保障措施研究》,《法制与经济》2006年第2期。

[4] 古惠冬:《北美自由贸易区的解析及其对区域经济合作的启示》,《改革与战略》2001年第6期。

[5] 吴世韶:《从"次区域经济合作"到"次区域合作":概念辨析》,《社会主义研究》2011年第1期。

[6] 余禹雕等:《成长三角:理论与现实——图们江与湄公河地区"成长三角"开发实践的比较》,《东北亚论坛》1999年第4期。

地区内（如亚太地区、欧洲、非洲等）一些地理上邻近的国家或邻近国家的部分地区所进行的多边经济合作。"次区域经济合作是有层次的，包括较大层次的日本海经济圈、黄海经济圈和次级的各种成长三角。① 苏长和以中国地方政府参与国际合作为视角，阐述了次区域合作的动力、行为及其机制。他认为应该关注和重视地方政府在区域化战略中的作用，因为在现行国家结构下，地方政府参与国际合作是对中央政府外交的配合、补充和支持。国际组织、中央政府和地方政府在亚洲跨界次区域合作中发挥着不同作用。目前已初步形成的中国—东盟机制、上海合作组织和东北亚合作机制属于"Y"形干状制度性安排，地方政府参与的次区域合作则形成了多层次枝状制度性安排。② 国内学者在选取某一次区域合作进行理论和实证研究时大多是以湄公河次区域合作作为案例分析。曹云华分析了包括湄公河次区域合作在内的东南亚区域合作的发展状况。③ 20世纪90年代末，在云南省澜沧江—湄公河区域合作开发前期研究中，云南省科学研究所的李义敢等首次综合分析了澜沧江—湄公河开发合作情况，提出了改善合作的对策，为后来的学术研究奠定了基础。④

国际区域合作的不断发展促进了区域一体化相关理论的日益进步，在政治学领域内，国内外学者从不同的研究视角出发各抒己见，各有所长。从国外研究成果来看，欧美学者热衷于研究欧洲区域一体化，探索欧洲区域一体化成功模式的原因及其延续性发展的设想。相反，欧美学者对于亚洲区域合作的研究成果数量较少，在已有的研究成果中大多是探讨东盟或是东亚整体发展滞后的原因，并且提倡以欧盟为经验。而亚洲学者虽然对东亚区域合作有一定的研究，但整体上并没有建立起一种完整的理论体系，研究内容较为零散，主要集中于

---

① 夏禹龙、周建明等主编：《亚太地区经济合作与中国亚太经济战略》，上海人民出版社1996年版，第28—60页。
② 苏长和：《中国地方政府与次区域合作：动力、行为及机制》，《世界经济与政治》2010年第5期。
③ 曹云华：《东南亚的区域合作》，华南理工大学出版社1995年版。
④ 李义敢等编著：《大西南与澜沧江—湄公河次区域合作开发》，云南民族出版社2001年版。

对东亚现状改进的就事论事型的对策性研究，较少地关注东亚区域一体化发展的动力因素。从国内的研究成果来看，学者们是对不同的地区范围内的区域合作进行专门研究，如对欧洲区域一体化的研究，对东亚区域合作的研究等，从中以不同的视角各自分析了推动某一区域合作发展的动力要素与阻碍因素，还包括对发展道路的建设性意见。就涉及区域合作的动力要素而言，国内学者一般从单一视角进行深入研究，较少选取某几种核心要素进行全面的论述。回顾区域一体化的发展历程，其发展过程并非只是某一种要素就能顺利推行区域合作的发展，这其中还受到其他要素共同作用的影响，无论是宏观层面的国际体系格局，还是微观层面的政治领导人，抑或是国际制度乃至合作双方认同的政治、文化、社会等因素的影响，都在区域合作这一复杂的过程中发挥着重要作用。而就目前的研究成果来看，有很少的学者从几个关键要素来整体把握区域经济合作形成与发展的动因，这无疑不利于区域一体化的理论研究。因此，本书尝试对国际区域合作的动力研究构建一种理论框架，把握某几种关键要素，探讨其发展的实质性规律。

三 研究思路与方法

（一）主要内容和思路

1. 研究前提

研究假设是进行理论研究的逻辑起点，因此，本书在深入探讨研究问题之前，进行了研究假设，将其作为研究的前提和基础，只有将假设条件作为既定因素，才能在此基础上继续深入研究问题。

（1）研究前提一：国家以追求利益最大化为目标

国家的一切行为都是以追求利益最大化为目标的。马基雅维利（Machiavelli）指出，"国家的利益无论从道义上还是从法律和科学上讲，都是政府行为合法性的最终源泉，君主可以为了国家的利益而不惜采取任何手段。"[①] 英国外交家帕麦斯顿（Palmer）勋爵认为，没有

---

① 参见俞可平《权利政治与公益政治——当代西方政治哲学评析》，社会科学文献出版社 2000 年版，第 140 页。

永久的朋友，也没有永恒的敌人，只有永恒不变的利益，这些利益才是应该遵循和追求的。① 美国海权理论家阿尔弗雷德·马汉（Alfred Mahan）指出，"华盛顿所说的话在今天并不是每句都像他当初说的那么正确，但是有一句是永久的真理，那就是除了国家利益别指望政府能在任何其他的基础上不断地采取行动。"② 尽管如此，以国家利益作为一种解释国际区域合作形成与发展的驱动力因素是不具有说服力的，因为很多时候国家利益在有差异的情况下还能建立和维持合作关系。因此，以国家追求利益最大化为目标是国家行为的常态，只将其作为本书的一个研究前提。

（2）研究前提二：国际社会处于无政府但不混乱的状态

西方的一些国际关系流派常常将无政府状态作为研究起点和预设，认为它是国际体系的本质特征。布尔认为，无政府状态是指国际社会没有管理各国的中央权威政府，它是"国际社会生活的主要事实与理论思考的起点"，"就许多关于国际社会生活富有成效的研究而言，它们都与探索国际生活由于缺少政府而带来的后果有关"。格里科指出，无政府状态使得国家"如果不能保护它们至关重要的利益或不能实现预期目标，国际环境将对其不利。因此，国家像统一的理性行为者一样，对成本很敏感；国际无政府状态是塑造国家动机和行动的主要动力；无政府状态中的国家囿于权力与安全，倾向于冲突与竞争，即使存在共同利益，也不易实现合作。"肯尼思·奥伊（Kenneth Oye）以无政府状态作为其探讨国际政治的基本前提："由于国际体系中没有中央权威政府限制国家追求利益，因此，国家永远处于一个无政府状态的国际体系之中。"罗伯特·基欧汉（Robert Keohan）将无政府状态作为研究国际制度的基础，他认为，"无政府状态正是体现了国际政治的基本特征"。结构现实主义代表人物肯尼思·沃尔兹（Kenneth Woltz）将无政府状态作为国际体系研究的基本结构因素，认为"在国内政治中，公民的安全与利益由公共机构负责维护，可能发挥调节冲突作用的能力之一——有形力量的使用——通常是由国家

---

① 参见陈乐民主编《西方外交思想史》，中国社会科学出版社1995年版，第166页。
② 参见阎学通《中国国家利益分析》，天津人民出版社1996年版，第19页。

所垄断的。但在国际政治中，却没有一个权威机构能有效制止武力的使用。"当国家之间出现利益冲突的时候，"国家不能诉诸具有权威的、并有能力主动采取行动的更高一级实体。"从以上国际关系主要理论流派对无政府状态的阐述中可以看出，相对于国内政治而言，无政府状态就是缺乏一个权威的中央政府。尽管如此，正如罗伯特·吉尔平（Robert Gilpin）所指出的那样，尽管国际体系处于无政府状态，但各国之间的关系处于一种稳定的秩序之中，即国际体系对国家行为有一定的制约作用，这种作用使得各国之间能够在各自的轨道上运行。也就是说，虽然在国际体系中，冲突和战争时有发生，但这并不是国际关系发展的常态，在没有中央权威管理和限制国家行为的情况下，国家仍然能够通过国际制度进行协调与合作，实现共同利益，由此国际社会已形成了一种相对稳定的秩序。因此，假设世界是处于无政府但不混乱的状态确保了本书的研究内容是成立和可行的。无政府状态意味着各国在考虑进行国际合作时，总是从各自的理性出发，以追求利益最大化为考虑，因为不存在处于国家之上的权威政府，国家是独立的个体，不受任何行为体干涉。但是从有序的角度而言，各国的政策是有限的，不能随心所欲，在一个有序的国际体系中，国家还是受到一定程度的约束。更为重要的是，有序的国际社会才能为各国之间的合作提供有利的环境。

2. 主要内容与思路

本书在阐述区域合作一般理论的基础上，以政治学的相关理论分析和解读了区域合作产生与发展的驱动力是什么及其相互作用的内在机理。在大量的文献资料和前期成果的基础上，经过不断地比较和选择，总结出四种驱动国家间区域经济合作的主导动力要素，即国际制度、共有观念、政治领袖和国际体系结构。因此，在阐释相关理论之后，本书分别将每一个动力要素各自分为一章详细论述了它们在区域合作中的地位和作用。由于区域合作的产生与发展并非是某一动力要素单独地在某一阶段发挥作用，而是由多种要素共同发挥作用推动的结果，只是某些动力要素在某一阶段会比另一些更为关键。因此，对于这四种动力要素来说，它们并不是相互排斥的，而是能够相互作用、相互影响的，在强化各自路径的同时，还能够促进其他要素的发展。基于此，在着重各自分析四种动力要素之后，运用系统动力学理论，阐述了什么是动力机制、动力机制的内容、区域经济合作动力机制及其特点的理论内涵，并根据系统动力学原理，重点阐述了四种动力要素的相互作用机理，从而探索出一条如何促使区域合作更为有效和持久的路径。本书主要的研究框架和写作思路具体如下。

本书主要由三大部分构成，包括导论、六章正文内容和结论。第一部分是导论，主要阐述选题依据与意义、国内外研究现状、研究内容与方法以及研究的重难点及创新之处与不足等四个方面的问题，以此从整体上了解本书的研究脉络。

第二部分是本书的主体部分，由六章内容构成。第一章是论述国际区域合作动力机制的理论逻辑。这一章是本书研究的理论基础，主要是对已有的经济学、政治学理论关于国际区域合作动力问题相关性探讨的回顾，在将其中部分理论作为本书理论支撑的基础上，反思现有理论的缺失和不足，并尝试构建一种以四种核心动力要素及其相互之间内在作用机理为基点的国际区域合作动力机制的理论分析框架，在这一框架下，对国际区域合作进行较为全面、综合的规范研究，包括动力机制的内涵、国际区域合作动力机制的内涵、研究国际区域合作动力机制的重要意义以及国际区域合作动力机制四种驱动力要素分析的理论假设。

第二章是国际区域合作动力中的国际制度要素。在这一章中，主要论述国际制度的内涵与类型，国际制度在区域合作中的效用发挥，从几个方面阐述了国际制度对区域合作产生的推动力作用。最后，阐述了国际制度在区域合作中发挥有效作用的影响因素，主要阐述了国际制度在区域合作中发挥有效作用会受到哪些因素的影响。

第三章是国际区域合作动力中的共有观念要素。这一章对共有观念的阐述体现在：首先是共有观念的理论分析基础，包括什么是观念的内涵、类型以及观念对国家行为的影响。其次阐述了共有观念在国际区域合作中的驱动力作用，主要内容包括共有观念塑造国家间关系的建构主义解释，并以文化认同为例来说明共有观念在区域合作中发挥驱动力作用的具体表现。最后论述了共有观念在国际区域合作中的驱动力作用基础，详细阐述了共有观念在国际区域合作中发挥动力作用的限度，即在什么条件下才能真正有效发挥动力作用。

第四章是论述国际区域合作动力中的国际体系结构要素。本书运用肯尼思·华尔兹的新现实主义理论分析了国际体系结构内涵、类型及其特征，之后以新现实主义理论为支撑系统深入研究了国际体系结构如何在区域合作中发挥动力作用，包括国际体系结构影响国家行为的新现实主义分析、区域合作中国际体系结构"促生"性影响作用的发挥，可分为两个层面，一是国际体系无政府状态对区域合作产生的积极影响，二是地区体系结构中核心国家对区域合作发挥的牵引力作用。最后阐述了国际体系结构中地区核心国家在区域合作中发挥助推作用的影响因素有哪些。

第五章是论述国际区域合作动力中的政治领袖要素。本章内容首先对政治领袖的内涵及其特殊地位和作用进行了一般理论的阐述，之后阐述了政治领袖在国际区域合作中的特殊作用，在这一框架内，通过政治心理学的理论分析了政治领袖的错误认知对外交决策的负面影响，在此基础上分析了政治领袖正向的外交理念在国际区域合作中发挥驱动力作用的表现。最后阐述了影响政治领袖在国际区域合作中发挥作用的主要因素。

第六章是论述国际区域合作驱动力要素的作用机理。这一章主要阐述各动力要素之间如何相互作用、相互影响。首先本书阐述了国际区域合作驱动力要素作用机理的理论基础，分别从一般理论的系统思想、政治系统分析的基本理论和思想以及国际区域合作驱动力要素作用机理的系统分析出发进行了详细阐述。其次，阐述了国际区域合作驱动力要素作用机理的过程，主要从横向维度、纵向维度考察国际区域合作驱动力要素作用机理。最后，通过对国际区域合作驱动力要素之间作用机理的深入分析，阐述了其在现实中的启示意义，主要包括国际区域合作驱动力要素作用机理的一般启示，以及对中国参与国际区域合作过程实践的现实启示。

第三部分是本书的结论。主要是对本书的整体研究进行总结，并在之前分析作用机理的基础上进行启示性的展望。

（二）本研究采用的研究方法

研究方法是学术研究的手段和工具，不仅体现了研究的深度和广度，而且有助于提升学术研究的科学性与合理性。本书采用的主要研究方法包括以下几种。

1. 文献研究法。文献研究方法是社会科学研究中最基本的一种研究方法，任何的社会研究都离不开这一研究方法。文献研究方法是指研究者在确定研究对象之后，通过收集和分析文献资料，获取有关研究对象的一系列的信息和知识，从而全面地、充分地认识和把握研究对象的一种研究方法。本书的写作基础是大量有关国际区域合作的中英文文献资料。这些文献资料主要来源于笔者所就读学校的图书馆馆藏文献、中国知网的电子数据库、相关网站以及购买的相关著作等。通过阅读大量文献资料，对本书研究对象的前期成果进行归纳和总结之后，笔者形成了对本书创作的思考，把握了当前该领域研究的前期成果动向，为本研究提供了理论基础和创作素材。

2. 历史分析法。作为一种重要的研究方法，历史分析法运用发展变化的观点分析研究对象，"旨在搞清楚研究对象的来龙去脉，梳理事物发展的轨迹，在揭示事物内在规律的基础上预测其发展趋势"①。该方法在本书中的运用主要体现在通过搜集大量的历史文献资料，从中筛选出与本研究有关的历史信息，在对国际区域合作的四种驱动力要素分析中，以国际区域合作的具体历史事例作为论据进行佐证，从而有助于探讨国际区域合作的动因，进而总结和归纳出国际区域合作的发展规律以及中国参与和推动国际区域合作的未来前景。

3. 系统分析法。系统分析方法是整合系统论、信息论和控制论的重要思想而形成的一种研究方法，其核心是将研究对象看作一个系统，在综合分析系统内各要素的基础上，发掘可行的问题解决方案。在本书中，这种研究方法的运用主要是将国际区域合作本身看成一个独立运行的系统，这个系统主要由国际制度、共有观念、国际体系结

---

① 胡永保：《中国农村基层互动治理研究》，博士学位论文，东北师范大学，2014年。

构以及政治领袖这四种要素构成，其中每一种要素都在其中发挥着不同的作用，从而推动着国际区域合作的形成与发展。同时，作为一个系统，国际区域合作也是这四种要素共同作用的结果，因而彼此之间也相互作用、相互影响，通过系统分析这四种要素之间的相互作用，从中获得了启示，从而为国际区域合作的发展以及中国如何更好地参与和推动国际区域合作提出了一些建议。

4. 跨学科交叉研究方法。本书采用了跨学科交叉研究方法，运用系统动力学、政治学、国际政治学、经济学、历史学的方法进行交叉研究，这种研究方法体现在第六章阐述国际区域合作四种动力要素之间的相互作用机理中。

四 研究的重难点及创新之处与不足

（一）拟突破重难点

本书研究的重点先是以政治学理论、国际关系理论为理论基础，建构国际区域合作动力机制的理论分析框架，包括国际区域合作动力机制的相关概念解析、研究国际区域合作动力机制的重要意义以及国际区域合作动力机制驱动力要素分析的理论假设。在理论假设的前提下，分别着重阐述了国际制度、共有观念、国际体系结构和政治领袖这四种要素在国际区域合作中发挥的驱动效应以及在什么条件下能够发挥各自的实质性作用。

本书的另一个重点也是难点在于详细分析上述四种要素的作用机理，即厘清相互之间的作用、影响。本书在借鉴系统论的相关原理和思想的基础上，从横向、纵向维度分析了这四种要素在国际区域合作中所展现的共时性和历时性关系，揭示国际区域合作中四种要素所发挥动力作用的内在机理，形成了一个整合的国际区域合作动力机制的理论分析框架，为探寻国际区域合作形成与发展的规律提供了理论启示和现实意义。国际区域合作是一个不断演化、发展的过程，把握四种驱动力要素相互作用的机理即转化变迁的逻辑和规律将有助于更好地从动态的视角理解国际区域合作进程。而对于本书中四种驱动力要素之间的相互作用、相互影响进行深入剖析成为本研究的难点。

(二) 创新之处及存在的不足

本书的创新之处主要体现在：一是研究视角和内容的创新。本书在借鉴与演绎政治学理论、国际政治学理论、系统动力学理论等有关国际区域合作动力问题的相关阐述的基础上，以动力机制为研究视角进行了综合性、系统性的阐释，分析国际区域合作形成与发展的动力影响要素及其作用机理，摒弃了以某一种单一要素分析驱动国际区域合作形成与发展的研究思路。同时，在进行案例的实践分析中引入欧盟、东盟与北美自由贸易区作为现实论据，在理论与实践的分析中对中国参与国际区域合作提出了具有现实意义的对策和建议。整体来说，研究内容体现了普遍性与个别性、历史与现实相结合的特点。二是研究方法的创新。在以往有关国际区域合作的国内研究中，运用系统动力论中的动力分析法和政治学的系统分析方法等来阐述国际区域合作动力影响要素及其相互作用、相互影响的成果相对欠缺，本书从系统分析方法入手，以动力机制为分析视角和主要研究内容体现了一定的创新性。

在学术研究中，研究者的知识结构、思维能力、眼光视野等主观因素和研究条件等客观因素会影响研究设计的落实和研究目标的达成，会使研究成果不可避免地存在瑕疵和不足。在本书的研究过程中，存在的不足主要在于：一是受笔者的研究能力所限，所收集和整理的文献资料难免存有不尽丰富和翔实之处，掌握的一手资料也不够系统全面。因而，对研究问题的把握和深度存有一定的局限性；二是相比规范研究，本书的实证分析稍显不足。本研究在进行系统理论阐述和分析的过程中，笔者力图以欧盟、东盟、北美自由贸易区等成熟的区域合作案例为分析对象进行有针对性的实证研究，但针对佐证观点的案例实践分析还欠缺更为精细有力的数据和材料作为支撑。

第一章

国际区域合作动力机制的理论逻辑

和平与发展是当今时代的主题，如何维护世界和平与实现发展一直是人们探寻的中心议题。国际区域合作不仅促进了各国之间经济社会的发展，而且使得国家以全面的、发展的、多维的视角重构国家利益，在竞争中更多地实现利益的契合，有效地整合了国与国之间的关系，实现了国家之间的良好互动，构建了一种稳定、和平的国际秩序。马克思主义认为，"世界上没有任何一种绝对孤立的事物，任何事物或现象都是与其他事物或现象密切联系着的，其他事物构成了该事物产生、存在与发展的条件，任何事物的存在与发展都在于它的内部要素之间的联系与互动以及它同周围事物之间的相互作用，在这些客观的、普遍的、有条件的、多样的联系中，本质的、必然的、稳定的联系即规律，它们是对事物的根本面貌和发展趋势起着决定性作用的联系。"[①] 自国际区域合作浪潮的兴起到繁荣发展至今，已然是诸多因素共同作用的结果，对于驱动因素的研究能够使我们深刻认识区域合作发展规律，有利于引导国家间的区域合作朝着积极的方向发展，从而使国家在适度地追求自身利益时能够维护区域集体利益，提高区域整体以及内部各国的国际竞争力和地位。对已有理论的总结和归纳是进行理论创新的逻辑起点，本章对涉及国际区域合作动力问题的经济学和政治学相关理论进行了梳理，分析了两大学科领域内相关理论思想在国际区域合作动力问题研究方面的进展以及不足之处，在汲取各理论合理成分的基础上，尝试构建关于国际区域合作动力机制的理

---

① 教育部社会科学研究与思想政治工作司组编：《马克思主义哲学原理》，高等教育出版社2003年版，第56—86页。

论分析框架。

第一节 国际区域合作动力机制的理论基础

一 国际区域合作动力问题的经济学理论阐释及反思

关于区域的提法和研究首次出现在德国经济学家冯·杜能（Von Du Can）提出的农业区位理论中。在此之后，区域经济理论逐渐开始发展，并于20世纪五六十年代形成。区域经济的均衡发展是区域经济理论研究的核心问题。在关注区域经济非均衡发展问题的基础上，建立和发展了区域非均衡发展理论。在区域非均衡发展理论中，与研究区域合作动力问题较为相关的是区域分工理论。区域分工理论明确了区域经济合作形成与发展的动力因素是贸易，并从不同分析视角阐述了如何实现区域贸易和国际贸易。区域分工理论又分为古典区域贸易理论和现代贸易理论两个不同发展阶段。

（一）古典区域贸易理论

古典区域贸易理论是早期的区域分工理论的主要内容，该理论通过解释区域贸易利益来说明贸易的实现途径，其中具有代表性的思想理论是绝对成本学说、比较利益论和要素禀赋论。

1. 绝对成本学说。绝对成本学说是亚当·斯密（Adam Smith）创立的，他认为区域之间存在的绝对差异是引起贸易的根本原因。该学说假定，"在一个区域内，只有甲、乙两个国家，生产A、B两种商品"[1]。这两个国家之间的经济发展存在绝对差异，各自生产的产品都低于对方。因此，甲生产A商品，乙生产B商品，并进行交换，从而使得两国都以最低成本获得收益，满足社会需求。

2. 相对利益论。相对利益理论是古典区域贸易理论的核心，其主要思想是：在两个区域内，其中一个区域比另一个区域具有较高的绝对效率，即便如此，也同样存在贸易利益，就是各自生产具有相对优

---

[1] 吕康银：《区域开放动力机制与区域经济协调发展研究》，博士学位论文，东北师范大学，2004年。

势的商品，然后进行交换。

3. 要素禀赋论。要素禀赋论是经济学家俄林（Olin）在其著作《区域贸易与国际贸易》（*Regional Trade and International Trade*）一书中提出的。他指出，在所有影响贸易前商品价格差异的因素中，要素禀赋差异是根本原因。也就是说，区域贸易产生的原因是：每个国家或地区都生产不同的要素禀赋。具有禀赋优势的国家或地区，生产要素价格较低，商品成本低，利润就高。相反，具有禀赋劣势的国家或地区，生产要素价格高，从而使得商品成本高，利润低。因此，在区域贸易体系中，各个区域要专业生产具有要素禀赋优势的商品并出口，进口要素禀赋稀缺的商品，实现分工利益。在俄林的理论中，可以看出，生产要素之间的差异刺激了不同区域之间进行合作的意愿，在实现生产要素自由流动之后，降低了各区域发展经济的成本，从而提高了生产效率，实现了资源的优化配置，推动了区域经济的向前发展。

（二）现代贸易理论

古典贸易理论主要研究贸易的形成与发展的原因，主要研究劳动生产率的差异和要素禀赋的差异，忽视了其他影响贸易实现途径的因素。随着区域经济的发展，影响区域贸易和国际贸易的因素逐渐增多，这些因素就被纳入现代贸易理论的范畴，主要包括贸易条件因素、国际协议因素以及技术因素。

1. 贸易条件因素。贸易条件是指"一个国家或地区输出商品与输入商品价格的比例。"① 一般用进出口商品价格指数表示。瑟沃尔（Mr Theo）认为，"若一个地区的进出口商品价格指数不断增加，表明区域输出商品总水平比输入商品的价格总水平上升的幅度大（或下降的幅度小），区域贸易条件得到改善；反之，区域贸易条件恶化"②。

2. 国际协议因素。协议性国际分工理论是日本学者小岛清提出

---

① 吕康银：《利益分配、矛盾冲突与协调发展》，东北师范大学出版社2006年版，第13页。
② [英] A.P.瑟沃尔：《增长与发展》，郭熙保译，中国财政经济出版社2001年版。

的。协议性国际分工是"两个国家互相放弃生产某种商品,把国内市场提供给对方,并达成协议"①。他强调,国际贸易分工不能依赖市场价格机制,必须通过国家之间的协议,使分工制度化、组织化。尽管该理论是从经济学的学科视角研究国际区域合作,但是协议性国际分工理论思想反映了国际协议在维护国际贸易稳定、促进国际区域合作良性发展中的重要作用,它避免了由单纯的比较优势进行分工而产生的国际垄断所引发的国际经济关系的冲突,有效地提高了各国的经济收益,从而避免了国际区域合作的停滞。可以说,该理论与后来学者们日益重视国际制度在国际关系包括在国际区域合作中的重要地位和作用异曲同工。

3. 技术因素。波斯那等提出新技术贸易论,认为"技术差距使得创新区域具有出口优势,但技术优势具有动态性,当其他国家开始仿制时,技术的国家标准化就消失"②。R. 维纳(R. Wiener)提出的产品周期理论也同样认为技术条件是国际贸易合作的动力因素。他指出,技术条件变化是影响贸易格局的决定因素,"一切产品都有创新、成长、成熟、标准化、衰退的过程,不同阶段使得区域间进行不同的合作"③。

总体而言,上述关于国际区域合作动力问题的区域经济贸易理论大体是通过分析区域分工形成的贸易利益来实现国际贸易,从而带动和维持区域经济合作的发展。从当今全球经济结构变动趋势来看,"虽然世界贸易的增长速度一直超过世界经济的增长速度,但国际资本的流动更是使世界贸易增长和经济增长的速度相形见绌"④。相比国际贸易,国际直接投资已经在组织国际化生产、服务国际市场等方面占据主导地位,它决定了国际贸易规模和格局。因此,贸易驱动的国

---

① 李玉潭等:《东北亚区域经济发展与合作机制创新研究》,吉林人民出版社 2006 年版。
② 李新安等:《中国区域经济协调发展的动力机制——以中原经济区为样本》,社会科学文献出版社 2013 年版,第 30 页。
③ 李新安等:《中国区域经济协调发展的动力机制——以中原经济区为样本》,社会科学文献出版社 2013 年版,第 30 页。
④ [美] 约翰·鲁杰主编:《多边主义》,苏长和等译,浙江人民出版社 2003 年版,第 5 页。

际区域合作正越来越失去其重要性和意义，需要从理论上加以其他解释。国际区域合作并不是一个简单的经济现象，它还承载着一定的政治与安全使命，是区域内各国可以实现其政治和安全目标的工具，其形成与发展的动力必然还受到其他因素的推动，否则就不会有让渡主权的欧盟的产生，也不会有经济相互依存度低的东盟发展至今。正如米尔沃德（Mill ward）所言，在19世纪和20世纪里，许多关税同盟都消失了，没有继续发展下去。这表明，尽管国家之间存在相互依存的客观情况，但还要取决于该国的政治意愿。从深度和广度来讲，区域经济学并未对国际区域合作动力问题给予特别重视和深入探讨，主要在于其学科的局限性和研究维度的单一，使其在理论上无法更多地从其他学科领域和研究视角充分地对此问题加以综合考量，这就需要对国际区域合作动力问题进一步深入探讨。

二 国际区域合作动力问题的政治学理论阐释及反思

国际区域合作不仅仅影响着全球化进程，而且深刻关系着区域秩序和各国关系的发展。对于国际区域合作的动力问题，政治学领域的学者们都做过不同向度的思考，但明确提出并加以直接阐述的较少，大多是从其他的核心议题中边缘涉及相关内容，抑或是有零星的理论加以探讨。从整体来看，现有理论研究的深度和广度存在一定的局限性。因此，与本书议题相关的政治学理论在为本书提供理论支撑和研究启示的同时，也为本书构建自身的理论分析框架提供了拓展空间。

（一）马克思主义关于国际合作的观点

马克思主义关于国际合作的基本观点受到当时所处的历史环境的影响。马克思、恩格斯当时所在的历史时期是资本主义的上升阶段，资本主义生产方式带来全球性的经济扩张，国际关系呈现出冲突与合作并存的特点。由此，马克思、恩格斯将民族国家形式的经济扩张视为实现国际合作的基础。他们认为，资本主义生产力的发展引发了全球性的经济扩张，世界市场建立，民族国家之间形成了相互依赖的经济关系。这就如同生产力的发展导致一个民族国家内部个体之间相互联系加强，在产生共同利益的基础上推动了政治联合一样，在世界性的生产中,各民族国家建立起了共同的经济利益,不可避免地促使它们继续在国内社会发展等方面进行不同程度的交往、协调与联合。尽管如此,马克思主义认为,由于资产阶级的最终目的是维持资本主义在世界的统治地位。因而国际合作仍然是有阶级性的,资产阶级与无产阶级的对立并未消失,会伴随资本主义的全球扩展而蔓延。即便是资产阶级民族国家之间,其彼此的合作也不具有超阶级性,而是由于它们在反对无产阶级、剥削落后民族以及各国国内社会公共职能等方面存在一致利益。因此,真诚、和谐的国际合作必须是以民族国家的真正独立为先决条件,即国家性质发生根本改变、消灭私有制,国家之间不存在压迫和掠夺。马克思以19世纪欧洲国家之间的关系为例指出:欧洲国家之间不断的纷争与冲突表明暂时性的联合行动不过是"将来的更可怕的国际战争的序幕"①。"欧洲各民族的真诚的国际合作,只有当每个民族在自己家里完全自主的时候才能实现。"②

马克思主义关于国际合作的观点体现了唯物主义的特点,表明国际合作的起源与发展可以从人类社会生产力与生产关系的矛盾发展中探寻。在他们看来,国际合作形成与发展的动力是人们生产物质生活资料的基本方式。资本主义生产力和生产关系的矛盾运动作为根本动力,使得各民族国家摆脱了自然经济和自给自足的封闭状态,世界市场的建立铸造了各国之间发展经济的共同利益,形成一个相互依赖的整体。与此同时,马克思分析国际合作的前提基础是以阶级为根本出发点的,国际社会的阶级二元发展是国际合作的本质。马克思国际合作观表明,随着当今全球化的发展,国家不再是孤立的发展,与世界发展紧密相连。在国际区域合作中,一方面需要国家妥善处理好自身利益与区域共同利益之间的关系,从而更好地在区域发展中创造实现本国利益的途径;另一方面,有时共同利益的存在也无法促成国际合作,那么加强各国合作的良好意愿就需要各国之间建立政治互信和拓宽沟通渠道,这不仅需要各国领导人发挥积极作用,而且还需要各国之间进行国际合作的制度化建设。

---

① 《马克思恩格斯选集》(第3卷),人民出版社2012年版,第30页。
② 《马克思恩格斯选集》(第1卷),人民出版社2012年版,第267页。

(二) 西方主要国际合作理论分析

1. 现实主义国际合作论：权力合作论

现实主义认为，国际政治中"弱肉强食"是铁律，追求权力最大化是国家的根本利益，虽然国家之间存在合作的可能，但合作也只是暂时缓解冲突的手段，本书列举出的具有代表性的现实主义思想通过提出寻求共识、霸权国家的作用、均衡收益等因素来探讨国际合作动力问题。

其一，汉斯·摩根索（Hans Morgenthau）关于国际合作的外交思想精髓。汉斯·摩根索的外交思想宗旨就是通过他提出的四项基本原则和五项先决条件来保证一国如何使用有效的外交手段来避免国家之间发生冲突甚至战争，从而建立一个和平的国际秩序。从摩根索的外交思想中，可以寻觅出关于国际区域合作动力问题的踪迹和启示。在四项基本原则中，摩根索提到的其中一个原则是外交必须放弃宗教的普世主义，它是规避战争风险的首要条件。他以宗教战争为例，从中得出结论就是将自身宗教的信念强加于其他国家的代价是高昂和徒劳无益的，因为那些宗教领袖们最后发现，在经过一个世纪之久的流血、破坏和野蛮化之后，彼此可以相互包容和共存。放弃十字军精神的普世主义愿望就会产生维护和平的共有的道德意识，这种道德意识使外交发挥应有的作用，以和平方式解决政治难题。共有的道德意识或是共有的价值观念恰恰是国家间建立合作的精神动力，它能够使得国家之间在多元文化中相互包容，求同存异，改善国家之间的政治关系，进一步实现国际区域合作的深入发展。"合作有赖于信任，信任最容易从共同的价值观和文化中产生。"① 同时，摩根索还提到，外交必须以其他国家的观点来注视政治舞台。在他看来，一国的外交必须重视其他国家的安全利益以及其他国家利益是否与本国利益相容。这就是说，国家在追求和维护自身利益的同时，还要注重其他国家的利益，从中找寻共同利益基点，否则就会发生冲突，导致地区乃至国际体系秩序的破坏。对于国际区域合作来说，摩根索的这一原则可以理

---

① 参见 [美] 塞缪尔·亨廷顿《文明的冲突与世界秩序的重建》（修订版），周琪等译，新华出版社2010年版，第110—111页。

解为共同利益是建立合作的重要基础。

摩根索的四项基本原则是国家正确实施外交手段的基础，要保证外交手段的成功还需要五个先决条件。维护实质性利益，放弃虚无权利这一先决条件体现了摩根索强调实施外交手段的主体的作用。他认为，从法律和宣传角度考虑外交政策，往往容易以法律为标准制定外交政策，这种做法忽视了可能产生的后果。因为按照法律解释就会始终捍卫权利，从而在任何问题上都不会考虑妥协。因此，"外交官所面临的并不是要在合法与非法之间做出选择，而是要在政治智慧和政治愚蠢之间做出选择。"① 如何更好地通过外交手段实现国家利益目标，这需要实施外交手段的主体适当地运用政治领导艺术来维护国家利益。对于研究国际区域合作的动力问题而言，政治领导人物在其中的作用应该得到充分重视，它可以被视为是推动国际区域合作进程的重要力量。人民群众是历史的创造者，但在历史的关键转折期，政治领袖处于至关重要的地位，发挥着举足轻重的作用。政治领袖在历史特定时期对国际局势的判断、外交政策的抉择乃至国家间关系的权衡往往能够加速或延缓历史的发展进程。回顾欧盟区域经济一体化的发展历程，其所取得的举世瞩目的成就离不开政治领袖为它的发展所做出的巨大努力，没有他们的战略思维和眼光，欧洲区域经济一体化合作就不会产生甚至持续走到今天。同时，这一先决条件也体现了妥协的至关重要，摩根索在第二个先决条件中又再次对其加以强调，即绝不让自己面临一种"后退失面子，前进冒风险"的困境，这就需要适当的妥协，而如果妥协成为难题，那么战争风险加大，是无能外交的表征。"一个国家不可能从那种立场后退而又不招致威望的严重损失，也不可能从那种立场前进而又不使自己承担政治风险甚或战争的风险。"② 妥协的意义就在于在国家享有的国际法律权利无法维护国家利益的情况下，国家之间可以通过协商对话来缓和与调解彼此之间的分

---

① ［美］汉斯·摩根索：《国家间政治：权利斗争与和平》，徐昕等译，北京大学出版社 2012 年版，第 588 页。
② ［美］汉斯·摩根索：《国家间政治：权利斗争与和平》，徐昕等译，北京大学出版社 2012 年版，第 588 页。

歧和矛盾。在国际区域合作中，国际合作机制以法律为保证来实现合作成员国之间的本国利益和区域利益，通过相应的法律规范了成员国的行为，降低了合作风险，而国际合作机制中一系列法律规范的建立正是区域内部成员相互妥协、相互协商的产物，这种妥协和协商又不断地促进合作机制的完善和国际区域合作的持续发展，更为地区乃至国际秩序的维护贡献了一分力量，这也在另一个侧面体现了国际合作机制在国际区域合作中的作用，是国际区域合作得以持续运行的重要推动力量。

汉斯·摩根索的外交思想理念为本书研究国际区域合作动力问题给予了理论支撑和启示，从其思想脉络中，笔者认为，国际区域合作的成功与否以及持久程度离不开国家这个角色在其中发挥的关键作用，这需要国家通过外交手段来促使国际区域合作得以运行，可以理解为在国际区域合作中，要考虑到国家之间的共同利益、共有价值观念以及政治领导人物作为重要因素的作用。尽管如此，摩根索的外交思想还是有局限性的，它是与权力挂钩的，是为以权力界定的国家利益服务的，外交手段的实施始终以国家利益为根本出发点，这就必然导致由于追求权力而产生冲突与战争，因为摩根索认为人的本性是恶的，天生具有权力欲望，而国家是由人组成的，国家也会以追求利益最大化为目标。限制权力增长的因素有国际道义、世界舆论、国际法和权力均衡。他认为国际道义的影响是日渐衰落的，尤其是在战争中的微弱作用和沦丧，不能起到有效的限制作用；国际利益使得民族主义对于国际舆论产生了抵制；国际法不存在立法和执法的权威，加之国际政治的核心是国家权力，国际效力是低下的；权力均衡又不是国际体系发展的常态。因此，摩根索还是在一味地强调权力因素，无法关注国际制度在国际区域合作中的效能。

其二，"霸权合作论"。"霸权合作论"的前身是"霸权稳定论"，它由美国学者罗伯特·吉尔平（Robert Gilpin）率先提出。"霸权合作论"的兴起源于20世纪70年代，诞生于美国越南战争失败、世界格局呈现出"美守苏攻"的态势以及国际货币体系瓦解等标志着美国的霸权地位逐渐走向衰落的历史背景。"霸权合作论"的核心概念是霸权,它是指某一个强国控制和支配着国际体系内的弱国。霸权国家形成的条件是:一是霸权国能够将自身的意愿施加给弱国,二是弱国从霸权国那里获得收益。但是这种霸权也只是相对意义上的,因为从根本上而言,国际体系是不受任何一个能力强大国家控制的。

究竟霸权国家在国际体系中发挥什么样的作用以及又如何成为国际合作的驱动力量,从该理论的内容中可以获得某种启发。吉尔平认为,一般而言,霸权国家是具有强大实力的国家,因此具有为国际体系提供"国际公共产品"的能力。"国际公共产品"包括国际贸易制度、国际货币体系和国际安全保障等。当霸权国家承担起提供国际"公共产品"的责任和义务之后,国际体系就会得以有序地运转。此外,霸权国家维护了国际经济秩序,为各国经济的自由发展创造了良好的环境,从而实现国际政治秩序的和平运转。例如,"英国治下的和平(Pax Britannica)",拿破仑战争结束后,在英国的主导下,世界经济进入自由竞争时代;第二次世界大战结束后,进入"美国治下的和平(Pax Americanna)",美国主导签订了《关税及贸易总协定》和建立了国际货币基金组织等。有关国际合作的探讨,吉尔平从上述中得出结论是国家之间的合作是可能的,但是需要一个稳定的环境,即国际合作的前提是需要由霸权国家来维护国际体系的稳定,在这样的条件下,国家之间才有可能建立合作。也就是说,吉尔平将霸权国家的存在看作是国际合作形成的关键驱动力量,如果没有这个因素,那么对于国际合作的后续事情就是无稽之谈。

对于霸权国自身能够促进国际合作,不仅是因为其为国际合作提供良好的国际环境,而且还由于霸权国能够提供"国际公共产品",而"国际公共产品"中的国际制度是保证国际合作发展的持续动力,这是另一位主张霸权稳定论思想的学者罗伯特·基欧汉的观点。罗伯特·基欧汉认为,国际体系的无政府状态以及国家主权至上决定了民族国家行为必然以追求最大利益为目标,这就导致了民族国家的决策往往损害其他国家的利益,进而也使得国际合作难以进行。如何摆脱国际合作的困境,基欧汉认为,国际制度是解决这一问题的最佳路径选择。国际制度是由霸权国家提供的国际公共产品之一,它是国际社会的特定领域内的行为体愿望"汇聚而成的一整套明示或默示的原则、规范、规则和决策程序。"① 例如,世界银行和国际货币基金组织等的规章制度。国际制度能够给各国之间提供信息渠道,改善信息不对称现象,从而使得各国之间对彼此的行为有所预期,减少了不确定性,降低了交易成本,在国际制度框架下达成国际协议,规范了各国行为的取向,不仅促使国际合作成为可能,而且还保证了国际合作的可持续发展。对于霸权国来说,国际制度对其自身也起到一定的约束作用,因为国际制度自建立起就已经是约定俗成的,是具有法律约束力的,霸权国家不能脱离国际制度而随心所欲地实现自身利益,否则其他国家将不会愿意接受霸权国家的管理,霸权国家将会失去存在的意义,这是之前吉尔平关于霸权国家存在的条件之一中所谈到的。尽管如此,霸权国家建立的国际制度并非完全是利他主义的,其动机是以自身利益为根本目的,国际制度的实质是一种利益分配机制,其包含的规则往往侧重于大国利益,并且以此控制着国际社会资源在各国之间的分配,影响着各国之间权力大小的分布。霸权国在国际体系格局中的结构性优势使其在经济、政治等方面获得巨大收益,自身实力的加强又促使霸权国家进一步采取措施继续稳固其霸权地位。

霸权稳定论是在美国霸权地位开始呈现衰落趋势时提出的,其宗旨是通过强调霸权国家的重要作用来作为继续维护美国霸权地位的说辞,具有一定的时代性。作为现实主义理论,它体现了现实主义一直强调的"权力"因素,重视强权国家在国际体系中的重要地位,这也是该理论的局限之处,因为由霸权国家主导下的国际体系,往往重视大国的自身利益,容易忽视小国的利益诉求,导致国际体系权力格局的非均衡发展。尽管如此,在历史发展进程中,大国始终发挥着作用,无论是积极的还是消极的,都推动抑或是阻碍着历史的发展进程。对于国际合作而言,大国的实力使其在国际经济政治体系中占有主导地位,左右着国际经济政治等其他方面的发展。因此,如果没有大国在合作中发挥积极的主导作用,那么合作就会发展缓慢或是停

---

① [美]罗伯特·基欧汉:《霸权之后:世界政治经济中的合作与纷争》,苏长和等译,上海人民出版社2016年版,第68页。

滞。进一步来说，大国自身如何发挥作用又依赖于其国内的政治领导人物运用外交手段和实施对外政策来决定，这是笔者对该理论涉及本书研究主题内容的延伸性思考。

其三，新现实主义。新现实主义代表人物肯尼思·华尔兹（Kenneth Waltz）在探讨国际合作动力问题时，从"均衡收益"的研究视角对该问题进行分析。在阐述该问题之前，华尔兹先进行了前提假设，他假定国家之间功能相同，不同的是国家之间的能力和在国际体系中的位置。对于国际合作问题，由于国际社会处于无政府状态，国家间建立合作很难实现，国家的行为更多是自助的，都将自身利益最大化视为唯一目标，因而也就无视其他国家的利益。华尔兹则认为各国对相对收益的关注是国家之间难以进行合作的根本原因。"国家的基本目标是阻止他国实现有利于它们的相对利益。"① 而不是追求自身最大的获益或报偿。同样，对于国际合作中的收益分配比的重视，也会影响国家间的合作，"当多个国家面临可通过合作共同获利的有利时机时，对这种'共同致富'的做法放心不下的国家一定会问，所得利益将如何分配？"②，一旦这些国家认为某些国家存在"大捞一把"的不纯动机，还是不会合作的。也就是说，无政府状态下的不确定性使得国家之间无法判断对方的意图，只能通过考虑合作对未来能力的影响来维护自身利益，而相对收益可以转化为国家的相对实力，从而改变国家的行为能力和国际体系的均势格局。同时，为了保证合作的顺利进行，国家之间在追求相对收益时还要确保对利益的均衡分割。"面对合作中可能会出现的欺诈和相对收益问题，国家希望通过彼此达成的协定来保证各自遵守承诺，使获益能够均衡。均衡收益的衡量是能基本保持合作之前的能力平衡。如何促进双方顺利达成协定？国家要在合作的谈判中对伙伴实行让步，作为交换，它们也会得

---

① ［美］鲍德温主编：《新现实主义和新自由主义》，肖欢容译，浙江人民出版社2001年版，第127页。
② ［美］肯尼思·华尔兹：《国际政治理论》，信强译，上海世纪出版集团2017年版，第124页。

到大致相当的补偿。"①

总体而言，从华尔兹的观点可以看出，他并不否认国际合作的建立，但始终离不开现实主义的影响，强调"利益"因素是影响国家间合作的重要驱动因素，即权力的分配是国家对合作是否成功的根本关注点，导致国家对相对收益的敏感而对彼此之间的合作持有谨慎的态度，体现出国际政治的实质仍然是以国家之间的竞争为核心。然而，相对收益的问题确实存在，但却不是国际政治的普遍情况，正如罗伯特·基欧汉所指出的那样，当一国的军事力量可以进攻，而不是防御，并且国际体系中的主要行为体较少，相对收益才重要。在多边合作中，如果国家之间都重视相对利益，将彼此视为敌人，这就会使相对收益的计算复杂化。科学技术的发展使得经济全球化进程加快，国家之间相互依赖程度加深，加之全球性问题的日益增多和凸显，扩大了国家之间的互动领域和频率，因此，国家之间的关系不再是零和博弈和追逐利益的单纯竞争，而是日渐呈现出双赢的局面，由此国家之间的合作关系并非要建立在相对收益的基础上，而是可以随着问题领域的关联度的提升而逐渐促成国家间合作的共识，建立互信，这样不但可以增加彼此的收益，而且还能够促进合作的深入发展。

2. 自由主义国际合作论

关于区域合作的动力因素问题，自由主义流派中的功能主义、新功能主义、自由政府间主义和新自由制度主义分别从经济和技术、政府的作用因素以及国际制度因素探讨了如何促进国际合作。

其一，功能主义与新功能主义。功能主义理论是由大卫·米特兰尼提出的。大卫·米特兰尼（David Mitrany）在经历了两次世界大战之后感到民族国家缺乏维护和平、改善国民经济社会生活的能力，因此他提出建立持久和平的"功能替代"方案（Functional Alternative）。其中提出合作的思想，米特兰尼认为国际组织可以充当这种力量，它也是建立世界和平秩序的必经之路。米特兰尼首先从"功能替代"方案是什么开始讨论。米特兰尼根据自身的经历分析认为，民族国家是

---

① Helen Milner, "International Theories of Cooperation among Nations: Strengths and Weaknesses", *World Politics*, 1992 (3): 471.

产生冲突和战争的根源。因此，建立一个世界政府可以消除冲突和战争，但因为人们具有民族主义情结，导致轻视国际性的宪法和公约，世界政府有时很难建立起来。如何避免民族国家之间的冲突和战争，米特兰尼就将研究焦点集中在了国家之间的跨国合作上。在他看来，由于现代经济、技术和其他领域的发展使得国家之间的跨国交流不断增加，于是就会促使国家之间选择先在某一功能性领域中开展合作。随着该功能性领域的发展成熟，直到最后成为一体化形式，在这其中也会不断产生各种具体问题。面对这些问题，国家单凭自身的能力难以有效解决。因此，在国际合作开展之后，有必要建立国际组织。国际组织的建立可以使各国政府根据具体的功能性领域的发展情况或问题签订国际协议，通过国际协议来规范和约束各国行为，从而最大限度地避免因合作中出现的问题而扩大分歧、引发冲突，降低爆发战争的危险系数。对于国际组织解决问题的能力，米特兰尼指出技术专家在其中起着重要作用，这也是米特兰尼为何强调国际组织要遵循"技术自决"（Technical Self-Determination）原则的原因，即功能性领域合作中产生的各种具体问题，国际组织是解决问题的一个媒介，而最终把握其方向的是技术专家而非各国的决策者，因为技术专家是服从国际组织的利益而不是特定民族国家的利益，并且他们具有丰富的跨国经济管理专业知识和信息来源，能够保证管理的效率，从而促进国际组织的良好发展，由此国际合作问题也就被"非政治化"了，减少了国家之间冲突和矛盾的发生，从而有利于和平的国际秩序的建立。对于国际组织在国际合作中的推动作用，还可以从米特兰尼的结论中可以找到答案：由于国际组织在处理问题时发挥的有效作用使得各国将会把越来越多的任务移交给国际组织完成，导致各国独立的政治行动以及国家间冲突都将会受到更多的制约。长此以往，各国将会逐渐意识到国际合作的裨益，政治疆界的重要性就会减弱，经济和其他形式的国际合作将会朝着世界政治一体化的方向发展，最终实现世界体系的永久和平。总体而言，功能主义认为国家之间是可以合作的，并且可以从不涉及政治的功能性部门开展合作，而要确保国际合作的运行，就需要国际组织的建立，它是加速合作进程、保证合作有序运行的重要驱动力量。同时，对于中立的技术专家作用的强调是对国际组织作用的充分肯定，民族国家之所以愿意将某种权力转移到国际组织中正是说明了其管理跨国事务的独特作用。然而，功能主义的局限性就在于它仅仅从单独地视角分析有关国际合作问题，这不符合事物的发展具有复杂性、受多种因素影响的客观规律。同时，它低估了国家的作用，由中立的技术专家来解决跨国经济问题是受到质疑的，因为在一些功能领域问题上也可能会产生利益冲突，这种利益冲突关系到国家自身利益，并不是技术专家就能够处理好，并且国际合作的发展并不是只涉及功能领域问题，也不仅仅是在功能领域就能得到解决的。

　　新功能主义是在功能主义的基础上进一步发展而来的，进一步完善了功能主义，其代表人物是厄恩斯特·哈斯（Ernst Haas）。哈斯通过分析欧洲一体化的发展历程，认为一体化的动力不仅是功能领域的溢出效应，而且还包括行为体对自身利益的追求，这些行为体是各国国内的利益集团和政党，一体化的收益使它们说服了政府支持一体化。在他看来，欧洲煤钢共同体的建立正是由一些社会精英力量、实用主义的行政人员和政治家驱动的，而不是公众皈依"欧洲主义"的信条。随着一体化发展的需要，相应的国际组织就得以建立，国际组织能够促使国家重新调整对于自身利益的界定，这种认知上的变化将会在国家之间建立信任感和认同感，国家之间的关系更为紧密，从而使得国际合作得以形成与发展。国际组织的作用使得各国国内利益集团和政府会逐渐效忠于这个超国家机构。同时，哈斯指出，功能主义强调的只限定于技术性、功能性的国际组织根本达不到一体化，那些只做些量量电话线直径、买卖邮票等日常性工作的国际组织是担当不了一体化这一重任的。因此，要想维持区域一体化的发展必须要完善国际组织。对于如何完善国际组织，哈斯指出，国际组织应该具有精心规划的初期设想，并尽量将其分解成具体的、可执行的子目标；同时，国际组织要具有一定的权威性，即能够获得成员国的支持，以便该组织的各项子目标可以顺利执行，并且成员国的支持是要保持全体一致，保证小国利益不遭受损失。此外，应该培育国际组织的意识形态来凝聚其内部的各个力量。较之功能主义，新功能主义的视野更为宽泛，强调以利益为基础在推动国际区域合作中的重要作用，提倡国际组织要具备政治功能，通过赋予其权威性和意识形态的建构来实现和维护成员国的国家利益，并建立一种区域内的集体认同。

其二，自由政府间主义。自由政府间主义是由美国哈佛大学教授安德鲁·莫劳夫奇克（Andrew Molofchik）提出的。莫劳夫奇克以欧洲一体化为研究对象，指出区域合作的产生和发展是各国政府谈判的结果，其受到三个因素的作用，即国家偏好、博弈过程以及制度选择。

第一，国家偏好。它源于"对未来重大后果是什么的一套有序、加权的价值判断"[①]。莫劳夫奇克认为，国家偏好既是国家利益的预期，也受到国内利益集团的影响。在国内政治中，利益集团可以通过多种途径表达利益诉求，政府在整合这些利益诉求的基础上，最终形成国家利益偏好，其中经济利益是构成国家利益偏好的核心之一。国内生产商利益往往是影响政府决策的关键力量，因为它们的组织实力强大，对本国经济发展和就业都有重要影响，因此，它们能够向政府施加强大压力。相反，消费者、纳税人等弱势群体就有可能成为政府政策的牺牲品。因此，可以说，经济一体化在很大程度上是国家实现生产商利益的重要手段。例如，对于法国总统戴高乐的一系列欧洲政策，诸如否决英国加入欧共体、提出"富歇计划"以及造成欧洲一体化停滞的"空椅子危机"，莫劳夫奇克认为戴高乐的做法完全是顾及法国的经济利益，特别是为了给法国的农产品寻找出口市场，维护农业生产者的利益。

第二，国家之间的博弈。谈判效率和利益分配是博弈阶段的两个主题。莫劳夫奇克首先假定有相对稳定的国家偏好和谈判立场。由于各国政府在不同议题上的偏好程度存在差异，因此，各国政府之间的谈判是一个博弈的过程，由单边替代、替代联盟和议题联系等三方面因素决定。单边替代是指一国威胁要采取否决行动，不达成协议。采取这种方式的往往是那些富裕的、相对自足的国家，它们的选择余地

---

① 参见安德鲁·莫劳夫奇克《欧洲的抉择——社会目标和政府权力：从墨西拿到马斯特里赫特》，赵晨、陈志瑞译，社会科学文献出版社2008年版，第33页。

较小，而对于那些实力较弱的国家来说，由于从合作中获益较少，往往可以采取灵活多样的政策来接受合作。这就表明在谈判过程中，实现各国的共同利益是必要的，这样才能使合作进行下去；替代联盟是威胁要排挤他国，即建立临时的替代联盟。当成员国在谈判过程中就某项政策发生分歧或无法达成协议时，部分支持该项政策的成员国可以采取联合行动，或通过结盟方式排除其他持反对意见的成员国。对临时联盟的替代会增加临时联盟成员对被排除在外的成员的谈判砝码，但这种情况会给被排除在外的国家带来不利影响。尽管如此，这种方式并不总是起到作用。当替代联盟无法给被排除在外的成员国带来负面影响时，联盟陷入尴尬境地，阻碍了合作进程；议题联系是成员国政府在谈判过程中解决问题的重要方式。由于成员国政府在不同议题领域有着不同的偏好，即一国在某些议题领域中的偏好程度强烈而在其他议题领域中的偏好程度较弱。因此，议题联系就解决了这一困境。这种方式意味着某个成员国可以通过在偏好程度较弱的议题领域进行妥协来换取其他成员国对该国偏好程度强烈的议题领域的让步。议题联系也会影响收益较少的国内利益集团，从而迫使它们向政府施压。因此，政府需要对国内重要群体的成本进行适度调节或者支付补偿。否则，最终的合作将会停滞。总之，博弈过程是各国政府政治较量的过程，其中无论受到哪一因素的影响，其博弈的结果都将是经过一番讨价还价、妥协让步决定的，最终实现各国的利益目标。

第三，制度选择。莫劳夫奇克认为，在各国政府谈判过程中，为了防止各国出现背信弃义的情况，使合作陷入困境，可以通过建立一套共同原则、规范以及决策程序来做出可信的承诺，其实现方式是通过委托和汇集主权，即"当各国政府同意按投票程序而不是一票否决制决定未来事项时，就出现了主权汇集""各国政府无权以投票表决或单票否决等形式干预它的决策时，就发生了主权委托转让的情况"[①]。通过汇集、委托主权使得各国在超国家机构的约束下执行协议，并能预期其他国家的行为，降低未来不确定性的风险，有助于各

---

① ［美］安德鲁·莫劳夫奇克：《欧洲的抉择——社会目标和政府权力》，赵晨、陈志瑞译，社会科学文献出版社 2008 年版，第 82 页。

国建立良好的声誉，不再成为制度合法性的挑战者。同时，这种方式还可以应对一国国内对于政府政策的反对意见，例如，国际制度对货币政策的管理可能会获得成员国国内改革的支持，因为国内成员会认同国际制度目标的可信性，他们也就不会挑战制度，降低了反通货膨胀的输出成本。

自由政府间主义丰富了区域一体化的理论研究，它重视在国际区域合作中，成员国政府在其中的重要作用，即成员国政府间的谈判影响着区域经济合作的进程，为解释国际区域合作动力问题提供了一种分析视角，具有重要的启示价值。尽管如此，自由政府间的局限性是关于在进一步探讨影响成员国政府谈判的因素之一——国家偏好时，只强调经济因素在国家偏好形成中的作用，往往忽视了还有文化观念的影响，而这一因素是最终保证欧洲国家选择建立超国家机构的精神动力，相反，其他国际区域合作组织只能望尘莫及。

其三，新自由制度主义。秉承自由主义的传统，新自由主义认为世界并非永久地处于冲突与战争的状态，也存在和平的可能，国家之间的合作是可能的。新自由主义者并不否认人类的政治生活有纷争的一面，但他们相信行为体可以通过多种途径协调彼此的利益冲突，如贸易、制度安排、社会契约等。

新自由主义的典型流派是罗伯特·基欧汉（Robert Keohan）所代表的新自由制度主义。它从制度安排的视角系统而深入地探讨了国际区域合作的可能性。首先，新自由制度主义进行了三方面的假设：一是国际体系的无政府状态并不意味着是无秩序的，并且不一定需要由政府权威来维持国际秩序；二是国家是国际体系的主要但不是唯一的行为体，具有有限理性，追求绝对收益；三是国际政治是权力政治。其次，在假设基础上，新自由制度主义的观点是国际制度决定国家行为，国际制度是国际合作形成与发展的主要驱动因素。具体来说，新自由制度主义认为，由于国家是理性的行为体，它以追求自身利益最大化为目标。因此，对国家来说以武力的方式解决问题成本过高，合作可使双方有利可图，合作需求得以产生。国际行为体之间之所以合作失败是因为在相互交往中出现的欺骗行为或是彼此对对方有欺骗行为的恐惧。欺骗行为是指行为体虽然表示愿意合作，但是由于事先没有进行沟通，双方都担心自己采取合作态度而却受到对方的欺骗，所以自己只能出卖对方，最终导致合作失败。产生欺骗行为的原因有很多，新自由制度主义主要探讨的原因有三种：一是博弈的效用结构。由于参与合作的国际行为体是自私和理性的，那么这就使得参与者之间在任何相互交往活动中，目的都是要达到效用最大化；二是未来预期效用不足。国际行为体采取行动是建立在对未来预期的基础上的。以博弈为例，如果进行一次性博弈，博弈双方可能出于理性而放弃合作。但如果是博弈是多次重复的，那么博弈双方将会考虑未来的博弈结果。也就是说，在多次重复的博弈中，如果一方博弈者选择合作，并在合作中建立了良好的声誉，那么另一方在考虑未来博弈结果时也将选择合作；如果博弈双方都不选择合作，即便双方可以获得收益，但从长远来看，则会受到报复性惩罚。因此，决定参与者是否会立即进行合作的原因很大程度上来自对未来结果的重视程度。对未来结果的重视程度越低，就越容易采取欺骗行为，而会在目前进行合作的可能性也越低；三是非互给的单方合作行为。在国际关系的相互交往中，最重要的原则就是互给。互给是指"如果参与者一方采取合作，则另一方也应该采取合作"①。但是由于国际社会的无政府状态，一方的合作行为并不见得就会使另一方也相应地采取合作行为，这就是非互给的单方合作行为。加之若对欺骗行为进行制裁，那么合作将不会持续下去，双方也将停止合作，陷入囚徒困境。最后，在新自由制度主义看来，"国际政治图景已经从现实主义向复合相互依赖转变，国家不再是唯一重要的行为体，……福利才是压倒一切的目标。"② 国际制度建立的初衷是克服政治性市场失灵，即国际制度可以应对国际体系的无政府状态，使得国家之间对彼此有稳定的预期，建立互信，减少交易成本。同时，由于国际制度作为影响国家行为的独立变量，

---

① 秦亚青：《国际制度与国际合作——反思新自由制度主义》，《外交学院学报》1998年第1期。

② ［美］约瑟夫·奈：《理解国际冲突：理论与历史》，张小明译，上海人民出版社2009年版，第288页。

使得国家可以改变其偏好,有时会放弃追求利益最大化的行为,将合作中的消极因素进行稀释或过滤,促进和保障国家之间的合作顺利开展。

新自由制度主义是在国家之间相互依赖关系越发紧密的状况下提出的,它基于无政府的国际社会和国家理性之上,着重阐述了通过国际制度可以建立国家间的合作,强调许多问题领域不是只凭借国家的实力就能解决问题的,否定了现实主义以权力为中心、以利益冲突为表现的国家间关系难以建立合作的主张。新自由制度主义的有限性在于没有能够触及中观层面,即国内政治因素也会对国家的行为选择乃至国际合作的建立产生影响,并且国内层面和国际层面是可以互动的,除了国际制度发挥作用外,如国家之间的相互认同、共有观念等因素在国际区域合作中的地位和作用没有获得普遍的关注,这就难以解释为何在国际制度处于缓慢发展时,国际合作仍然可以建立并向前发展。

3. 建构主义国际合作论

建构主义国际合作论的理论假设是:一是国际体系是无政府状态的,无政府状态是由国家建构的,但这种状态不是一成不变的。国际体系的无政府状态使得国家处于一种自助,而由自助产生的冲突、安全困境并不必然是由无政府状态导致的,因为它们是由进程而不是结构造成的;二是国际社会的主要建构者是国家,国家的身份和利益不是既定的,而是国家之间互动所建构的结果,并会随之发生变化。在理论假设基础上,建构主义国际合作论认为,国家同个人一样会更可能以自我的方式定义其客观利益,但是一旦国家超越了自身所带来的这种压力,而"把自我的界线扩大至包含他者的范围"。温特认为,"随着时间的推移,这种认同得以内化,一群国家就会认为它们同属'我们'之列。到那个时候,这个群体的成员之间在涉及整个团体事务的时候就不会再各自寻求自我利益了。"① 这就表明,除去物质层面的影响,国际体系对国家行为的影响还源于观念,这种观念就是共有

---

① [美]亚历山大·温特:《国际政治的社会理论》,秦亚青译,上海人民出版社2014年版,第235页。

知识,"共有知识是个体之间共同的和相互关联的知识,可以是合作性质的,也可以是冲突性质的"①。在这种意识的支配下,国家明确了自身的身份和利益。身份代表了国家的社会类别或存在状态,即行为体是谁或是什么,而利益体现国家的行为动机,即为了什么。"利益是以身份为先决条件的,因为行为体在知道自己是谁之前是不可能知道自己需要什么的。"② 因此,身份所内含的不同程度的文化内容,也就直接决定了利益体现着不同程度的文化内容。基于此,建构主义依照国家身份的差异——敌人、竞争对手和朋友——把国际体系文化划分为霍布斯文化、洛克文化和康德文化。霍布斯文化是冲突性质的,国家之间的关系是敌对的,国家之间无法进行合作。在洛克文化中,国家之间是竞争的关系,既有冲突,也有合作的可能。在康德文化中,国家之间是朋友关系,是"多元安全共同体",合作是常态。因此,洛克式和康德式的体系文化是合作性文化,在这种合作体系文化中,国家之间一旦确立了合作的身份,就会在反复合作中减弱利己观念,促进集体身份和利益以及合作规范的形成,进而又促进了体系文化的制度化。

以亚历山大·温特(Alexander Winter)为代表的建构主义对于国际合作问题的思考是以观念为基础的,认为在国际体系中,国家之间的关系需要共有观念来建构,这种共有观念就是由共同的文化价值观形成的,如规范、规则、制度、习俗、意识形态、习惯以及法律等,它是对国家在国际体系中的身份和地位的一种认知、认同,身份的确立使得国家之间进行合作较为容易。建构主义的主要贡献在于它提供了一个关于国家之间关系向善的新的理论视角,即指出共有观念决定了怎样的国际关系,其局限性是将合作的可能限定在某一范围之内,并且没有指出如何解决共有观念自身的具体建构问题。

无论是国际区域合作的传统经济理论还是国际关系理论,都无法

---

① [美]亚历山大·温特:《国际政治的社会理论》,秦亚青译,上海人民出版社2014年版,第141页。
② [美]亚历山大·温特:《国际政治的社会理论》,秦亚青译,上海人民出版社2014年版,第113页。

完全解释国际区域合作的现实发展状况。国际区域合作的经济理论过于强调区域贸易的经济动因，而国际关系理论注重从某一单一视角直接或间接地分析对国际区域合作的驱动作用，虽然为国际区域合作的动力研究提供了部分的理论解释力，但尚未进行较为全面的综合考量和分析。这表明，研究国际区域合作形成与发展的动力问题要克服既有理论的片面性，尽可能地拓宽理论研究视野和范围，构建一种更具包容性的理论模式。

第二节 国际区域合作动力机制的分析框架

一 国际区域合作动力机制的相关概念解析

要深入研究国际区域合作的动力机制，首先有必要明确什么是动力机制？什么是国际区域合作的动力机制？这是对动力机制和国际区域合作动力机制进行的概念界定。

（一）动力机制的概念

"动力"一词源于物理学，它是指"机械做功的各种作用力。如水力、风力、电力等"。后来"动力"被引入历史学、哲学、管理学等社会科学领域。社会科学界将"导致事物运动与发展发生变化的推动力量，并且这种推动力量是一种合力"[1]，视为动力概念的核心表述，"机制"（Mechanism）一词，在拉丁文中意思为"结构"或"装置"。自然科学界为描述某种现象或运动产生的物理过程而使用"机制"一词，其主要用于表示机械和机能的互相作用过程。后来，"机制"概念的使用范围扩展至心理学、哲学和经济学等社会科学领域，并且关于"机制"的内涵得到了进一步的丰富，即将其理解为"事物发展变化的内在根据，即内因；事物发展变化的外在根据，即外因；事物发展变化的内在规律性；事物发展变化的外在表现样态"[2]，

---

[1] 曾昭浩：《德育动力机制研究》，博士学位论文，陕西师范大学，2012年。
[2] 参见王浩斌《马克思主义中国化动力机制研究》，中国社会科学出版社2009年版，第9页。

等等。

关于"动力机制",可以简单解释为推动事物运动、发展和变化的力量的作用机理、作用过程和作用方式。动力机制的本质是动力与事物运动与发展的内在联系,它可以使事物的运动与发展的变化从自发到自觉、从被动到主动。由于动力具有方向性特点,即分为正向动力和负向动力。正向动力是作用于事物并与其运动、发展方向保持一致的动力;负向动力是作用于事物并与其运动、发展方向相反的动力。因此,动力机制也同样具有这样的特点。根据相关文献资料的整理分析和总结,社会科学领域更多地将动力机制看作是一种正向动力,如社会发展的动力机制就是"推动社会系统运动、变化、发展的内外部力量的作用方式,是使系统诸要素、部分、环节在互动中形成整体良性运行的结构和功能。"[1] 另外,动力机制在社会系统向前发展过程中,还发挥着激发、整合和调节的作用。在政治领域,政治的动力机制就是促进民主政治以及政治现代化的构造条件和功能;在文化领域,文化发展的动力机制就是促进中国特色社会主义文化形态健康发展的各种构造条件和功能;等等。

(二) 国际区域合作动力机制的内涵

根据动力以及动力机制的概念,国际区域合作的动力就是导致国际区域合作运动与发展的推动力量,这种推动力量不是单一的,是多种动力因素共同作用的结果。国际区域合作动力机制是指推动国际区域合作良性运行和协调发展的构造、功能和条件,即推动合作发展的各种动力因素及其相互影响、相互作用的有机整体。

二 研究国际区域合作动力机制的重要意义

国际区域合作动力机制是研究国际区域合作发展的本质,在一定程度上揭示了国际区域合作的内在机理和一般规律,对促进国际区

---

[1] 郭湛、王洪波:《改革、发展、稳定、和谐的动力机制》,《天津社会科学》2008年第5期。

合作发展具有重要的理论和实践指导意义，主要体现在以下几点。①

首先，动力机制研究是揭示国际区域合作发展本质和规律的有效途径。对国际区域合作的研究可以从多个视角出发，但动力机制这一研究视角可以揭示区域合作发展动力与区域合作的内在联系，表明了区域合作发展的本质和运行规律，因而，是探索国际区域合作发展规律的有效途径。

其次，动力机制研究是发现国际区域合作问题的有力工具。动力是一切事物得以运动与发展的根源。动力减弱，区域合作发展就会停滞，甚至出现倒退的可能，而动力增强就会给区域合作发展带来持续的能动效应。因此，可以说，研究国际区域合作的动力机制是理解不同的国际区域合作发展的差异及其根本原因的有力工具。

最后，动力机制研究是各国制定国际区域合作发展战略和对策的基础。制定国际区域合作战略和对策的目的是通过合作提升自身发展速度以及整体区域的国际竞争能力，从而实现国际区域合作的可持续发展。国际区域合作的多样性可能面临的发展问题有所不同，通过研究国际区域合作发展动力问题，可以使世界各地区的经济合作参与国家理清区域经济合作发展的驱动力是什么，进而解决本地区面临的区域经济合作困境，为重构本地区的经济合作，确保制定的区域经济合作发展战略和对策具有科学性和有效性。

三　国际区域合作动力机制驱动力要素分析的理论假设

要想理解国际区域合作形成与发展进程这一普遍现象，就必须寻求一种机制来帮助我们理解这一问题。国际区域合作动力机制是各种动力因素及其相互作用而构成的统一整体，它们通过不同方式、不同维度共同作用于国际区域合作的形成与发展。研究和探讨国际区域合作动力机制问题的关键是动力因素及其相互之间的作用机理，然而对于所有的动力因素一一进行研究不仅受到时间和条件的限制，而且无法体现研究议题的价值和意义。尽管前期的学术成果为我们理解国际

---

① 宫倩、高英彤：《国际区域合作的驱动力要素论析》，《理论与现代化》2016 年第 4 期。

区域合作的驱动力因素的分析提供了可借鉴的解释，但是其研究视角局限于某种单一的驱动力因素，并没有给出一个具有普遍适用性的国际区域合作驱动力因素的综合研究样板。同时，维系国际区域合作形成与发展受诸多因素的影响，我们不可能把每一种要素都纳入到研究中，而应该选择最重要的一些核心因素进行深入分析，这种简化对于理论研究来说是必要和适当的。因此，在大量的文献资料和前期成果的基础上，经过不断地比较和选择，并受到既有国外相关理论的启示，笔者总结出贯穿整个国际区域合作发展历史进程的、具有决定性作用的四种核心驱动力因素，即国际制度、共有观念、政治领袖和国际体系结构。由于区域合作的产生与发展并非是某一动力要素单独地在某一阶段发挥作用，而是由多种因素共同发挥作用推动的结果，只是某些动力因素在某一阶段会比另一些更为关键。因此，对于这四种动力因素来说，它们并不是相互排斥的，而是能够相互作用、相互影响，在强化各自路径的同时，还能够促进其他因素的发展。基于此，重点阐述了四种动力因素的相互作用机理，从而探索出一条促使国际区域合作更为有效和持久的路径。

（一）国际制度

"欧洲第一公民"让·莫内（Jean Monnet）认为，"民族国家的存在是必要的，但是主权却被当作是国家拥有的特权，国家按照自己的意志行事，随心所欲，不讲任何信义。由于人民的安全与繁荣取决于共同行动，因此必须从根本意义上割断同民族国家主权的联系，建立一个联邦模式的欧洲机制"[1]。追求国家利益最大化一直是国家的目标，在这一过程中，国家在制定实现国家利益的政策时往往会不顾及其他国家的利益，这就容易导致国家之间产生分歧和矛盾，提高了国家之间交往的成本。尽管国家可以通过调整或改变政策来缓解彼此之间的紧张关系，使合作成为可能，但这并不是长久之计，因为国际体系是无政府状态的，国家为了自身利益又使得合作缺乏可靠性和不确定性，难以维系彼此之间建立的合作关系。国际制度建立的目的就是

---

[1] 古莉亚：《欧洲一体化的悖论》，吉林大学出版社2010年版，第165页。

克服国家的自私行为,对国家的行为方式、行动范围进行约束。欧盟决策程序中的有效多数表决制在一定程度上不仅体现了对成员国主权的限制,而且也保障了它们的相对平等地位,小国对大国的立法动议可以拥有否决权。同时,国际制度通过提供信息渠道,改善信息不对称现象,使得国家之间能够全面、准确地了解彼此行动的意图。国际制度是国家之间达成共识的一系列规范、规则和程序等,有着明确的目标,使得国际制度具有稳定性。因此,国家可以对国际制度的未来发展方向有着一定的预期。由此,基于国际制度的约束力,一国对其他国家的行为或国际环境也能够做出判断和估计,从而各国可以调整自身的政策和利益取向,尽量避免与其他国家的冲突和分歧。此外,国际制度促使国家之间逐渐形成一种认同感,有助于国家之间的信任的建立,从而在追求国家利益的基础上实现共同利益,保证了国家之间合作关系的建立和维系,减少了国家之间的纷争,确保了国际秩序的稳定发展。因此,我们在考量国际区域合作形成与发展的因素时无法将其排除在外。

(二) 共有观念

共有观念既有冲突性质的,也有合作性质的。具有冲突性质的共有观念使得合作本身就不具有存在的条件和价值,而具有合作性质的共有观念更能反映国际区域合作的形成与发展。因此,本书中的共有观念是倾向于合作性质的。建构主义代表人物温特认为,共有观念形成了国家利益和身份的确定。在他看来,尽管国家一贯追求权力政治,但是共有观念却对国家如何追求权力政治提供了指导方向。建构主义强调,导致战争与冲突的根源不仅是国家之间对物质利益的竞争,而且还有国家间在观念方面不可调和的矛盾。各国具有的共有观念程度越强,彼此持有的敌意就会越小。正如斯蒂芬·沃尔特(Stephen Walt)所言,"国家要抗衡的是威胁而不是权力,如果国家相信他国与自己的安全利益是一致的,那就不会将他国视为军事威胁。应当承认,这样的信心是很难产生的。但是,很难产生并不是不能产生。"[1] 此外,共有

---

[1] [美] 亚历山大·温特:《国际政治的社会理论》,秦亚青译,上海人民出版社2014年版,第135页。

观念使得国家之间在博弈的过程中考虑共同利益带来的长远效益,进而使得各国政策的总体偏好相近或趋同,有利于减少国家之间的矛盾与分歧,从而使得国家之间的合作更容易进行和延续。英国学者拉西特(Raschig)以社会和文化的相似性为依据划分了五种区域合作的标准,鲜明体现了共有观念在区域合作中的独特作用。对于欧洲区域一体化,共有观念给欧洲一体化"提供了一种修辞、一套象征和共同的精神支撑基础,使得各国的主权让渡具有正当性。"① 欧盟成员国的目标不仅仅是简单的国家之间的合作,而是朝着建立"欧洲合众国"的伟大梦想前进,这就促使欧盟更加注重制度建设,从而推动欧洲一体化继续前进发展。东盟也是如此,其共有观念正是由"东盟意识"的出现和加强所体现的,正是有了这种区域认同,各成员国才会自觉遵守东盟的一系列规范。

(三) 国际体系结构

新现实主义代表人物肯尼斯·华尔兹指出,国际体系结构是由无政府状态和国际行为主体之间的力量分配状况构成的。在新现实主义中,无政府状态要求国家之间是一种同等关系,国家都是主权政治单位,并且彼此之间的功能基本相似,即国家必须依靠自身力量捍卫国家安全以及追求国家利益最大化;力量分配状况是随国家之间相对实力消长而变化的因素,它是主要影响国际体系结构变化的决定因素。国际体系结构对国家行为产生了重要影响。在无政府状态下,国家之间为了维护各自的生存利益而进行激烈的竞争,凭借各种手段参与竞争。处于国际体系的国家能够深入发展,而违背体系结构的则会倒退,停滞不前甚至消亡。国际体系作为一种力量,其作用发挥主要是"通过单元的社会化过程以及相互竞争来调节彼此的关系,形成一种国际秩序,并且使单元之间趋于相似的行为或话语模式。"② 这种体系结构力量不仅支配着单元(国家)以一定的方式行动,而且影响单元

---

① William Wallace, *Regional Integration: the West European Experience*, Washington, D. C.: the Bookings Institution, 1994.
② [美]肯尼思·华尔兹:《国际政治理论》,信强译,上海人民出版社 2017 年版,第 99 页。

自身的活动以及单元之间相互作用所产生的结果。格里科在解释区域一体化程度差异时，通过阐释区域内成员国之间相对能力的对比所形成的地区格局，说明了国际体系结构对于区域合作的影响。他认为，如果近期内区域内部的相对经济能力状况没有发生太大变化，那么区域内的弱国就会愿意接受一体化，一体化就会发生。相反，如果区域内的弱国曾经经历或正在经历其自身相对能力被破坏的情况，那么处于不利地位的国家就会拒绝建立合作或是阻碍合作的深入发展。米尔斯海默（Mearsheimer）也从这一视角进行了解释，他认为，带动欧洲一体化的启动在于西欧国家当时身处的国际体系结构：均势逻辑要求西欧国家进行合作，共同应对苏联的威胁；美国在北约中的霸权地位帮助西欧国家克服欧洲安全困境，为合作的建立提供保障。

（四）政治领袖

在人类历史发展进程中，种种事件的发生往往同作为个体的人有密切关系。纵观古今中外，国家权力都是由人来掌管，少数的政治精英决定或者对国家行为产生了至关重要的影响。美国学者哈罗德·拉斯威尔（Harold Laswell）曾经指出："领袖们实际上往往无意识地把自己的感觉强加于国家。也就是说，领袖与国家的界限变得模糊了，领导的个性，包括他的缺点和对外部世界的不安全感觉决定着国家政策和外交理念。"国际关系学者 R. 耐德（R. DE Resistance）、布鲁克（Brooke）和 B. 萨潘（Mr Pan）等在将国家界定为官方决策者的基础上，指出"决策者们的权威活动，无论其内容和目标是什么，都代表着国家行为。"马克思主义形象地把国家喻为武装的"暴力机器"，而政治领袖在一定意义上能够全局地、高屋建瓴地驾驭"暴力机器"，使之合理有效地运转。可以说，政治领袖对国家行为有着重要的影响。对于国家来说，政治领袖的特殊地位、人格魅力、坚定的政治信仰等因素使其在社会历史发展进程中起着重要的作用。同时，政治领袖是推动国家社会政治生活，维护社会政治秩序稳定的主要政治支柱。在国际区域合作中，政治领袖所发挥的积极作用就是其凭借自身具有的政治素质、信仰以及决策力使其能够基于国际社会现实发展状况、审时度势地从长远利益出发寻求与其他国家之间的共同利益，最大限度地采取正确的决策和战略服务于区域合作,尤其是大国的政治领袖还能够协调区域内各国之间的利益,对于区域合作制度的完善、确保区域合作组织的发展方向以及维持地区秩序等方面发挥着重要的作用,对国际区域合作进程和区域秩序的维护发挥着不可替代的作用。

总之,在研究国际区域合作形成与发展的动力问题时,其驱动要素是多维度的。通过上面的分析可以将"国际制度""共有观念""政治领袖"和"国际体系结构"作为对国际区域合作的形成与发展发挥动力作用的自变量的前提假设。在本书后面的部分,我们需要证明和论述的就是这四种自变量驱动要素怎样在国际区域合作中发挥动力作用,并从系统动力学的理论层面对这四种自变量之间的相互关系、相互作用加以总结。在国际区域合作的形成与发展的过程中,四种自变量是无法单独作用于国际区域合作的。也就是说国际区域合作要保持长久地、良好地运行,不能只依赖其中某个驱动要素,而是需要它们相互之间相互影响,只有这样它们才能在区域合作中真正发挥出实质性的作用。因此,只有系统地阐述四种自变量因素之间的互动关系,才能更好地说明和总结国际区域合作的发展规律及其对现实的启示。对于四种自变量对国际区域合作形成与发展所产生的驱动影响及其互动关系则是本书理论提升部分需要着重论述的。

第二章

国际制度与国际区域合作

"国家要维持生存与发展就必须同外部世界进行交往，通过相互之间的互动可以获得比自身单独行动更多的利益。"① 尽管如此，由于国际体系的无政府状态导致国家之间的交往出现不稳定，相互之间很容易产生欺诈和背叛，此时国际制度就充当了稳定国家关系的角色。国际制度实现了国家之间的信息共享，降低了交易成本，对国家的行为具有一定的约束作用，促使国家做出可信性承诺，为国家之间的合作奠定了良好基础。因此，国际制度是国家在制定对外政策时必须考虑的重要因素，影响着国际社会的合作与纷争的状态。尽管国际制度有时造成不平等情况，即促进占支配地位的大国的利益，如第二次世界大战后的自由贸易和货币制度促进了美国的经济、政治利益。但总体而言，国际制度在建立和发展的过程中不可能只代表占支配大国的利益，而完全忽视其他国家的利益，国际制度必须至少在某种程度上满足所有参与者的利益，否则国际制度就失去了存在的价值，也不可能长久地运行下去。同时，国际联盟的失败并没有使人们放弃对国际制度的追求，诸如国际法、世界贸易制度等国际制度的不断发展及其在实践中发挥的作用超过了人们原来的预期。在国际区域合作中，国际制度的成就使得国家能够"懂得"改变自己的行为，在制定对外政策时考虑到与其他国家的利害关系，为参与各方提供了都满意的"焦点"。同时，在区域合作中，制度涉及广泛的领域，这些领域相互关联，如果任何一个国家违反了某一合作制度，不仅会在该领域的制度

---

① 宫倩、高英彤：《制度视角下东北亚区域经济合作的建构路径》，《黑龙江社会科学》2016 年第 2 期。

内受惩罚，而且可能也会受到其他领域的制度惩罚，未来将很难融入和维系与其他国家的合作。"对于很多涉及合作的相关议题在缺乏相应的制度安排的情况下，合作的进度和幅度就会悬而未决。"① 因此，国际制度是确保国际区域合作进展的必要途径。本章首先阐述了国际制度的内涵及类型，然后在此基础上以新自由制度主义为理论分析框架，阐述国际制度的功能以及在区域合作中如何发挥驱动力作用，最后阐明了国际制度在国际区域合作中发挥驱动力作用的条件。

第一节 国际制度的内涵及类型

一 制度的内涵

关于制度的内涵，不同学科有着不同的认识。在经济学看来，制度是一种利益诉求，是附属于个体利益的工具。制度经济学的集大成者康芒斯（Kang Mons）认为，"制度是集体行动控制个体行动，其目的和结果是实现其他个体的利益"②。因此，在经济研究中，由于个体理性与集体理性经常发生悖向，而造成个体利益受损，为了能够明晰权责，降低交易成本，实现个体利益与集体利益的融合，才确立出一整套的制度。政治学领域，制度在理性选择制度主义那里被认为是"个体在追求利益最大化时影响其成本—收益计算，进而影响选择和行为的途径和工具。"③ 社会制度主义者们则认为，"制度不仅包括正式的规则、程序、规范，还包括为人的行动提供意义框架的认知观念系统"。制度影响个体行为不仅仅是通过利益的加成来实现，而且还会通过偏好和观念的不同来影响个体的行为选择。

根据作用方式和演变状况的不同，制度又可以被分为正式制度和非正式制度。正式制度具有强制性，主要包括法规、政策、契约以及

---

① 宫倩、高英彤：《制度视角下东北亚区域经济合作的建构路径》，《黑龙江社会科学》2016年第2期。
② [美]康芒斯：《制度经济学》，于树生译，商务印书馆2021年版，第87页。
③ 参见许亮《东北亚安全制度中的同盟主义与多边主义：理论与历史》，中国政法大学出版社2014年版，第22页。

其他具有约束力的制度安排。正式制度的变迁可以是突变的，也可以是渐进式的。非正式制度虽不及正式制度那样的刚性，但同样具有权威性，它主要是"人类群体内随经验而演化出来的那种制度，通过风俗习惯、社会舆论来实施。"① 非正式制度主要包括道德规范、风俗习惯以及价值观念等。非正式制度的变迁都是渐进式的，需要经过长期的过程。

二 国际制度的内涵

在明确了"制度"内涵的基础上，我们可以进一步理解国际制度的内涵。"国际制度"一词是在新自由制度主义产生后被广泛使用的，在这之前使用最多的是"国际机制"。国际制度和国际机制之间并无大的差异，在内涵上大同小异，因而被大多数学者不加以区分地运用，由此在说明国际制度的内涵时，也包括对国际机制内涵的叙述。对于国际制度和国际机制的内涵，学术界没有一个明确的定义，获得普遍认可的是几位具有代表性的学者的界定。约翰·鲁杰（John Ruggie）在《对技术的国际反映：概念和趋势》（*International Reflections on Technology: Concepts and Trends*）一书中首次使用"国际机制"一词，他在文中指出，"以被一部分国家所接受的一系列相互期望、规则和规定、计划、组织能量和财政义务构成了国际机制"②。奥兰·扬（Oran R. Young）认为国际机制是"国家间的多边协议，旨在协调某一问题领域的国际行为"③。斯蒂芬·克拉斯纳（Stephen Krasner）对国际机制内涵的界定较为具体并被学界广泛接受。他认为，国际机制是"在国际关系领域里，以行为体的预期为核心而制定的一套明示或默示的原则（Principle）、规范（Norms）、规则（Rules）以及决策程序（Decision-Making Procedures）。原则是关于事实、原因和公正的信念规范，是以权利和义务定义的行为标准；规则是对行动特别的指示或禁止；决策程序是做出和应用集体选择的

---

① 朱琴芬编著：《新制度经济学》，华东师范大学出版社 2006 年版，第 17 页。
② 参见韩万圣《冷战后中国国际制度战略研究》，博士学位论文，复旦大学，2008 年。
③ 倪世雄：《当代西方国际关系理论》，复旦大学出版社 2001 年版，第 360 页。

普遍实践"①。国内学者王逸舟也对国际机制作了详细的界定,认为"国际机制是指国际共同体各主要国家(共同地或私下相互地)为稳定国际秩序,促进共同发展或提高交往效率等目的,建立起一套有约束性的制度性安排或规范,这些制度性安排或规范可以是成文的,以国际法形式出现的规章制度,也可以是不成文的、非正式的默契和合作;可以是国际组织和大国会晤的结果"②。新自由制度主义代表人物罗伯特·基欧汉更为具体地界定了国际制度,他认为,国际制度是"规定行为角色、限制行为活动并影响行为期望的持续的互为联系的一系列正式的规则",主要包括三个部分:"一是正式的和非正式的政府间国际组织(Formal Intergovernmental or Cross - National Nongovernmental Organizations);二是国际机制(International Regimes),它是各国政府为管理国家之间产生的各种问题而明确制定的原则和规则;三是国际惯例(Conventions)。"③ 从这个定义可以看出,国际制度具备两个要素:一是约束相关领域内各行为主体的行为及其相互关系的一系列规范,二是执行、监督一系列原则、规则与程序的组织机构。国内学者苏长和认为,国际制度"主要由行为者在协调(Coordination)环境下形成的准则(Conventions)和在协作(Collaboration)环境下创立的规约(Contracts)构成,是一组权力约束,它们规定行为者在追寻自身利益时,可以做什么和不可以做什么,能做什么和不能做什么"④。综上所述,国际制度和国际机制并无本质的区别,本书所要阐述的是国际制度。概言之,国际制度是针对不同领域而制定的具有一定约束力的一系列规范,旨在规范国家在国际体系中的行为及其相互关系,减少彼此冲突的频率和程度,促进各国间的交往与合作,维护良好的国际秩序,实现国家间的共同发展。

---

① Stephen Krasner,"Structural Causes and Regime Consequences: Regimes as Intervening Variables", *International Organization*, 1982(2): 186.
② 王逸舟:《当代国际政治析论》,上海人民出版社2015年版。
③ Robert O. Keohane, *International Institutions and State Power: Essays in International Relations Theory*, Boulder: Westview Press, 1989, pp. 3-4.
④ 苏长和:《全球公共问题与国际合作:一种制度的分析》,上海人民出版社2009年版,第85—86页。

三 国际制度的类型

根据学术界不同的划分标准，国际制度大致可以划分为以下几种类型。

（一）按照形式划分

国际制度由"机制、正式的政府间组织或跨国非政府组织和非正式的国际惯例"三部分构成。国际机制是政府间通过协定建立的特定领域的一系列的明确规则；政府间组织或跨国非政府组织具有独立的国际法律主体地位，具有较为完备的组织机构，还可以制定规章制度和承担相应任务，如联合国、国际货币基金组织、世界贸易组织；国际惯例是隐性的非正式的规则或共识，在没有明确规则的情况下能够促进行为体之间进行沟通交流和协调。①

（二）按照时间划分

不同的国际制度有着不同的存在价值和预期目标。一般而言，按照价值和目标实现的时间期限，国际制度可以分为长效机制和短效机制。当然，这一划分不是绝对的，国家参与国际制度的程度和国际问题自身的复杂性都会影响这一划分。例如，如果朝鲜和美国在20世纪90年代通过双边机制顺利解决朝核问题，朝鲜半岛局势就不会存在危机，针对朝核问题而建立的六方会谈机制也不会存在。

（三）按照参与者数量划分

国际制度的参与者数量应该至少在两个以上，根据参与者数量的不同，国际制度分为双边机制和多边机制。双边机制是指两个国家依照共同关注的国际问题建立的制度安排；多边机制是指两个以上的国家按照多方共同关注的国际问题建立起的制度安排，一般涉及的是全球性或地区性的国际问题。双边机制的议题涉及两个国家之间的利益，而多边机制的议题涉及两个以上国家之间的利益。

（四）按照领域划分

随着经济全球化的发展，国家之间的相互依赖程度也随之增强，

---

① Robert O. Keohane, *International Institutions and State Power*: *Essays in International Relations Theory*, Boulder: Westview Press, 1989, pp. 3-4.

国家之间在多领域展开合作，并在政治、经济、文化、安全、环境等不同领域，按照各领域不同性质的国际问题，建立各有侧重的国际制度。

（五）根据执行任务的不同划分

国际制度分为管制型、程序型、项目型与开发型。管制型的国际制度主要是"建立和颁布规则或行为规范，其目的在于使参与的行为体在共同决策中获取集体收益，或避免集体损失"；程序型的国际制度是"规定成员该做什么或者禁止做什么，而程序安排是为成员提供一种机制，使他们得以对在制度规定范围内发生的问题采取集体或共同的行动"；项目型的国际制度是"专门为解决某一具体问题而建立的制度"；开发型的国际制度是"执行那些未曾有过的独特的社会实践的重要安排。"①

第二节　国际制度在国际区域合作中的效用发挥

贝娅特·科勒-科赫（Beate Coller-Koch）等论及制度的意义时指出："即使人们在政治生活或私人生活中订立了固定的关系，他们还是会希望拥有一种确定性，使确立他们关系的游戏规则能够长久不变——不论是通过协商制定的还是自发形成的，从而不必每逢共同行动时就要重新商定规则。"② 虽然国际体系的本质特征是无政府状态，冲突和战争时有发生，但这并不是国际关系发展的常态，国际体系对国家行为有一定的制约作用，这种作用使得各国之间能够在各自的轨道上运行，各国之间的关系处于一种稳定的秩序之中。国际体系对国家行为的制约作用就是以规则为基础的一种管理，这一规则就是国际制度。国际制度的产生是国家之间互动的结果，但是国际制度一经建立就具有一定的独立性和自身的特点，因而对国家的对外行为及其相

---

① ［美］奥兰·扬：《世界事务中的治理》，陈玉刚等译，上海人民出版社2007年版，第26页。
② ［德］贝娅特·科勒-科赫等：《欧洲一体化与欧盟治理》，顾俊礼等译，中国社会科学出版社2004年版，第96页。

互关系能够发挥作用。国际制度的功能是改善信息不对称现象，减少国家之间在交往过程中可能存在的欺诈和背叛，对国家行为具有一定的约束力，以非武力方式解决彼此的利益冲突，这些都引发了国家之间进行合作的动机，为各国合作创造了条件，也推动了国际合作的进程。因此，国际制度是区域合作中无法忽视的重要驱动因素。

一　新自由制度主义对国际制度效能的理论阐释

罗伯特·基欧汉（Robert Keohan）是新自由制度主义的代表人物，对国际制度功能的阐释主要以基欧汉的制度思想为典型。基欧汉认为，如同经济领域中的市场一样，国际体系中也会出现类似"市场失灵"问题。市场失灵是一种经济现象，特指"由于垄断、外部性、公共产品和信息不对称等原因，导致资源配置不能达到最优，即市场低效率或无效率的状态"[①]。根据"科斯定理"[②]的"迁移"，"市场失灵"现象同样也出现在国际政治领域，"由于无政府状态，国际体系中缺少确立国家责任和义务的法律框架、信息不完善以及存在交易成本"[③]。而国际制度在一定意义上能够克服上述弊端，其功能在于：首先，国际制度确立法律责任和义务。尽管国际制度没有国家内部的法律制度具有强大的控制力，但国际制度所包括的一系列具有法律效力的规则、程序等在一定程度上仍然能够对国家行为具有限制作用。国家通过遵守国际制度使得相互之间对彼此的行为可预期，从而提高了国家之间互动的效率。虽然国际社会无法彻底解决种族屠杀，但是国家不能再以不干涉和文化相对主义为借口而任意妄为。其次，降低交易成本。国际制度降低了国家之间谈判的成本，在既定的制度框架下，避免了重复谈判，新的议题可以遵照原有制度进行商榷，并在协调相关议题上的分歧更为容易。最后，改善信息不对称。市场失灵理论认为，不确定性是阻碍协议达成的根本原因，导致这种现象发生的

---

① 付玉丹等主编：《西方经济学》，东北师范大学出版社2011年版，第130页。
② 纳德·科斯：《社会成本问题》，《法律与经济学杂志》1960年第3卷。
③ ［美］罗伯特·基欧汉：《局部全球化世界中的自由主义、权力与治理》，门洪华译，北京大学出版社2004年版，第147页。

主要因素就在于市场中的不对称信息、行为体的道德风险以及不负责任的行为。国际体系的无政府状态也会导致出现不确定性，国际制度具备的一系列基本行为标准、规章制度保证了国家获取信息的渠道和质量，实现了国家之间有效沟通和明确行为意图，改善了信息不对称现象，确保国家兑现承诺。

二 区域合作机制对国际区域合作的驱动力效应

国家之间的合作所面临的基本战略问题就是克服集体行动的困难以及实现合作所需的公共物品的供给。区域合作机制在国际区域合作中协调了彼此的利益矛盾，增强了各国合作的信心，克服了集体行动困难。威廉·R.汤普森（William R. Thompson）在阐述地区体系存在的四个充分必要条件时，其中就体现了区域合作机制的重要性，即地区体系存在的充分必要条件之一是"行为体的关系或互动类型表现出某种法制化和紧密化的特殊程度"[①]。作为一种较为密切的国际合作形式，国际区域合作通过区域合作机制的大量供给，有效实现互惠、惩罚和监督，从而满足了国家参与区域合作的互利需求，为区域合作的发展提供了一个更为良好的国际环境，是推动区域合作进程的重要驱动力。具体而言，区域合作机制在区域合作中发挥的驱动力作用主要体现在以下方面。

（一）提升成员国之间的信息透明度

国际体系的无政府状态给国家之间的交往带来了不确定性风险。不确定性意味着，一方面，对目前国家决策可能起决定作用的某些未来事件的不可预测；另一方面，未来的或目前的某些事件为一些国家所知，但不为所有的国家所知。不确定性是由信息不对称现象造成的。信息不对称表现为信息不透明，使得国家之间无法了解彼此的意图，不能较为全面地判断对方的行为目的，无法做出理性的决策，因为信息是国家进行决策的关键依据。同时，信息不对称还是一方行为体比另一方对某种形势掌握更多信息，导致"局外者"不愿与"局内

---

① 郭定平主编：《东亚共同体建设的理论与实践》，复旦大学出版社 2008 年版，第 4 页。

者"在合作中达成协议,这都阻碍了国家之间的有效沟通,由此产生的疑惧使国际合作难以进行和维持。在国际区域合作中,区域合作机制通过监督机制,为国家之间提供了关于对方偏好、政策和遵守条约情况等可靠信息,实现了国家之间在合作中的有效沟通和信息共享,对彼此的能力、意图和政策取向等有了一定的了解,减少了欺诈行为的发生,规避了不确定性的风险,有利于建立稳定的战略关系,从而保证了国家之间合作的连续性与稳固性。正如罗伯特·基欧汉所认为的那样,"进入某国际制度所需要的信息,不仅仅是关于政府资源和正式谈判地位的信息,也是如下方面的知识:某情势之内在评估,其意图,其倾向之密度"①。国际区域合作中的首脑峰会、部长级会议以及高官会议等一系列会晤机制的实质就是将成员国的政府首脑及官员组织到一起,提供一个意见交流的平台。同时,相应的国际合作制度还负责向成员国提供专业的信息和知识产品。

（二）有形激励和促成成员国履约

区域合作机制的法律效力在一定程度上可以避免国家"放荡不羁"地追求利益,为国际区域合作提供了可能性与可靠性,是区域合作中一项重要的公共福利。高塞尔（High Selma）所提出的"协定道德论"指出通过契约的形式来解决博弈困境并实现合作,"合作性的活动都容易陷于囚徒困境,个人在合作中要获得合作剩余,个体就必须进行道德约束,按照协定道德去行动,互相之间才能产生信任并成功合作"②。同样,对于国家来说,区域合作机制一方面确立了成员国需要承担的法律责任和义务,另一方面它代表的是成员国共同的利益诉求。因此,某个成员国一旦违反制度不仅仅是将招致惩罚,而且更为重要的是意味着其他成员国的国家利益将面临受损,导致其他成员国对违规者给予负面评价甚至采取报复性行动,对于潜在的或已经违规的国家来说,这在无形中制造了一种影响其国际声誉的压力和威

---

① ［美］罗伯特·基欧汉:《局部全球化世界中的自由主义、权力与治理》,门洪华译,北京大学出版社2004年版,第156页。
② 参见王友云、赵圣文《区域合作背景下政府间协议的一个分析框架:集体行动中的博弈》,《北京理工大学学报》（社会科学版）2016年第18卷第3期。

慑。国际声誉是指"国际体系中的其他行为体对一国的持久特征或特性的一种信念与判断，主要功能为利用国家过去的行为来预测、解释其未来行为"①。良好的国际声誉会让国家更容易加入到合作中去，融入集体。汉斯·摩根索指出，国际制度"传达给强者和弱者的共同信息是：强权并不产生凭借这种权力去做在物质上能做的一切事情的道德或法律权利。为了社会整体的利益，也为了社会各个成员国的利益，权力须受限制"②。对于中小国家来说，它们能够从区域合作机制中获得更多收益，因为在没有制度限制的情况下，大国因自身的实力地位可以享受更大程度的行为自由，而一旦加入区域合作机制，大国行为将受到约束。同时，区域合作机制的争端解决机制可以保证其法律体系的自动运转，避免大国对制度的操纵。基于此，区域合作机制具有一定的限制作用，统一了成员国在区域合作中的行为标准，从而对各自的行为可以做出准确的判断，并且促使成员国能够朝着统一的目标方向发展，也因此而获得越来越多参与合作的国家的认同。随着参与合作的国家规模的扩大，相应地，区域合作机制自身也不断随着国家参与合作需求的增加得到变革，推动着国际区域合作的深入发展。

（三）降低成员国之间的交易成本

在国际区域合作中，区域合作机制减少了成员国之间的重复谈判，降低了合作的交易成本。"条约承诺、政府间惯例和国际化的政治进程以及其他的国家间制度联系提高了政策突然逆转的成本，造就了政治既得利益集团和组织惯性，有助于彼此关系的稳定和连续。"③ 区域合作机制一旦建立就会被广泛运用到多个议题领域中，将不同领域的议题联系起来。当某一项新议题产生后，可以在原有的区域合作机制基础上进行完善和调整，成员国不必进行重复谈判，对新

---

① 吴志成、李金潼：《国际公共产品供给的中国视角与实践》，《政治学研究》2014年第5期。
② [美] 汉斯·摩根索：《国家间政治：权力斗争与和平》，徐昕等译，北京大学出版社2012年版，第262页。
③ 田野：《国家的选择：国际制度、国内政治与国家自主性》，上海人民出版社2014年版，第121页。

议题中的分歧也较为容易协调，从而降低了处理每一个新议题的边际政治成本，提高了合作的运行效率。"成功的制度通过对议题的组织，使富有成效的议题联系战略得到加强，与此同时，使与制度原则不相一致的具有破坏性的议题联系战略和谈判受到阻止"①。

（四）构成区域治理的重要基础

我们对治理概念的最初含义的理解，源于詹姆斯·罗西瑙（James Rossinau）的那句话，"没有秩序就没有治理，没有治理也就没有秩序。"② 对于国际区域治理而言，治理更多的是一种对共同性区域事务的共同管理，即区域治理是"某一国际区域内的主权国家、国际组织以及其他国际关系行为体对区域事务的共同管理。"③ 国家间的一体化进程，上升到政治层面，也同样更多地体现为一种对共同性事务的管理活动，因为国家间的一体化，"无论处于何种层次，都与政治安排具有直接的关联性，而做出政治安排的过程即是治理的过程。"④ 地区秩序是区域治理的目标和结果，而区域治理遵循的依据建立在一定的规则和制度基础上。区域治理包括区域安全治理、区域经济治理和区域文化治理。在区域安全治理中，需要处理地区性危机、开展地区战略与安全对话；在区域经济治理中，需要稳定经济秩序、建立贸易安排以及提高区域经济组织的运行效率；在区域文化治理中，需要建立区域文化项目和相关的文化活动。总之，区域合作机制是区域治理的重要基础，不同层面的区域治理需要相应的区域合作机制加以支撑。总体而言，区域合作机制促进区域治理更富有成效，通过一系列制度体系来协调和约束成员国的行为，通过磋商和对话加强成员国之间的交流与沟通，共同解决面临的区域问题，维护成员国的权益和均衡发展，实现区域合作的有序性。

---

① ［美］罗伯特·基欧汉：《霸权之后：世界政治经济中的合作与纷争》，苏长和等译，上海人民出版社2016年版，第93页。
② ［美］詹姆斯·罗西瑙：《没有政府的治理》，张胜军、刘小林等译，江西人民出版社2001年版，第8页。
③ 郭树勇：《区域治理理论与中国外交定位》，《教学与研究》2014年第12期。
④ 吴昕春：《论地区一体化进程中的地区治理》，《现代国际关系》2002年第6期。

三　区域合作机制在国际区域合作中发挥动力作用的实践分析

"在区域一体化的过程中，一方面要竭力消除区域内实际产生的各种消极因素，实现利益最大化，达到区域内的统一和融合，这是区域一体化的实质性内容，也是区域一体化的内在要求；另一方面，区域内各成员要制定明确的规划目标和阶段性建设方案，为区域一体化的发展指明方向，通过协商共同构建具有约束力和执行力的制度框架，为区域一体化的持续发展提供保障，设立相应的组织机构展开活动，使区域内合作更加频繁、高效。"[①] 欧盟、北美自由贸易区和东盟以其自身的特点发挥着区域合作机制的作用，是迄今为止极具代表性的国际区域合作组织。这些极具特色的制度安排，进一步表明区域合作机制具有在区域合作中发挥驱动力作用的功能。

（一）欧盟——成熟的运行机制

欧洲区域一体化合作是从最初的煤钢联营到关税同盟、共同市场、经济共同体、统一大市场再到欧洲联盟的一个逐步深化的过程，在此过程中所创建的合作机制本着"共享""法制""分权与制衡"的原则推动着欧洲区域一体化不断向前推进并向深度发展，并在加强成员国经济联系，提高区域经济一体化水平的基础上，将经济效能逐步外溢至政治和安全领域，改善了各国尤其是法德之间的关系，结束了欧洲历来冲突的"恶性循环"。

1. 欧盟主要的组织机构

欧盟建立了一套较为完整的组织机构，可被视为一种具有立法、行政和司法功能的"国家"型区域合作组织机构，其中核心的组织机构包括欧洲理事会、欧盟委员会、部长理事会、欧洲议会和欧洲法院。

（1）部长理事会（the Council of Ministers）是欧盟的决策机构，它既是欧盟的组织机构，又代表着成员国的利益。从职权来看，部长理事会拥有立法权和行政权。在立法权方面，制定共同政策的法律法

---

① 高英彤、宫倩：《长吉图先导区国际合作制度建设的构想》，《东北师大学报》（哲学社会科学版）2011年第2期。

规，对欧盟委员会提交的立法提案做出决定；在行政权方面，部长理事会协调各成员国在每个功能领域的政策活动后，最终对政策的实施做出决定，并授权欧盟委员会执行；对欧盟委员会进行的任何有利于实现欧盟共同目标的研究提出适当建议，在征询欧洲议会的意见之后，对其是否应用于实践操作做出决定；拥有代表欧盟与其他国际组织或第三国之间缔结国际协议的权力，可以决定国际协议的谈判范围及形式。部长理事会根据欧盟条约的规定，以简单多数、特定多数与全体一致3种方式进行议决。

从其内部构成机构来看，其中具有代表性的是理事会秘书处（the Council Secretariat）和常驻代表委员会（the Committee of Permanent Representatives）、特别委员会。理事会秘书处不仅向理事会主席提供后勤援助和咨询意见，而且还为达成妥协提供援助。秘书处工作人员推动完成对立法提案的审查。常驻代表委员会负责就政策倡议达成协议，以便部长们只需要解决那些无法通过其他方式解决的问题。特别委员会协助理事会提供政策建议，包括共同商业政策委员会、共同农业政策委员会、经济和金融委员会、政治和安全委员会等。

（2）欧盟委员会（the European Commission）倡导和维护基于条约法的欧盟利益。除了安全与国防领域之外，它与部长理事会都是欧盟的主要议程设定机构，因此与部长理事会具有同等重要的地位。它由各成员国中相当于部长一级的政府官员、社会活动家、企业家以及技术专家组成。欧盟委员会主席对外代表欧盟委员会和其他欧盟机构，其负责监督委员会，并且帮助秘书长协调委员会的工作，为整个委员会提供政治方向。

欧盟委员会具有参与立法、监督和执行职能。欧盟委员会的立法职能主要体现在两个方面：一是欧盟委员会在欧盟条约或部长理事会的立法授权范围内可以制定法规，包括决定、规则、指令及建议等行政性、技术性法律。二是部长理事会的立法提案须由欧盟委员会提出和起草，如果提案未通过部长理事会的通过，也由欧盟委员会撤回修改。欧盟委员会所被赋予的立法职能不仅促使其可以提出一些具有影响的政策措施，而且还在一定程度上将欧盟的整体利益体现在立法中，起到了维护区域利益的作用。欧盟委员会的监督职能就是确保成员国遵守欧盟条约和法律。欧盟委员会能够调查成员国政府、企业以及个人是否存在违背欧盟条约和法律的行为状况。如果成员国违背了欧盟条约规定的义务或者不按时执行或没有以适当的方式执行规定，委员会将会给予警告。如果警告无效的话，那么委员会可以启动针对违背条约行为的司法程序，并在其框架之中向欧洲法院递交起诉书。例如，欧盟委员会对卢森堡发起了侵权诉讼，其原因是卢森堡未能执行 2002 年的一项委员会指令，该指令要求成员国政府在家用空调上贴上节能使用和消费标签，以此鼓励消费者购买更加节能的电器商品。三是执行职能。欧盟委员会主要承担管理欧盟的日常事务。欧盟委员会确保了成员国们能够致力于实现欧盟条约所规定的各项目标，并使得它们不会在实现目标的过程中因纠结于彼此的冲突而裹足不前。例如，欧盟委员会对欧盟竞争政策的管理。它监控合并和卡特尔，从而防止任何一个公司在欧盟市场中占有主导地位而侵蚀自由竞争。同时，监控欧盟成员国通过寻求补贴行业来使得自身更有竞争力的行为，因为成员国的这种做法会扭曲欧盟市场的竞争。2002 年，欧盟委员会对奥地利银行因其参与卡特尔价格而进行了 1.24 亿欧元的罚款。欧盟委员会发现，奥地利八家银行的首席执行官定期会面，其目标是商定存款和贷款的固定利率，损害了企业和消费者的利益。

（3）欧洲理事会（the European Council）是欧盟成员国之间进行事关重大或关键性的政治决定的领导性组织机构。欧洲理事会的职能主要是为欧盟决策提供总的政治路线和基本指导方针，确定扩大欧盟的标准或为全面改革确定方向；召集政府间会议并授其职权；帮助欧盟部长理事会解决一些棘手的重大问题；协调欧盟成员国之间的政策；批准欧盟某些非立法性质的决策；对欧盟的一系列政策的实施进行监督等。任命权包括：在部长理事会和欧洲议会的投票批准的基础上，对欧盟委员会主席的任命；在部长理事会咨询欧洲议会和欧洲中央银行管理委员会之后并推荐的基础上，对欧洲中央银行执行委员会成员的任命；在欧洲中央银行行长委员会向欧洲议会和部长理事会咨询后并推荐的基础上，对欧洲中央银行主席的任命。由于欧洲理事会的特殊地位，其决议成为一种"政治命令"，是需要落实的，打破了部长理事会的决策僵局。因此，事实上它在欧盟的有关决策中的地位和作用不可低估。

（4）欧洲议会（the European Parliament）是具有超国家性质的跨国议会，也是欧盟唯一的民选机构，它由各成员国国内的议会代表组成。欧洲议会的主要职责包括：一是咨询权。部长理事会在对欧盟委员会的立法提案做出决定之前需要向欧洲议会征询意见。二是审议权。欧盟的一些重大决策需要得到欧洲议会的同意。三是监督权。欧洲议会的监督权表现在：部长理事会与欧盟委员会必须向欧洲议会汇报工作，并接受欧洲议会的书面或口头质询；欧洲议会的司法专员能够受理并调查成员国公民对欧盟组织机构失职行为的申诉；欧洲议会能够通过 2/3 的绝对多数表决来弹劾欧盟委员会，迫使其集体辞职。四是预算权。欧洲议会的预算权表现为："对欧盟预算中的'强制性开支'①拥有建议修改权，对其他'非强制性开支'拥有最后决定权；有权否决预算并要求起草新的预算方案；预算的决算必须经过欧洲议会审核通过。"② 五是立法权。根据《欧盟条约》的规定，"合作程序"实施时，欧洲议会可以通过票决的方式以绝大多数为由拒绝部长理事会就欧盟委员会立法提案达成的共识，而理事会欲通过有关立法提案，则须以全体一致决议的方式方可实现；"共同程序"实施时，欧洲议会亦可根据条约规定，以绝对多数否决部长理事会就某项法案的修改意见，"如果部长理事会不接受欧洲议会意见，则应通过由部长理事会与欧洲议会对等组成的'调解委员会'，进行面对面的磋商。"③ 另外，欧洲议会是由各成员国选出不同党籍的且意识形态各异的议员组成党团，不同党团根据不同的议题自由采取行动，也可以根

---

① 欧盟预算中的"强制性开支"主要是农业开支，约占总开支的 55%。
② 杨解朴：《欧盟层面的利益集团》，硕士学位论文，中国社会科学院研究生院，2001 年。
③ 伍贻康等：《三足鼎立？全球竞争体系中的欧美亚太经济区》，上海社会科学院出版社 2001 年版，第 114 页。

据需要组成"临时性的跨意识形态和跨国疆界的联盟"①，这实际上显示了欧洲议会避免由单独国家垄断事务的欧洲特性。尽管欧洲议会所拥有的权利无法比拟民族国家内部的议会，但其权利范围的扩展意味着它不仅是欧盟整体区域利益的维护者，也诠释了欧洲各国民众的意愿和诉求。

（5）欧洲法院（the Court of the Justice of the European Union）是欧盟区域的又一重要组织机构，承担着对欧盟共同性事务进行司法仲裁的职能。一般而言，它由若干名高级法官组成，这些法官经由各成员国共同协商任命，每位法官下面又有多名"推议"来协助其工作。欧洲法院的职责是负责解释欧盟的各项法规和条约并确保其实施；审理和仲裁各种纠纷，欧洲法院的仲裁具有法律强制性；对欧盟拟定的国际协议有咨询权。

2. 欧盟的政策决议机制

欧盟的政策决议机制是指在欧盟决策的过程中，逐渐形成的各机构间的"协同—制约关系以及制度与程序"，② 具体包括欧共体、共同外交与安全政策以及警察与司法事务合作三大决策机制。

其一，欧共体的决策机制。欧共体的决策机制从欧共体建立起沿用至今，是欧盟决策机制中的核心。这一决策机制的流程是：欧盟委员会提出动议、欧洲议会进行咨询、部长理事会做出决策、欧盟委员会负责执行。具体说来，主要包括以下三种程序。

（1）咨询程序（Consultation Procedure）。咨询程序包括动议—咨询—决策三个主要环节。在动议环节，欧盟委员会可以直接起草立法提案或是由部长理事会和欧洲议会要求其对某一议题提出立法建议。在咨询环节，欧盟委员会提出立法动议后，将其交给部长理事会，部长理事会先是与经济与社会委员会或地区委员会以特定多数的议决方式形成共同立场，之后将立法提案递交给欧洲议会。欧洲议会将提案

---

① 黄伟峰：《欧洲联盟的组织与运作》，台北：五南图书出版股份有限公司2007年版，第299—301页。
② 伍贻康等：《三足鼎立？全球竞争体系中的欧美亚太经济区》，上海社会科学院出版社2001年版，第121页。

交给其下属的某一委员会进行审核，判断提案是否符合欧盟的立法基础。如果该委员会对提案的合理性存在质疑，欧洲议会的法律事务委员会需要继续讨论该提案，得出结论后要上报欧洲议会。如果欧洲议会对提案发表意见，该提案将会被撤回或修改。经过修改的立法提案，部长理事会要将其递交给欧洲议会进行复审。简单来说，欧盟委员会赞同欧洲议会的意见并接受其大约3/4的修正条款，而理事会较少赞同欧洲议会的意见，其接受修正的比率在相当的程度上少于1/2。①在决策环节，决策由部长理事会最终做出，以简单多数、特定多数与全体一致的方式议决。

（2）合作程序（Cooperation Procedure）。合作程序包括"一读"与"二读"两个流程。在"一读"中，部长理事会将欧盟委员会的立法提案向欧洲议会、经济与社会委员会或地区委员会征询意见。部长理事会首先以特定多数的议决方式，与经济与社会委员会或地区委员会形成共同立场，之后将立法提案递交给欧洲议会，进入"二读"程序。在"二读"后，欧洲议会需要在3个月内，对部长理事会"一读"中达成的共同立场进行审议并做出决议。如果议会简单多数通过共同立场，理事会即可根据此立场通过立法提案；如果议会未通过，理事会可通过自身商议的共同结果通过该法案；如果议会以绝大多数对理事会共同商议结果提出修改意见，委员会可以在1个月内重新审议和修改其提案，但委员会拒绝修改则必须说明理由，理事会须以特定多数票决的方式在3个月内通过经委员会修改的提案，或以全体一致决议的方式接纳未被委员会接受的议会修改意见，或可提出自己的修改意见，并就此意见以全体决议的形式通过该立法提案；"如果议会以绝对多数拒绝理事会的共同立场，理事会仍可以在3个月内以全体一致议决、依据已达成的共同体立场通过该立法提案。但如果在此3个月内理事会没有或不能达成一致，则此立法提案应认为已被搁置，委员会必须起草新提案，重新发起立法程序。"②合作程序扩展了欧洲

---

① 刘文秀等：《欧洲联盟政策及政策过程研究》，法律出版社2003年版，第41页。
② 伍贻康等：《三足鼎立？全球竞争体系中的欧美亚太经济区》，上海社会科学院出版社2001年版，第123页。

议会参与立法的权限，主要应用于"禁止国籍歧视的法规，在运输、泛欧网络、发展政策、社会基金、在职培训措施、社会与安全相关事项的政策、工人的移动自由、开业自由、职业培训等领域。"①

（3）共同决策程序（Co-Decision Procedure）。它主要包括三个流程："一读""二读""三读"。"一读"的过程与上述"合作程序"完全相同。在"二读"中，欧洲议会根据部长理事会对欧盟委员会立法提案形成的意见在3个月内做出决定。3个月之后，如果部长理事会采纳和批准欧洲议会对立法提案的修正案，则立法提案可以被视为是以共同立场予以通过的。而如果欧盟委员会对立法提案的修正案表示反对，部长理事会则会通过全体一致的议决方式对其做出决议；倘若立法提案的修正案的内容未经过部长理事会的全部通过，则决策程序进入"三读"。在"三读"中，在征得欧洲议会长官的同意之后，部长理事会的轮值主席可在6个星期内召开调解委员会。调解委员会以特定多数的表决方式对立法提案的修正案中未经过批准的内容提出意见。如果调解委员会对修正案中未经过批准的内容表示支持时，则从调解委员会对修正案通过之日起的另一个6星期之内，再由欧洲议会和部长理事会分别对其进行表决。如果其中一方未予通过，则该立法提案最终失败；如果调解委员会对立法提案的修正案中未经过批准的内容表示反对时，部长理事会则需要在调解结束后的6星期内，以特定多数的议决方式表明其共同立场，否则该立法提案将最终不予通过。

除了司法与内政事务、经济与货币联盟、贸易、农业以及财政协调之外，大多数欧盟的立法程序都属于共同决策程序。欧洲议会在共同决策程序中可以行使否决权，拓展了其在立法权方面的职能，从而进一步提升了欧盟的超国家性。

其二，共同性的外交、安全、警察、司法等合作事务上的决策机制。部长理事会独占共同外交与安全政策的决策权。共同外交与安全政策的原则、指导方针等由欧洲理事会来制订，而该政策的动议权属

---

① 朱仁显：《欧洲议会的立法程序》，《人民论坛》1999年第2期。

于部长理事会,并且由部长理事会秘书长协助部长理事会形成。共同外交和安全政策会采取联合行动、共识立场或别的决定以及特定多数等方式根据共同战略需要做出决定,"如有任何成员国反对此议决方式,部长理事会可以以特定多数议决,将此事务交由欧洲理事会以全体一致议决。"① 共同外交与安全政策的执行权也归属部长理事会,理事会轮值主席代表欧盟,并在秘书长协助下贯彻执行部长理事会的一切外交和安全事务决策。此外,设立由各国外交部政治司司长组成的、相当于常任代表委员会的"政治委员会"。在动议、决策和执行的整个过程中,欧盟委员会与成员国只有参与的权利,欧洲议会是咨询的作用,欧洲理事会参与实际决策,真正掌握决策权的是部长理事会,这一机制的特点反映了外交与安全事务关系到国家主权的敏感性以及欧盟政治统一进程处于初期发展阶段。

在警察与司法事务合作的决策机制中,部长理事会以特定多数的方式进行议决,其中至少要获得 10 个以上成员国的支持。"成员国间在此方面缔结的公约(必须有半数以上成员国参加才能生效),其实施措施可在部长理事会中以缔约国成员的 2/3 多数议决。由各国政府有关部门高级官员组成的一个协调委员会,负责筹划部长理事会对此类事务的讨论。"虽然该决策机制的基本决定对欧盟成员国具有约束力,但不具有直接有效性。也就是说,该决策机制的决定是部长理事会对成员国行为的监督,其具体执行的方式由成员国自己决定,体现了欧盟对成员国之间特殊情况的考虑,求同存异,尊重各国的发展意愿。

综上所述,欧盟的决策机制在尊重成员国意愿及其利益的基础上,维护了欧盟的整体利益。一方面,如果不顾及成员国的特殊情况,尊重各国意愿,那么它们妥协的意志很快就会消失殆尽;另一方面,如果成员国们毫不通融地把自主权视为禁脔,那么欧盟就无法继续运行。欧盟的决策机制以及核心组织机构在其中各自发挥的不同作用实现了欧盟和成员国之间的利益融合,更好地推动了欧洲区域一体

---

① 伍贻康等:《三足鼎立?全球竞争体系中的欧美亚太经济区》,上海社会科学院出版社 2001 年版,第 125 页。

化进程的稳定发展。

（二）北美自由贸易区：多元的争端解决机制

在国际区域合作中，解决成员国之间争端的制度安排是必不可少的。由于涉及成员国自身利益，因而在区域合作中矛盾和纷争时有发生，有效解决争端对保证成员国之间顺利达成协定以及相关运行程序，维护区域合作组织整体利益有着十分重要的作用。北美自由贸易区虽然没有完备的组织机构，成员国的权利和义务只是由《北美自由贸易协定》规定，合作制度较为松散，但在《协定》框架下，最具特色的制度安排是争端解决机制，北美自由贸易区的争端解决机制有六种，每一种由于涉及不同领域而分别发挥着各自的法律效力，为争端的解决提供了多元化路径，实现了成员国的个体利益和北美自由贸易区整体的既定目标，为北美自由贸易区的深入发展提供了制度保证。

北美自由贸易区的争端解决机制融合了政治外交和司法程序两种形式，主要包括磋商、调解、斡旋和仲裁等方式，具有灵活性、非强制性的特点。承担北美自由贸易区争端解决职能的是自由贸易委员会和根据个案临时成立的仲裁专家组。当争端发生时，成员国先通过政治外交的方式进行协商并努力共同达成解决方案，在30天（有关农产品的争端为15天）内没有达成共同决议的情况下，再寻求自由贸易委员会进行调解。自由贸易委员会可以召集技术咨询专家或建立工作小组进行协调。当自由贸易委员会在30天内仍未解决时，根据任何一个争端方的书面请求临时设立仲裁专家组。仲裁专家组在成立后的90日内，根据自由贸易委员会制定的程序规则进行处理，并就调查情况、争端涉及的措施是否与《北美自由贸易协定》精神相符合以及解决争端的建议提出初步报告，在初步报告发出后的30天内做出最终结论，并由争端方将最终报告提交给自由贸易委员会。该报告通常要求争议双方或多方"通常地依据该报告"来执行裁定结果，如果败诉方不服从处理，胜诉方可以采取报复措施，即胜诉方可以停止执行对败诉方在《北美自由贸易协定》下的义务，使对方损失利益。下面以特殊的争端解决机制中的"投资争端解决机制和一般争端解决机制"为例，分析争端解决机制的具体运转方式。

"投资争端解决机制"的宗旨是"确保各成员国之投资享有与国际互惠互利原则相符的平等待遇及在一个不偏不倚的法庭出庭的正当程序。"① 该机制规定投资者可以以自己或企业的名义进行索赔。投资者在至少 90 日前向仲裁专家组提出索赔请求，并书面通知争端的另一方。如果争端事件自发生日起超过 6 个月以上，则投资者可以根据国际投资争端解决中心（ICSID）的仲裁规则向国际投资争端解决中心提出索赔请求。仲裁专家组的三名成员由争端双方指定，其中的首席仲裁员由争端双方共同指定。仲裁专家组根据相应的程序做出报告，在此基础上做出最终裁决，争端双方遵照执行。同时，该机制还规定争端双方可以根据《解决国家与他国国民间投资争端公约》《纽约公约》或《美洲公约》来寻求第三方仲裁。北美自由贸易区的投资争端解决机制在一定意义上提升了投资者的法律地位。除了该投资争端解决机制之外，其他一些国际条约很少赋予投资者向东道国求偿的法律权利，这种权利是国家才能享有的，有效地保障了投资者的利益，促使成员国政府为减少争端而对政策的制定和执行进行更为严格的审查。同时，该机制使得投资者能够通过求偿程序来监督成员国履行仲裁裁决义务。投资者在求偿前后并没有与东道国之间签订仲裁协议，而是通过该机制的相应程序进行仲裁，并且在缺乏仲裁合意的情况下，投资者还可以寻求第三方对东道国进行求偿仲裁，维护了投资者的利益。此外，该机制还具有一定的灵活性。该机制的仲裁专家组是临时组成的，其首席仲裁员是国际商事仲裁领域声名卓著的专家、学者或实务人士。比起其他固定组织机构，临时组成的仲裁专家组在处理争端的方式上往往会具有一定的灵活性，更有利于解决问题。据统计，截止到 2018 年《北美自由贸易协定》重新谈判之前，"依据该协定发起的投资仲裁共计 62 起，其中多数案件都是由美国和加拿大的投资者发起，墨西哥提出的仲裁只有 1 起"②。

---

① 参见孙志煜《区域经济组织争端解决模式研究：以 EU、NAFTA、CAFTA 为中心》，博士学位论文，西南政法大学，2011 年。
② 张生：《从〈北美自由贸易协定〉到〈美墨加协定〉：国际投资法制的新发展与中国的因应》，《中南大学学报》（社会科学版）2019 年第 4 期。

一般争端解决机制适用于除投资争端、反倾销与反补贴、劳工及环境之外以及该机制另有规定的案件。该机制解决争端的方式主要通过成员国之间的磋商、仲裁专家组或成员国国内法院来达成。当出现争端时，争端双方先是通过机制内的谈判和磋商程序进行解决。如果解决未果，任一争端方可以要求自由贸易委员会进行斡旋、调解加以解决。如果争端双方仍没有达成一致，争端任意一方均可在一定期限内，书面提请自由贸易委员会，要求成立仲裁专家组。① 仲裁专家组自成立的 90 日内对争端做出初步报告，然后在 90 日后的 30 日内做出最终报告。争端双方根据最终报告达成和解协议。如果最终仍未达成协议，提出仲裁请求的一方可中止《北美自由贸易协定》项下对另一方的相关义务。一般争端解决机制的价值在于"它几近于法律规范中的兜底条款，给北美自由贸易协定的整体争端解决机制弥补了可能出现的漏洞"②，任何在其他争端解决机制中无法找到合适路径解决的都可以在该机制中进行寻求，保证了成员国争端解决的全面性和灵活性。

（三）东盟：独特的决策原则

东盟的合作制度因其自身的独特性而被称为"东盟方式"。所谓"东盟方式"并没有严格的界定和标准，东盟的官方解释是："'东盟方式'强调非正式性、组织的多边主义、包容性以及通过细致的协商来达成共识，即冲突的和平解决"③。加拿大学者阿米塔·阿查亚（Amita Achaya）对"东盟方式"的界定比较具有代表性。他认为"'东盟方式'是体现在特定行为准则和一系列程序中的行为规范"④。这些特定行为准则包括尊重主权、不干涉内政、和平解决冲突以及不使用武力等国际法所规定的行为标准；这些程序规范主要是遵循协商

---

① 参见孙志煜《区域经济组织争端解决模式研究：以 EU、NAFTA、CAFTA 为中心》，博士学位论文，西南政法大学，2011 年。
② 参见孙志煜《区域经济组织争端解决模式研究：以 EU、NAFTA、CAFTA 为中心》，博士学位论文，西南政法大学，2011 年。
③ 郑先武：《东盟"安全共同体"：从理论到实践》，《东南亚研究》2004 年第 1 期。
④ Amita Achaya, "Culture, Security, Multilateralism: the 'ASEAN Way' and Regional Order", in Keith R. Krause, ed., *Multilateralism, Arms Control and Security Building*, London: Frank Cass, 1999, pp. 57—68.

和共识的原则。"东盟方式"的决策原则遵循了成员国无论大小和强弱，地位绝对平等的理念，并在此基础上整合国家利益，促进共同发展。东盟的决策原则具体包括三项内容。

1. "协商一致"原则

"协商一致"原则是将相关议题的建议和解决方案置于东盟内部公开讨论，每个成员国都可以发表不同的意见，并通过成员国之间的反复磋商，就相关议题达成一致共识。为了顺利进行协商，东盟成员国会通过进行双边或多边接触来相互了解彼此对某一问题的看法，"如果其反应是不赞同的，并且很难更改其立场，那么这个问题或这个成员国的立场将不会被提出或以缓和的方式提出。"[①] 因此，协商一致的决策原则避免了成员国在决策过程中对主权利益损害的担心，降低了谈判的政治交易成本，维护了成员国之间的合作关系，提高了合作效率，推动了东盟的稳定发展。正如新加坡前总理李光耀对东盟的评价："东盟在过去 20 年内所取得的成就虽然没有惊人的突破，但通过不断协商，各成员国之间对所有重大问题都达到一致意见和正确决定。"[②]

2. "N—X"原则

"N—X"原则是"协商一致"的灵活处理方式。N 代表所有成员国的数量，X 代表暂时不参与但也不反对东盟合作计划的成员国数量。当东盟 N 个成员国无法就某项议题计划通过协商一致达成共识，此时允许不赞成计划的 X 个成员国暂时退出该项议题计划，并且该项议题计划仍然作为东盟的最终决策通过，保留退出的个别成员国重新加入该计划的权利，这种灵活性的处理方式没有机械地坚持协商一致，加强了东盟内部的凝聚力与合作的良性发展。例如，1992 年，东盟首脑会议召开前，关于东盟建立自由贸易区文件草案中是否应该对例外商品条款做出相应的一些限制，使其应用的范围缩小，东道主国

---

① 参见韦红《地区主义视野下中国—东盟合作研究》，世界知识出版社 2006 年版，第 29 页。

② 陈岳、陈翠华主编：《李光耀——新加坡的奠基人》，时事出版社 1990 年版，第 172 页。

新加坡与菲律宾、印度尼西亚的看法不同，为了实现经济联合，东盟采用了"5—X决策模式"①，从而很好地解决了这一争议，并为东盟以后处理类似问题确立了灵活的原则和尺度。

3."不干涉内政"原则

该项原则主要基于以下几点规定，即为了实践不干涉主义，东盟成员国需要承担以下义务："禁止对成员国政府对待其人民的行动进行批评，包括违反人权的行动在内，禁止把国家的国内政治体系和政府风格作为决定东盟成员国资格的基础；批评被认为是侵犯了不干涉原则的行为；禁止认可、庇护或以其他形式支持任何试图或推翻邻国政府的反叛组织；对成员国开展的反对颠覆性和破坏性的行动提供政治支持和物质援助。"②

第三节 国际制度在国际区域合作中发挥动力作用的维度

国际制度在区域合作中发挥驱动力作用的强弱体现为其自身的有效执行程度，而这种有效性不仅在于其存在的合法性，而且还与其发展进程息息相关。因此，探讨国际制度在区域合作中发挥驱动力作用的条件就是把握哪些因素影响着国际制度的产生与发展，以明确国际制度在区域合作中发挥驱动力作用的实现路径。

一 共有利益：区域合作机制发挥动力作用的现实条件

满足自身利益是国家合作关系建立和发展的逻辑起点和动力。国家对其自身利益的预期收益和成本做出评估，在预期收益大于成本的前提下，国家之间的合作才成为可能。在国家的个体利益诉求得到满足的基础上，谋求共有利益就成为稳固合作关系的坚实基础。也就是

---

① 江帆：《东盟安全共同体变迁规律研究：历史制度主义视角下与阿米塔·阿查亚教授商榷》，中国社会科学出版社2013年版，第162页。

② [加]阿米塔·阿查亚：《建构安全共同体：东盟与地区秩序》，王正毅等译，上海人民出版社2004年版，第81—82页。

说，个体利益只是使得国际合作成为可能，国际合作要想真正建立和继续发展就必须存在共有利益。"共有利益"即"一定范围内国际社会多数成员在国家利益方面相互交叉或重合的部分"[1]，它反映了国家之间在利益关系上的内在联系和相互兼容程度。"有些共有利益是与生俱来、客观存在的，如同一个地区因地缘政治因素而在安全、稳定、经济发展、生态环境等方面客观存在利益共享关系"[2]；有些共同利益需要在彼此合作中才能形成。区域合作机制的产生和发展是基于国际区域合作中的共有利益，这是衡量地区内各国是否决定参与区域合作机制的标准。美国区域经济学家埃德明·胡佛等认为，"区域是整体的地理范畴，标准的区域属性是建立在区域共同利益的一般认识之上的，即区域内必定有某组事物具有同类性或联系性，而在区域间，则表现为差异性。"[3] 在国际区域合作中，合作机制包括的规则、原则和决策程序等内容具有互惠性、渐进性和保险性特点，这些特点恰恰体现了各国对共有利益的追求。区域合作机制的互惠性表明各国在制度建立和发展的过程中不仅追求自我利益而且还维护地区的集体利益；渐进性是各国之间在区域合作机制建立过程中的折中和让步，最后达成共识和谅解；保险性是区域合作机制的建立和发展先从低级领域（经济等其他功能领域）开始，体现了国家之间在低级领域中更容易合作，制度也更容易建立。总之，在共有利益的基础上，区域合作机制才得以建立并发展，当合作机制能够满足成员国的合作需求时，成员国将对该合作机制表示支持，而一旦合作机制出现滞后或是无法满足合作需求时，成员国往往会对合作机制采取消极态度，表现为漠视或背离制度。西欧各国的共同政治意愿促使欧共体得以建立，而这种共同政治意愿的基础离不开欧共体能够给被第二次世界大战毁灭的西欧国家带来经济福利和财富增长以及寻求控制德国军国主义复

---

[1] 王公龙：《国家利益、共有利益与国际责任观——兼论中国国际责任观的构建》，《世界经济与政治》2008年第9期。

[2] 祁怀高：《构筑东亚未来：中美制度均势与东亚体系转型》，中国社会科学出版社2011年版，第203页。

[3] ［美］埃德明·胡佛等著：《区域经济学导论》（中译本），郭乃清等译，上海远东出版社1992年版，第220页。

兴的政治安全利益。20世纪60年代，东南亚国家普遍面临着严峻的国内外政治安全困境，为了应对生存和安全威胁，东南亚国家之间进行合作成为维护共同安全利益的现实选择。《北美自由贸易协定》签署和北美自由贸易区建立的基础是美国、加拿大和墨西哥共同追求的经济利益，这种经济利益符合三国的预期收益。对于加拿大来说，加入北美自由贸易区是为了维护本国利益，既能利用墨西哥的低劳动成本产品，又能够获得在墨西哥更多的投资机会。如果加拿大选择拒绝加入，美国和墨西哥之间达成协议后，加拿大国内的企业将会处于劣势。对发展中国家墨西哥来说，《北美自由贸易协定》使得墨西哥将吸引到更多来自美国、加拿大的资金、技术来满足其国内各部门发展的迫切需要。同时，该协定通过取消成员国之间的贸易保护主义、降低或取消关税和非关税壁垒，推动了墨西哥出口和经济增长，其国内就业机会大大增加，由此也改善了墨西哥偿还外债的能力。

二 共有观念：区域合作机制发挥动力作用的价值理念

区域合作机制的产生和发展是国家之间利益权衡的结果，这种利益权衡是国家之间达成的某种共识，这种共识便是一种共有观念。共有观念亦即共有知识，它是"个体之间共同的和相互关联的知识，是社会意义上的共有，而不是偶然的共同"①。在国际区域合作中，合作机制的产生和发展都是国家之间形成的具有合作性质的共有观念，它代表了国家对于需要建立何种制度安排来满足合作需求的共同意愿，并通过基本原则的确立、各种规则的制定、合作宗旨和目标的确立来体现各国共同的合作价值理念，是区域合作机制的灵魂。同时，共有观念还表明了地区内各国对区域合作机制合法性的认同，这种认同决定了各国自觉遵守合作机制的意愿，从而影响了各国在其管辖权限内贯彻合作机制的能力，成为合作机制有效地发挥驱动力作用及其自身的长远发展的运行基础。1973年，欧共体召开的哥本哈根峰会提出将成员国之间一直以来认同的"民主""人权""社会正义"等价值取

---

① [美]亚历山大·温特：《国际政治的社会理论》，秦亚青译，上海人民出版社2014年版，第141页。

向作为欧盟的规范之一，成为中东欧国家加入欧盟的前提条件之一。"东盟方式"是东盟成员国之间建立合作的共有的政治意愿，使得彼此在存在"人种与种族、宗教信仰、法律制度、发展水平"[①] 等差异的情况下能够相互尊重和宽容并实现了联合。"东盟方式"是体现在特定行为准则和一系列程序中的行为规范。

三 政治领袖：区域合作机制发挥动力作用的个体力量

马克思主义认为，政治领袖是一定历史时期内，阶级斗争与社会分工的产物，是在不同阶级的长期实践活动中涌现出来的，"具有卓越政治见识和接触政治才能，对历史发展有重要影响、在本阶级中拥有最高权威的政治人物。"[②] 政治领袖的特殊地位、人格魅力、坚定的政治信仰等因素在国家社会历史发展进程中起着重要的作用，是推动国家社会政治生活，维护社会政治秩序稳定的主要政治支柱。在国际合作中，政治领袖在很多时候"努力克服或规避各种集体行动的困境，这些困境困扰着制度谈判过程中寻求共同受益的谈判各方所作的努力"[③]。政治领袖增加了为建立各国都乐意接受的合作制度安排而进行的努力获得成功的可能性。因此，政治领袖对于区域合作机制得以建立及其在合作中发挥驱动力作用起到了积极的角色，提升了区域合作机制的规范化程度，具体体现在以下几个方面：其一，政治领袖对于区域合作机制的预见性。区域合作机制产生的前提是对制度的需求。当国际合作中的旧制度的获益空间小于新制度的发展潜力，人们就有更替制度的需求。由于政治领袖有着一定的远见，使得他们能够意识到原有区域合作机制的缺陷，因此，政治领袖能够判断出有利于自身利益的有利形势，在适当的时机各国政治领袖通过谈判协商对原有区域合作机制进行改革和调整；其二，政治领袖对区域合作机制具有定向作用。区域合作机制蕴含着构建者的理念与价值，国家是区域

---

① 参见［菲］鲁道夫·C.塞韦里诺《东南亚共同体建设探源：来自东盟前任秘书长的洞见》，王玉主等译，社会科学文献出版社2012年版，第7页。
② 姜安等：《政治学概论》（第2版），高等教育出版社2009年版，第18页。
③ ［美］莉萨·马丁等编：《国际制度》，黄仁伟等译，上海人民出版社2018年版，第9页。

合作机制的主要构建者，代表国家进行谈判促成区域合作机制最终建立离不开政治领袖发挥倡导、呼吁和促成等作用，一定的区域合作机制的建立必然是政治领袖共同政治理念的体现。区域合作机制的产生源于国家之间达成的共识，这种共识是政治领袖通过谈判所形成的价值取向，确定了区域合作机制的发展方向；其三，政治领袖对区域合作机制理念的传播作用。区域合作机制理念是各国政治领袖理念交互碰撞形成的共识性结果，其形成过程并不为国内民众所知晓。因此，需要政治领袖将区域合作机制理念进行传播，使其广泛社会化，从而唤醒民众对区域合作机制理念以及国际合作的认同；其四，政治领袖对区域合作机制运行的推动。区域合作机制驱动力作用的发挥及其有效性不仅与其自身、技术相关，而且还依赖于政治资源的使用。政治领袖凭借其政治权力，在一些事关重大的领域问题上能够做出最终决策，保证了区域合作机制的顺利运行；其五，政治领袖对区域合作机制的维护作用。区域合作机制一经形成便在一定时期内具有稳定性。霍布斯曾指出，"不带剑的契约就会成为一纸空文，所以为了契约的实现，一定的以强制力量为后盾的权力就是必要的。"① 政治领袖是维护区域合作机制的重要力量，不仅通过自身的权威来保证区域合作机制的顺利运行，提高区域合作机制执行的效果，而且还能够对区域合作机制的匮乏进行相应的完善，在遵循制度理念的基础上，弥补合作机制的滞后性，对其进行完善和调整。欧共体的建立及其以后的发展进程都离不开政治领袖们的集体意志，正是各成员国政治领袖们持续、共同的努力以及对欧洲统一观念的传播和实践，使得西欧最终顺利形成了欧共体的合作制度。

第四节　国际制度在国际区域合作中发挥动力作用维度的案例分析

国际区域是介于全球与国家之间的重要层次，发挥着破解全球、

---

① ［英］霍布斯：《利维坦》，黎思复等译，商务印书馆2020年版，第17页。

国家两者之间难题的积极作用，是全球治理体系的重要组成部分。《联合国宪章》第 8 章规定，"只要符合联合国之宗旨及原则，区域安排或区域机构可以用来应付有关国际和平及安全之维持而宜于区域行动的问题；应鼓励各国在将区域性争端提交安理会之前利用区域办法或通过区域机关将其解决"①。同时，地区秩序构建是未来国际秩序的关键部分，其核心是区域机制建设，制度化发展程度能够保证地区合作的持久性，以此逐渐消解地区内国家之间的分歧与矛盾。2021 年 9 月 3 日，习近平主席在第六届东方经济论坛全会上指出，"世界格局深刻变革，新冠肺炎疫情起伏不定，世界经济艰难复苏。东北亚区域合作既面临严峻挑战，也面临重要机遇"②。因此，进一步探讨东北亚区域合作机制建设对推进区域经济社会发展、区域和平稳定具有重要意义。

一 东北亚区域合作机制建设的实践进程

东北亚各国经济上的相互依存和密切往来需要相应的合作机制来规范和深化不断发展的经济关系，推动东北亚地区的经济社会发展。东北亚区域合作机制主要包括区域安全合作机制、经济合作机制和环境合作机制。

首先，东北亚区域合作安全机制主要包括：六方会谈、东北亚合作对话会、东北亚有限无核武器区高级研讨会以及亚太安全合作理学会东北亚工作组等，它们不仅有助于解决具体的技术性问题，而且在一定意义上加强了东北亚地区国家间的相互了解和信任，维护了地区发展的良好秩序。

其次，东北亚区域合作经济机制主要包括：图们江区域合作机制、东北亚经济论坛。图们江区域合作机制主要包括中国、朝鲜和俄罗斯三国政府代表签署的《关于建立图们江地区开发协调委员会的协定》（简称《三国协定》），中国、俄罗斯、朝鲜、韩国和蒙古五国

---

① 郑先武：《全球治理的区域路径》，《探索与争鸣》2020 年第 3 期。
② 习近平在第六届东方经济论坛全会开幕式上的致辞》，http://www.gov.cn/xinwen/2021-09/03/content_ 5635207. htm。

政府代表签署的《关于建立图们江经济开发区及东北亚开发协调委员会的协定》和《图们江经济开发区及东北亚环境准则谅解备忘录》（这两种协定被简称为《五国协定》）。上述协定分别推动建立了由中、俄、朝、韩、蒙五国副部长级代表组成的"图们江地区开发协商委员会"以及中、俄、朝三国副部长级代表组成的"图们江地区开发协调委员会"，这两个组织的办事机构是图们江开发项目秘书处。2005年9月，第八次政府会议召开，签署了《大图们江行动计划成员国长春协议》，大图们江区域合作上升为大图们江行动计划。2014年9月，在中国吉林延边举行了第十五届大图们江倡议政府间协商委员会部长级会议。该会议"通过了大图们江倡议法律过渡概念文件和相关路线图；确立新机制的级别、组织框架、过渡时间表等"[1]。东北亚经济论坛成立于1991年，该论坛旨在通过多边对话协商来加强东北亚地区的经济开发项目建设，推动地区经济的发展，其研讨内容包括东北亚地区的能源、交通、发展等议题。

最后，东北亚区域环境合作机制以项目为导向，通过在各国的环境问题和重点区域进行合作，实现信息共享、技术转让等，提高各国的环境保护能力建设，主要包括综合性环境合作机制和海洋环境专项合作机制。综合性环境合作机制，如东北亚区域环境合作计划、东北亚大气污染物长距离跨界输送项目、中日韩三方环境部长会议。东北亚区域环境合作计划是由韩国、中国、日本、俄罗斯联邦、朝鲜民主主义人民共和国和蒙古6个成员国组成，该计划的合作活动范围从海洋环境到空气污染也各不相同，活动由设在韩国的常设秘书处支持；东北亚大气污染物长距离跨界输送项目是中、日、韩开展的国际大气污染联合研究项目，是以科学为基础的环境合作机制，旨在收集关于区域一级环境状况的科学数据和信息；中、日、韩三方环境部长会议是东北亚区域环境合作机制中发展较为成熟的环境合作机制，也是最高级别的对话磋商机制。该机制定期举行部级会议，开展沙尘暴问题工作组等核心活动项目，并分享各自国内的最新环保政策及其进展，

---

[1] 李铁：《图们江合作发展报告2016》，社会科学文献出版社2016年版。

为相互之间交流有关全球、区域性的环境议题意见搭建了平台。海洋环境专项合作机制包括西北太平洋行动计划、黄海大海洋生态项目。例如，西北太平洋行动计划大体上遵循了环境署区域海洋方案的做法，该方案是通过从地中海获得的经验而推进的，强调创造和实施更适合应对该地区特有的海洋环境挑战的实践活动。

尽管东北亚区域合作机制尚有一些成效，但是在整体的制度发展上仍然是缓慢的。例如，东北亚区域合作经济机制依然发展缓慢，一些规则体系尚未健全，缺乏具有一定约束力的法律机制，在关键性问题上无法发挥统合作用。东北亚区域环境合作机制缺乏统筹协调，并且机制内部存在职能重叠的弊端。同时，制度化程度较低，约束力有限，并且一旦政治、经济领域出现矛盾，松散的合作体系必然会受其影响，从而大大降低海洋环境合作治理的有效性。此外，该机制的参与主体以政府为主导，如海洋环境社会组织与政府之间是单向沟通的关系，过于依赖政府，无法发挥对治理主体的冲突进行协调的作用。唐世平认为，制度化的程度可以从两个维度来衡量。一是制度化的密度。制度化的密度是指"秩序内的制度对行为体的行为、交往以及社会结果的规制的细致程度。"[①] 二是制度化的深度。制度化的深度是指"秩序内的制度对不同领域中的行为体的行为、交往以及社会结果的规制的触及深度。"[②] 东北亚区域合作机制因经济、政治、环境、安全等领域的规制性约束较弱而使得制度化密度较低、深度不够，导致其整体制度化程度并不高。

二 影响东北亚区域合作机制建设的因素

对于东北亚区域合作机制建设的影响因素，可以从以下几方面分析。

（一）国家间共同利益弱化

国家追求利益最大化是国家从事任何政治活动，推动国内社会发展的根本准则。国家利益是指"民族国家追求的主要好处、权利或受

---

① 唐世平：《国际秩序变迁与中国的选项》，《中国社会科学》2019年第3期。
② 唐世平：《国际秩序变迁与中国的选项》，《中国社会科学》2019年第3期。

益点，反映这个国家全体国民及各种利益集团的需求与兴趣"①。国家利益的基本内容主要包括经济利益、文化利益和安全利益。"经济利益是对内维护自主发展经济的主权，对外维护经济交往稳定、发展的权利；文化利益是维护本国意识形态、保持本国文化传统、维系本民族认同感和凝聚力等；安全利益是保障生存安全、领土完整、主权不被侵犯和战略安全（国际环境）。"② 尽管东北亚区域合作的机制建设取得一定成效，促进了经济合作，为地区发展奠定了良好的外部环境，但在合作机制的广度与深度方面仍然受到一定的限制。当区域合作的预期收益大于成本时，国家将会积极地参与或继续支持机制建设，反之，国家将会采取漠视或抵制的态度对待制度的建立和发展。在安全利益方面，东北亚各国之间主要面临两方面问题。一是历史遗留问题。二是领土争端问题。这些问题导致了彼此缺乏政治互信，不利于地区的长久发展。在文化利益方面，受意识形态、社会制度和民族文化的影响，东北亚地区各国之间缺乏共有的文化利益，即各国之间缺乏共有观念。区域合作制度的构建和完善是地区各国之间共有观念的集中体现，这种共有观念表现为一种集体认同，集体认同的缺失使得东北亚区域合作机制建设发展缓慢，权威性不足，呈现软制度的特点。同时，仅以国内利益为核心，忽视东北亚各国间经济社会发展的共同利益往往会制约地区合作机制的权威性，从而阻碍机制的高效运行及其合作的可持续性。

（二）战略互信缺失

影响东北亚区域合作机制建设的消极因素还包括各国之间由于领土争端和历史问题以及某种现实主义思维带来的不信任和猜疑，造成政治关系发展滞后于经济关系。如领土争端问题和历史问题诸如朝鲜和韩国之间的历史包袱。同时，新冠疫情加剧了中美战略竞争，如拜登政府上台后，"意图重建将中国排除在外的全球零部件采购和供应链，利用数字技术重建供给网络形成'科技同盟'对中国高科技行业

---

① 王逸舟：《国家利益再思考》，《中国社会科学》2002年第2期。
② 高伟凯：《国家利益：概念的界定及其解读》，《世界经济与政治论坛》2009年第1期。

进行不正当打压"①，使得日本、韩国同中国形成的战略互信受到严重影响。日本同美国、澳大利亚一道提出"禁止向中国输出'卡脖子技术'政策"，在安保政策上强化了"美日印澳四方安全"对话机制；日本、韩国不断加大对企业的行政干预，致使部分企业向东南亚市场转移。这些问题的形成和发酵都制约了共同致力于持续建设东北亚区域合作机制的决心和热情，削弱东北亚各国持续参与合作、应对全球挑战的能力。

（三）地区认同淡薄

在国际体系中，身份界定了"自我"与"他者"的界限，对国家行为产生了重要影响，国家之间的不同身份决定了彼此之间是纯粹的冲突还是竞争与合作并存的关系。身份的确立来自共有观念的塑造。共有观念是国家之间拥有的共同价值观、信念。当通过共有观念建立集体身份之后，国家之间就会逐渐打消猜忌，凭借信任以和平方式解决冲突，而不是诉诸武力。对于区域合作来说，其发展过程就包含了由集体身份所锻造的文化认识过程或社会化过程，这种过程体现了各国之间的共有观念，其表现为地区认同。地区认同是"若干地理上接近并相互依存的国家在观念上与本地区其他国家的认同以及将自身视为地区整体一部分的意识"②。地区认同意味着地区各国兼顾国家利益与区域利益，形成区域内的公共意志；塑造着区域合作制度的文化和价值，为区域合作机制建设提供了原则性规定和制度化解读的保障，推动合作制度的变迁及其发展。"成员国对大家同属一个共同体的意识程度，或是对共同话语表述的分享程度，不仅决定了体制形成的进程，而且影响到问题一旦产生后它们能否成功解决。"③尽管建立在市场经济基础上的经济联系使得东北亚各国具有基本的利益基础，但相互之间政治互信的匮乏，加之民族主义迸发导致的非理性，使得区域公共意志分散、区域合作制度文化微势，整体区域认同感淡薄，极大

---

① 葛建华：《"东亚抗疫治理模式"与中国话语传播力的途径和方法》，《日本研究》2021 年第 2 期。

② 刘兴华：《地区认同与东亚地区主义》，《现代国际关系》2004 年第 5 期。

③ ［美］奥兰扬：《世界事务中的治理》，陈玉刚、薄燕译，上海人民出版社 2007 年版，第 191 页。

地影响了区域合作机制建设乃至区域合作的良好发展。

三 推进东北亚区域合作机制建设的路径

从东北亚区域合作机制的规制性、涉及领域的合作深度来看，其制度化程度并不高。提出东北亚区域合作机制建设的几点思考，其目的在于使彼此的冲突得以遏制或控制，并且使得区域合作朝着积极的趋势发展，而不是一味地追求将其彻底解决。推动东北亚区域合作机制建设有利于地区内各国实现多极化的战略目标，并以区域为依托，抵御经济全球化带来的风险，有利于提高东北亚地区整体的国际地位。因此，应该从以下几个方面着手。

（一）强化共同利益

对东北亚各国而言，共同利益不仅是推动区域合作机制建设长远发展、扩大合作领域的根本动力，而且对维护各方关系、稳定地区秩序具有重要影响。东北亚各国相互之间的共同利益不仅仅是相互之间存在较高的经济优势互补，即经济的共利联动能够逐渐达成政治共识，而且还包括面临的关乎人类命运的威胁，如朝核问题、非传统安全问题以及地区的经济发展等。同时，在文化上也存在相互借鉴的需求。因此，各国应该持续维护和拓展共同利益。一方面，各国要利用"六方会谈"制度契机，秉持和平方式解决争端的原则来确保朝鲜的稳定，同时，加强与朝鲜的经济合作。另一方面，各国要通过交流、制定国内政策来深化双边或多边的经济合作，尤其是中日韩合作，其在合作机制建设方面取得了成效，能够很好地发挥推动东北亚区域合作持续发展的主渠道作用。如，可以从召开"中日韩+"对话合作会议做起，规划和推动东北亚地区的互联互通议程。中日韩三国通过深化海洋治理合作，化解海上争端。从而有利于改善政治关系的隔阂，实现东北亚区域合作机制建设朝着更广阔领域的方向发展。

（二）发挥东北亚地区主要国家的作用

在推动东北亚区域合作经济领域的机制建设过程中，中国、日本、俄罗斯和韩国应该不断发挥积极作用，通过积极的外交政策来推动相互之间的良性互动，从而寻求构建和改造相应的运行机制，以便更好地服务于区域合作。在稳定区域金融秩序方面，各国要维持与美国的良好关系，构建区域金融合作机制，在各国国内实行维护区域金融秩序的财政政策等。同时，要向经济发展水平程度相对较低的国家提供经济技术援助，通过改善经济关系改善政治关系，从而推进东北亚区域合作发展进程。此外，中国、日本、韩国、俄罗斯要在健全区域经济合作机制方面共同发挥作用，完善机制的权威性、约束力，提高其运作效率。中日两国曾经在东亚共同发挥作用，产生积极影响。在1997年的亚洲金融危机中，中国和日本向东盟提供了金融援助，解救了危机中的东南亚国家；在东盟与中、日、韩的"10+3"机制得到发展之后，以"货币互换协议"为内容的《清迈协议》使得中、日在货币领域有了突破性合作，为东亚区域经济合作的稳定和发展奠定了良好的基础。

区域安全合作机制建设是东北亚地区最为缺乏的"国际公共产品"，关键性地阻碍了东北亚区域合作的发展进程。因此，东北亚各国应该就地区安全议题进行共同治理。治理的议题不仅应该包括军事安全与核不扩散等，而且还应该包括能源安全、气候变化、环境保护、恐怖主义、跨国犯罪等非传统安全问题。扩大东北亚各国和美国在非传统安全问题上的合作，有助于各国逐渐以超越维持现状的安全观念来思考地区问题。非传统安全问题有助于东北亚各国形成共同命运感，"一荣俱荣、一损俱损"，形成东北亚安全危机管理意识，从而可以打破现实主义思维，培育和完善东北亚区域合作的其他领域的机制建设，推进东北亚区域合作进程、提升其有效性。

（三）培育和提升区域文化认同

尽管东北亚各国缺乏一定的政治互信，但总体而言，经济全球化和区域化的不断发展使得各国之间的相互依赖关系逐渐加深，在一定程度上改变了零和博弈的国际关系，双边或多边合作促进了文化交流。因此，培育和提升区域文化认同仍然是可能的。秦亚青提出了"进程主导型建构主义"，指出"交感而化"，即国家之间的合作交流进程会有利于重构共有观念，从而改变行为体的偏好。国家之间交往的频率越高、交往的质量越高，彼此之间形成共有观念的机会就越大。在国际体系中，"无论是否拥有相同的文化，因互动的规律性和程度，都会使得行为体之间相互承认、迁就融合"①。东北亚区域文化认同还处于较低水平，其主要原因是历史根源的牵绊。因此，对历史问题的正确认识和处理方式是培育和提升东北亚区域文化认同的有效路径。这不仅涉及在"向前看与翻旧账、正义与非正义的标准、被害者意识与加害者意识、国家责任与个人责任"②等方面树立正确意识，而且还要通过不断地互动与交流来超越惯有的现实主义思维，并有所作为。习近平主席指出，应该"倡导共同、综合、合作、可持续的亚洲安全观，努力走出一条共建、共享、共赢的亚洲安全之路"③。这有利于东北亚各国形成正确的义利观，逐步构建区域认同，克服政治效应引发的互信危机。例如，延伸各国多边合作联合培养专业范围，除语言类之外诸如历史学、民族学等其他专业，持续传承优秀文化；各国政府扩大与其他国家的文化交流项目；广泛发挥媒体多渠道的信息传播作用，正向传递民族文化，共同促进多元文化融合；深入推进教育开放和留学交流，提供更多的东北亚区域内就业创业机遇等。通过这些措施逐渐加深国内公民对其他国家的了解，增进国家层面相互之间的理解和释疑，从而逐步树立能够持续推动友好合作，促进竞争共存、共同发展、共赢共荣的观念，将各国的民族文化中共有的文化价值理念发扬光大，维护地区的共同利益和自身利益，从而为区域合作的机制建设发挥积极的促动作用。

（四）促动区域社会力量参与

对于国家政权而言，"其获取社会资源的能力、对国际体系的反应，都会受到国内因素的影响，如精英群体凝聚力、社会分化程度、公众舆论偏向等"④。国际区域合作同样在一定程度上会受到国内政治

---

① ［美］约瑟夫·拉彼德、弗里德里希·克拉：《文化和认同：国际关系回归理论》，金烨译，浙江人民出版社2003年版，第75页。
② 星野昭吉、刘小林：《全球化与区域化视角下构建东亚共同体的思考》，《世界经济与政治》2011年第4期。
③ 《亚洲相互协作与信任措施会议第四次峰会在上海举行 习近平主持会议并发表重要讲话》，http://www.xinhuanet.com/photo/2014-05/22/c_1110799640.htm。
④ 李巍：《从体系层次到单元层次：国内政治与新古典现实主义》，《外交评论》2009年第5期。

的影响。英国脱欧的事实表明，"社会思潮、国内经济状况、收入分配、大选政治等内部压力"[①] 对国家的对外政策产生不可忽视的影响，进而影响区域合作的前景。东北亚区域合作的机制建设不仅需要各国以国家身份通过各种途径来实现，而且还需要获得其各自国内民众的支持，这是区域合作得以持续发展的社会基础。东北亚区域合作机制建设要获得成员国公民的支持，应该从扩大公民的民主参与性着手。作为国际区域合作较为成功的合作组织——欧盟，在制度层面的实践中实现了公共领域与私人领域在国家、超国家层面上的相互协调与合作，这种民主模式就是"多层治理"，在一定程度上打破了由成员国国内主宰的精英式区域合作，使得区域合作结构具有开放性特点，能够较为全面地管理地区事务。例如，泛欧利益团体在欧盟成员国国内的各领域中分布广泛，经过官方认定，拥有代表本行业的专有权，维护了团体利益，在充当利益协调者时发挥了一定的积极作用，体现了欧盟区域合作的多元性。又如，欧盟成员国政府逐渐将权力下移至地方政府，并允许非政府组织参与中央政府在欧盟层面的政策制定和实施。

东北亚区域合作在促动区域社会力量时，应该通过东北亚各国创新国家发展模式，改革国家治理模式，以此扩大公民的参与途径，为参与区域合作的机制建设奠定良好的国内政治基础，更好地统筹国内国际两个大局，从而实现国内改革与区域合作机制建设的良性互动，如促进公共政策的开放性，在制定和实施上，中央政府通过完善新的规则制度来加快各级政府公共管理部门的现代化程度，因地制宜地赋予地方政府自主权，更新各级政府职能，从而扩大非政府组织和各种社会力量的参与度。同时，从区域合作的机制建设方面提供这样的平台，鼓励各国的非政府组织、民间组织参与到区域机制建设中。

---

① 任琳：《英国脱欧对全球治理及国际政治经济格局的影响》，《国际经济评论》2016年第6期。

第三章

共有观念与国际区域合作

马克斯·韦伯（Max Weber）曾指出，"直接支配人类行为的是物质上和精神上的利益，而不是理念。但是，由理念所创造出来的世界图像，常如铁道上的转辙器，决定了轨道上的方向"①。可见，虽然利益还是最终决定人们的行为，但是观念却决定了人们选择何种利益，即人们的价值观影响着他们认为什么是最值得追求的东西。在国际体系中，只从权力和利益的角度很难体现国家之间的关系，观念逐渐成为一个重要的影响因素。在国际区域合作中，观念集中体现了国家间共有的文化，其现实意义在于："使合作参与者超越当前成本—收益分析所凸显的不利，通过未来预期的利益增强某种制度或机构对参与者的凝聚力"②。共有观念能够使得国家之间在共同的文化价值观、信念的基础上，相互理解和信任，从而为国家间的区域合作提供了空间，也为区域合作的长久发展奠定了良好的基础。正如菲迪南·滕尼斯（Ferdinand Tennis）所指出的，"拥有共同事物的特质、相同身份和特点的感觉的群体关系，是历史和思想积淀的联合体，是有关人员共同的本能和习惯，或为思想的共同记忆，是人们对某种共同关系的心理反应"③。它直接表现为自愿的、和谐共处的、更具价值的一种平等互助关系。本章在对观念的内涵、类型及其对国家行为的作用进行阐释的基础上，对共有观念在国际区域合作中的驱动作用进行了详细

---

① 参见［德］马克斯·韦伯《中国的宗教》，康乐、简惠美译，上海三联书店2020年版，第145—153页。

② 刘均胜：《APEC模式的制度分析》，《当代亚太》2002年第1期。

③ ［德］菲迪南·滕尼斯：《共同体与社会》，张巍卓译，商务印书馆2020年版，前言第3页。

阐述，最后分析了共有观念在国际区域合作中发挥驱动作用的基础。

第一节 共有观念的理论基础分析

一 观念的内涵

"观念"一词源自希腊语 eidos，代表思想的意思，通常指"看法、思想、思维活动的结果，有时亦指表象或客观事物在人脑中留下的概括的形象"①。在哲学研究中，观念的内涵十分丰富，唯心主义哲学将观念视为"客观理念"，在主观唯心主义那里观念甚至被归结为"主体的感觉与影响或产生世界的创造本原"，即事物的本质；康德称观念为"纯粹理性的概念"；黑格尔（Hegel）认为观念是"自在而自为的真理，是概念和客观性的绝对统一"；唯物主义经验论者约翰·洛克（John Locke）认为，观念来自"外界事物的内心活动的观察"②；等等。在政治学研究领域，观念通常与价值理念、文化印记、制度规范相联系起来使用，很多学者尝试廓清观念的内涵，如建构主义学者温特将观念解释为知识，包括行为体的"自由知识和共有知识"，"自由知识是个体行为体持有而他人没有的信念，共有知识是个体之间共同的和相互关联的知识"③。罗伯特·杰维斯（Robert Jervis）将观念理解为知觉（Perception），认为"决策者对他者的知觉既来源于历史经验教训，也来源于个人、政府内部决策机构以及沟通过程"④。还有的学者认为"观念可以分为世界观、原则化信念和因果信念"⑤。

---

① 陈至立主编：《辞海》，上海辞书出版社 2022 年版，第 1423 页。
② 杨晓萍：《中共外交中的观念因素》，博士学位论文，中共中央党校，2009 年。
③ ［美］亚历山大·温特：《国际政治的社会理论》，秦亚青译，上海人民出版社 2014 年版，第 119 页。
④ ［美］罗伯特·杰维斯：《国际政治中的知觉与错误知觉》，秦亚青译，世界知识出版社 2015 年版。
⑤ ［美］朱迪斯·戈尔茨坦、罗伯特·基欧汉：《观念与外交政策：信念、制度与政治变迁》，刘东国译，北京大学出版社 2005 年版，第 3—30 页。

二 观念的类型

对于观念的类型，不同学者从不同的研究视角给出了不同类型的划分。认识论的代表人物约翰·洛克将观念分为简单观念和复杂观念两类，"简单观念"可以理解为"由外部事物直接作用于感官而产生的感觉观念"；"复杂观念"则是"心灵在获得简单经验后以简单观念为材料和基础来构筑的其他观念"。哲学家乔治·贝克莱（George Berkeley）把观念的类型分为两类："感觉观念和心灵通过组合与分解感觉观念而形成的观念"[①]。戈尔茨坦和基欧汉则从信念的维度，将观念具体划分为"世界观、原则化信念和因果信念"[②]。他们进一步分析到，"世界观"是对客观世界本质的一种认识，宇宙论、本体论以及"何为恰当的"等内容，都属于这种认识的范畴，世界观深刻地影响着人们对世界的认识和思考世界的方式以及行为模式；"原则化信念"由规范观念组成，是关于对和错、正义和非正义的标准，以确定行为的适当性，原则化信念常常把根本性教义转换成当代人类行动的指南；"因果信念"是指人们关于原因与结果及其二者关系的一种认识，它源自被公认的精英所达成的共识，为个体如何实现其目标提供了参考依据。

我国学者杨晓萍基于戈尔茨坦和基欧汉所提出的相关解释框架，她从结构层面将观念的类型分为"个体观念，群体观念和社会观念"[③]。（1）作为个体的观念，是在现实生活的实践过程中人们所形成的思维、心态、经验和智慧等，并且可以"通过个体周围的生活环境及这些个体的下一代进行传播"；（2）作为群体的观念，是人们在特定地区和时期里通过聚居生活所形成的观念，是一个个的个体观念相互影响、相互作用所形成的所谓"共识"，并得到群体所有成员的认可，包括友爱、团结、互信、忠诚、勇敢等；（3）作为社会的观

[①] 杨晓萍：《中共外交中的观念因素》，博士学位论文，中共中央党校，2009年。
[②] [美]朱迪斯·戈尔茨坦、罗伯特·基欧汉：《观念与外交政策：信念、制度与政治变迁》，刘东国译，北京大学出版社2005年版，第9—10页。
[③] 杨晓萍：《中共外交中的观念因素》，博士学位论文，中共中央党校，2009年。

念,"是由组成社会的各群体相互影响、相互作用所形成的有利于群体发展的观念,它是群体的共识,也是个体的共识,如爱国主义、文化认同等"①。

三 观念对国家行为的影响

观念影响着国家行为,这种影响具体可以从以下三个维度来做进一步分析。

首先,观念充当路线图的作用。观念在一定程度上能够明确国家自身利益取向和实现路径。具体而言,"观念通过因果范式或提供伦理道德上不得不信的行为动机而起着在不确定条件下指导行为的作用"②。观念可以帮助国家确立何为对与错的标准,提供新视野、新政策和新发展方向,从而保障国家的持久稳定和生产价值总量的持续增长。彼得·卡赞斯坦(Peter Kazenstein)认为,观念可以是一种国家文化,这种文化"以国家规范和制度形态"③为具体形式,重塑国家的身份和利益,影响国家的行为活动取向。他在讨论安全文化理论中,进一步把决定国家安全政策取向的因素归结为国内的政治文化因素。罗伯特·吉尔平也同样认为,"政治的和经济的身份或观念对国家行为产生强烈的影响",他在分析和比较美国和苏联的两级对立关系时,发现人们之所以无法很好地解释冷战,其原因在于并没有将"民主资本主义的美国和专制共产主义苏联之间的意识形态冲突"进行细致的分析和阐释,事实上,"一个国家的社会政治性质、意识形态以及政治属性都对国家利益的界定起作用,并且会影响国家的行为"④。

其次,观念能够起到"聚焦"和"黏合剂"的作用。国家在实施

---

① [美]朱迪斯·戈尔茨坦、罗伯特·基欧汉:《观念与外交政策:信念、制度与政治变迁》,刘东国译,北京大学出版社 2005 年版,第 9—10 页。
② [美]朱迪斯·戈尔茨坦、罗伯特·基欧汉:《观念与外交政策:信念、制度与政治变迁》,刘东国译,北京大学出版社 2005 年版,第 17 页。
③ [美]彼得·卡赞斯坦主编:《国家安全的文化:世界政治中的规范与认同》,宋伟、刘铁娃译,北京大学出版社 2009 年版,第 388 页。
④ [美]罗伯特·吉尔平:《全球政治经济学:解读国际经济秩序》,杨宇光等译,上海人民出版社 2013 年版,第 19—20 页。

对外政策之前会面临多种政策选择及其实施手段，此时在观念的作用下，国家会对多种政策选择带来的结果做出预期，并以追求国家利益最大化为前提最终做出选择。"当政治行为者必须在体现帕累托全局改善的多套结局之间做出抉择时，当选择没有'客观'标准作为基础时，观念能够聚焦预期和战略"①。尼娜·哈尔彭（Nina Halpern）在解释并不处于苏联控制下的中国为什么会采纳斯大林主义经济政策时就说明了观念起到的聚焦作用，认为很多东欧国家选择追随苏联是担心遭受到苏联对本国的军事入侵，但中国之所以采用斯大林主义的政治经济纲领，是因为"它们有能力解决后革命政府所面临的两个主要问题：关于什么是社会主义道路的不确定性以及对共同政策认同的需求"。另外，观念具有着"黏合剂"的突出作用。当国家处于反复博弈之中，认同感的强弱对国家之间是否采取合作以及合作程度产生直接影响，国家彼此认同感程度高，国家之间合作的意愿越强烈，在合作中出现的分歧也更容易解决，因而也就更易增进合作；反之认同感较低，则国家间的合作更难实现。由此，可以看出尽管国家间共有的观念认同不一定有助于国家合作体的巩固，但是这种观念认同发生改变则会直接动摇联合的基础，因为很多战略联合的重要基础不仅仅是存在共同的利益，密切彼此关系和相互认同的共有观念同样重要。

最后，观念可以通过制度的运行发挥作用。制度与观念存在着一种相互嵌入的关系，某些制度不仅反映着利益，也反映着"某种观念的力量"；同样，某些观念的确立离不开制度力量的推动。观念通过制度发挥作用，源于观念一旦影响到某项政策，这种影响必然会被不同程度的制度化，在国际社会中，"外交政策本身就体现了对观念和原则制度化的努力"②。我们以日本为例，日本的内外安全政策形成过程中，其政府内部权力组织、国家与社会关系和日本的跨国关系对其安全政策产生了直接性的影响。这种影响具体表现在：在日本政府内

---

① ［美］朱迪斯·戈尔茨坦、罗伯特·基欧汉：《观念与外交政策：信念、制度与政治变迁》，刘东国译，北京大学出版社 2005 年版，第 18 页。
② ［美］道格拉斯·C. 诺思：《制度、制度变迁与经济绩效》，杭行译，格致出版社 2014 年版，第 3 页。

部权力组织中，制度化规范体现在制度严密、保守党力量强大、军队受到经济部门的严格限制、技术官僚掌握国家的核心权力；在国家与社会关系中，通过制度化规范将军队排除在公共事务之外一直是日本努力消除法西斯主义的重要尝试；"在跨国关系中，典型的制度化规范存在于日美关系中，由日美同盟保证日本的安全，美国压力被制度化且纳入了政策制定过程"①。在国际体系中，观念制度化体现为国际制度，国际制度是国家之间长期交往形成的惯性思维及其认同感升华的一种固定模式。构成国际制度的规范、规则、原则能够让国家明确什么样的国家行为被视为是违反国际制度的，并通过国际制度对违反行为进行相应的制裁。

第二节　共有观念在国际区域合作中的凝聚力作用

一　共有观念塑造国家间关系的建构主义解释

建构主义在分析共有观念塑造国家间关系上颇有影响。共有观念，即为共有知识，是"个体之间共同的和相互关联的知识，共有知识可以是合作性质的，也可以是冲突性质的"②。对于国际行为体而言，国家间共同具有的期望和信念构成了国家间的共有观念。国际体系对国家行为的影响不仅是物质层面作用的结果，而且还受到观念的建构，正是在此种意识支配下，国家得以明确自身的身份和利益。国家同个人一样会更可能以自我的方式定义其客观利益，但是一旦国家超越了自身所带来的这种压力，而"把自我的界线扩大至包含他者的范围"，随着国家交往的日益密切，观念逐渐内化为一种认同，即"一群国家就会认为它们同属'我们'之列。到那个时候，这个群体

---

① 秦亚青主编：《文化与国际社会：建构主义与国际关系理论研究》，世界知识出版社2014年版，第114页。
② [美] 亚历山大·温特：《国际政治的社会理论》，秦亚青译，上海人民出版社2014年版，第141页。

的成员之间在涉及整个团体事务的时候就不会再各自寻求自我利益了。"① 这就表明，除去物质层面的影响，国家行为还受观念的影响，这种观念就是共有知识，使国家明确自身的身份。身份代表了国家的社会类别或存在状态，即行为体是谁或是什么，而利益体现国家的行为动机，即为了什么。因此，身份所内含的不同程度的文化内容，也就直接决定了利益体现着不同程度的文化内容。基于此，建构主义依照国家身份的差异——是敌人、是竞争对手还是朋友，将共有观念塑造的不同国家间关系分为霍布斯式文化、洛克式文化和康德式文化。

（一）霍布斯式文化

霍布斯式文化的逻辑是"所有人反对所有人的战争"，其塑造的国家之间的关系就是敌人身份。在这种国际文化里，权力政治和自助状态是国家行为体面临的现实选择，各个国家纷纷把他者描述成最大威胁以此获得最大的利益，而且以夸大现实的方式从事扩张行为。"把他者视为敌人并根据这种判断采取行动，国家之间就相互鼓励对方显现出敌人身份，自我因而也就维持了自己的身份"②。具体而言，国家之间的霍布斯式共有观念包括三方面："一是与它们打交道的是像它们一样的国家；二是这些其他国家是它们的敌人，因此威胁它们的生存和自由；三是怎样对付敌人——怎样发动战争，怎样传达威胁信号，怎样安排役降，怎样达成均势等等"③。回顾历史，我们也可以发现，在近代欧洲威斯特法利亚体系形成之前，国际政治的特征常常表现为频繁的暴力、国家的高死亡率、必要时的权力制衡、大量的国家被消灭和被集中等，其原因就是这种霍布斯式的共有观念的作用。

（二）洛克式文化

洛克式文化在国家间相互承认彼此主权基础上，把国家间的关系塑造为竞争对手的身份。在洛克式文化中相互承认主权是国家的一种

---

① ［美］亚历山大·温特：《国际政治的社会理论》，秦亚青译，上海人民出版社2014年版，第235页。
② ［美］亚历山大·温特：《国际政治的社会理论》，秦亚青译，上海人民出版社2014年版，第269页。
③ ［美］亚历山大·温特：《国际政治的社会理论》，秦亚青译，上海人民出版社2014年版，第262页。

权利，它不仅表明主权是个体国家的一种特征，还是国际社会中所有国家所共享的一种制度，"这种制度的核心是一个共有的期望，即国家不会试图夺取相互的生命和自由"①。此外，以相互承认主权为基础的洛克式文化中，国民所具有的共同期望成为不同国家得以维持现状的意图的一项可靠的判断，从而进一步塑造了国家间的身份是竞争对手，而非敌人。基于此种认识，在洛克式文化中，尽管国际体系或多或少仍是一个自助体系，国家间有维持现状的取向可以明确判明，这使它们能够约束自己的行为，并且在受到外来威胁时更愿意寻求合作。历史上，近代欧洲的威斯特法利亚体系使得国家之间不经常发生战争，弱小国家得以发展，国家的死亡率几近于零，而产生这些现象的原因是国家对主权的共有期望在国际法中被确定下来。

（三）康德式文化

康德式文化确立的逻辑是基于国家间的相互认同，彼此视对方为自己，在国家间关系上塑造形成的是一种朋友身份。在康德式文化中，国家期望相互遵守两个基本原则：一个是"不使用战争和战争威胁方式解决争端"；另一个是"如果任何一方的安全受到第三方威胁，双方将共同作战"②。这实际上表明国家间基于利益的相互联系，形成一种对彼此的期望，这种期望使得彼此愿意将对方的一部分利益视为自己的利益，即它们所共同的利益，也可以说是一种国际利益，当这种国际利益成为每个国家利益的一部分时，这种利益也就具有了"集体性质"，而不仅仅是国家为实现单独的自我利益而力图实现的那种利益。这时"友谊是一种对某种结果的偏好，而不仅仅是对某种战略的偏好"③。建构主义将"集体安全"看作是康德式文化的典型。集体安全的基础是国家间的互助，"当一个体系成员的安全由于侵略而受到威胁，其他体系成员应该帮助保护这个成员，即便它们自己的安

---

① ［美］亚历山大·温特：《国际政治的社会理论》，秦亚青译，上海人民出版社2014年版，第274页。
② ［美］亚历山大·温特：《国际政治的社会理论》，秦亚青译，上海人民出版社2014年版，第290页。
③ ［美］亚历山大·温特：《国际政治的社会理论》，秦亚青译，上海人民出版社2014年版，第295页。

全没有受到威胁也要这样做"①,因而维护集体利益成为所有国家共同的责任,即使这种威胁消除,也不会因此改变彼此的认同关系。集体安全不同于结盟,因为一旦结盟关系去除,盟友的所有军事力量都随时有可能来对付自己,所以,"结盟成员相互之间存在相互威胁关系,即便是这种威胁暂时被更大的外来侵略所掩盖"②。

上述理论阐释表明,共有观念在塑造国家间关系、形成某种身份的重要作用,强调了自我和他者在互动过程中所具有的主观认知在身份形成中的重要意义。

二 文化认同:共有观念在国际区域合作中发挥凝聚力作用的体现

建构主义理论表明,共有观念可以塑造国家的身份认同,进而决定利益的内容,而具有合作性质的共有观念造就了国家之间合作的可能性和持续性。本书以文化认同为例来阐述共有观念在国际区域合作中的驱动作用,即文化认同如何建立国家间在地区内的合作关系以及如何使得合作深入发展。

(一) 认同的内涵

认同一词最早出现在心理学领域,是由美国精神分析家埃里克松(Eriksson)提出的。他认为,认同是个人在心理方面和社会上的一种归属,是内在的态度倾向并通过行为表现出来,它使得人们感觉到自身的存在。后来这一概念被广泛应用于社会学、政治学、历史学等学科领域。政治学视域中的认同内涵,不同的学者有着不同认识。亨廷顿把认同看作是自我意识的产品,即某个人或某个群体的自我认识,"我或者我们有什么特别的素质而使我们不同于你,或者我们不同于他们"③。日本学者星野昭吉认为,"认同是指个体或集团归属于某种

---

① [美] 亚历山大·温特:《国际政治的社会理论》,秦亚青译,上海人民出版社2014年版,第291页。
② [美] 亚历山大·温特:《国际政治的社会理论》,秦亚青译,上海人民出版社2014年版,第295页。
③ [美] 塞缪尔·亨廷顿:《我们是谁?美国国家特性面临的挑战》,程克雄译,新华出版社2005年版,第20页。

社会存在的归属意识,以及在某种存在中自身的存在意义,或者说认同是人类社会中某个集团为区别于其他集团所形成的一种共同的自我意识和共同意识"①。吉登斯(Giddens)认为"认同是社会连续发展的历史产物,它不仅指涉一个社会在时间上的某种联系性,同时也是该社会在反思活动中惯例性创造和维系的某种东西。即持续地吸纳发生在外部世界中的事件把它们纳入关涉自我的、正在进行着的'叙事'之中"②。国际政治中的建构主义学派认为,认同是由社会建构的,是"基于他人的社会承认之上的一种自我表象,这种自我表象的内容要和其他行为体对该行为体的再表象取得一致性"③,"认同总是涉及扩展自我的边界使其包含他者"。在通过将自我延伸到他者,将他者纳入自我的身份过程中,共同身份的共同体、同心圆进一步扩大。"这种跨越是自我身份社会化的过程,其结果是属于群体的国际集体认同的出现"④。认同的实质是强调一种共性,这种共性是由认同的主体形成的一种认可和接受,逐渐由"我"变成了"我们",进行"我们"区别与"他者"的身份确认,具有斥异性的特点。认同包括个人认同和集体认同。个人认同根据其所处的环境而决定,这就使得个人具有多种认同。集体认同是一个统一的整体,在区域内产生的一种认同感,而区域外具有明确的界限。其中,集体认同根据不同类型又分为很多种,如宗教认同、民族认同、地域认同、文化认同和政治认同等。

(二) 文化认同的内涵

文化与认同密不可分,可以说认同本身就是文化的一项功能,特别是"随着冷战突然结束,民族主义在全球范围内爆发,迫使国际关系学者团体不得不重新思考文化和认同在世界事务中的地位,以回应

---

① [日] 星野昭吉:《全球政治与东亚区域化:全球化、区域化与中日关系》,刘小林译,北京师范大学出版社2012年版,第23页。
② [英] 安东尼·吉登斯:《现代性与自我认同:晚期现代中的自我与社会》,夏璐译,中国人民大学出版社2016年版,第57—60页。
③ [美] 亚历山大·温特:《国际政治的社会理论》,秦亚青译,上海人民出版社2014年版,第223页。
④ [美] 亚历山大·温特:《国际政治的社会理论》,秦亚青译,上海人民出版社2014年版,第224页。

不断增加的、全球异质和差异的难题"①。而文虎与认同之间存在的天然关系,为"简化不容忽视的复杂性提供了无可匹敌的机会"。

对于文化的理解,学术界存在着诸多不同的看法,据不完全统计,关于文化的定义大概有 400 多种,其中具有代表性的观点有:人类学家泰勒提出,"文化或文明,就其广泛的民族意义来说,乃是包括知识、信仰、艺术、道德、法律、习俗和任何人作为一名社会成员而获得的能力和习惯在内的复杂整体"②。格尔茨(Geertz)认为文化是"从历史上流传下来的存在于符号之中的意义模式,是以符号形式表达的前后相袭的概念系统,借此,人们交流、保存和发展对生活的知识和态度"③。亚历山大·温特(Alexander Winter)认为,"文化是一种社会共有知识,是社会成员在社会场景中通过互动产生的共有观念,是社会成员共同具有的理解和期望,包括规范、规则、制度、意识形态……"④ 克莱德·克拉克洪(Clyde Kluckhohn)认为,文化"存在于各种内隐和外显的模式当中,借助符号的运用得以学习和传播,构成人类群体的特殊成就。它的基本要素是传统思想观念和价值,其中尤以价值观最为重要"⑤。国内学者罗浩认为"文化应该被界定为一种价值观念体系,包括态度偏好、意识形态、伦理道德等内容,对这些因素的秉持构成一个社会中多数人的精神效用"⑥。总而言之,文化是人类所创造的社会生活方式和精神所在,它对人的身份认同、利益认识和行为方式有着至关重要的影响。文化具有两大基本功能:一是价值规范功能。文化影响着行为体的利益选择、行为模式等,促使行为体认知什么是有价值的、重要的,限制行为体对社会事

---

① [美]约瑟夫·拉彼德等:《文化和认同:国际关系回归理论》,金烨译,浙江人民出版社 2003 年版,第 13—14 页。
② 庄锡昌等主编:《多维视野中的文化理论》,浙江人民出版社 1987 年版,第 99—100 页。
③ [美]克利福德·格尔茨:《文化的解释》,韩莉译,译林出版社 2014 年版,第 4 页。
④ [美]亚历山大·温特:《国际政治的社会理论》,秦亚青译,上海人民出版社 2014 年版,第 181 页。
⑤ [美]克莱德·克拉克洪:《论人类学与古典学的关系:揭示希腊人的精神世界,透视人神如何共处》,吴银玲译,北京大学出版社 2013 年版,第 27—103 页。
⑥ 罗浩:《文化与经济增长:一个初步分析框架》,《经济评论》2009 年第 2 期。

务的表达方式与态度倾向；二是认同整合功能。具有相同或相似文化背景的人们在一定程度上有着共同或相似的思维模式和价值观念，形成一种认同感和归属感。文化的功能使得其自身具有了不可忽视的作用，正如胡令远所讲的，"文化虽然被赋予'亚位'，却具'A性'性质，即人们普遍认为相对于政治、经济的易变性和表层性，文化的作用更具恒常性、深层性和超越性"①。

文化认同是指"特定个体或群体认为某一文化体系（价值观念、生活方式等）内在于自身心理和人格结构中，并自觉循之以评价事物和规范行为"②，作为不同体系文化的核心价值，"体现了民族间文化的相互沟通与彼此信赖"。文化认同强调了共同的文化理念、共有的思维模式和行为规范，是一种迥异于其他群体的共识的建立。本书所探讨的文化认同是基于各自民族文化个性而形成的国家之间的共有观念，从而建立一种区域文化的核心价值观，并形成信任和认同感，进而相互包容实现国家之间的区域合作。文化认同具有以下几种功能："（1）文化认同包括了特定的文化理念、思维方式、行为规范，体现了一定的价值取向；（2）文化认同为群体成员提供了一种归属感，增强了民族凝聚力和国家荣誉感，为民族认同和国家认同的构建奠定了基础；（3）文化认同能够建设人的精神家园，提高人的综合素质。文化认同能够作用于人的精神世界，满足人们对心灵上的慰藉，实现人们精神世界的满足，实现人们综合素质的全面提高"③。

（三）文化认同在国际区域合作中的聚合效应

亚历山大·温特认为，"如果国家之间相互认同，从而使得它们具有集体身份，它们必然相互合作，构建一个非集中的权威体系，即一个'国际国家'，它既不是等级制的，也不是无政府的"。④ 随着两极格局的终结，国际社会意识形态之争的热度逐步消解，世界各国开

---

① 李建民：《日本战略文化与"普通国家化"问题研究》，人民出版社2015年版。
② 孙洪魁、李霞：《东北亚区域合作的文化视角——打造区域合作的文化基础》，《东北亚论坛》2006年第3期。
③ 贾子龙：《文化认同与两岸关系发展研究》，硕士学位论文，山西财经大学，2015年。
④ Boulder, C. O., *The Return of Culture and Identity in International Relations*, Lynne Rienner Publishers, 1996, pp. 47-64.

始在新的时代背景下寻求发展的动力和国家间合作的模式,这就迫使人们寻找一个新的框架来理解世界政治发展的趋势和方向,这时"文化在塑造全球政治中的作用日益凸显,根据文化来重新界定自己的认同成为一种趋势和潮流。"① 文化认同在国际区域合作中的聚合效应在于：文化认同能够在国家间的合作中重构国家利益,塑造国家的地区性集体身份,帮助国家在实现自身利益时诠释自己身处的地区环境,从而有利于克服国家行为选择的"自私"取向。具体而言,文化认同在国际区域合作中所发挥的驱动作用体现在以下几个方面。

其一,文化认同有助于培养社会成员的共同体意识,使地区合作成为一个"想象的共同体"。根据社会学的相关研究,共有的话语体系、交往沟通方式以及共同的符号、象征和标志等可以在社会成员间建立起某种积极的联系,社会成员通过这些共有的观念使自己意识到他们是相同的,从而形成具有共同文化特征的社会共同体。对于每个共同体成员而言,尽管他们彼此素未谋面或者只是互有耳闻,但是他们都可以通过一种文化上的身份认同来获得对共同体的归属感,正是通过想象他们彼此是一样的,共同体成员才在心理上产生一种惺惺相惜、休戚与共的联系。因此,对于民族、国家、区域一体化组织等大的共同体只是社会成员想象的共同体,"它是想象的,因为即使是最小的民族的成员,也不可能认识它们大多数的同胞,和他们相遇,或者甚至听说过他们,然而,他们相互连接的意象却活在每一位成员的心中"②。这种意象即是社会成员间的集体性认同所生成的共同体意识。早期研究区域一体化的多伊齐、哈斯等人都强调过共同体意识对于一体化的重要性,而后期对文化认同格外看重的建构主义学者更是将社会成员的集体性认同看成是国家形成共同的利益观念,区域间"多元安全共同体"形成的必要条件。由此,可以看出,区域性共同体的建立源于区域内社会成员形成的共同体意识,社会成员的共有的

---

① [美] 塞缪尔·亨廷顿：《文明的冲突与世界秩序的重建》,周琪等译,新华出版社2010年版,第2—3页。
② [美] 本尼迪克特·安德森：《想象的共同体：民族主义的起源与散布》,吴叡人译,上海人民出版社2016年版,第5—6页。

文化观念直接成为区域性合作组织建构的基础。

其二，文化认同有助于维护地区秩序的和平与稳定，为区域合作组织的形成提供良好的发展环境。建构主义认为，国家的身份和利益是由观念建构的，它决定了国家的政策行为偏好。文化上彼此相近的国家在互动交流中更容易形成共同的看法和一致理解，也更容易产生彼此认同的价值观念和行为规范，国家因而更易超越"利己主义"的藩篱，逐步完成地区集体身份的认同，展开彼此间的合作。这不仅是因为这些共有的观念和规范"定义了'重要结果'或'中心问题'，行为体的期望能够根据这些重要结果和中心问题相互趋近，从而减少交易成本和不确定性，使行为体可以根据一种单一均衡来协调他们的战略"[1]，而且当区域内国家趋向于彼此的信任和包容时，在一定程度上可以对彼此的行为具有可预测性和确定性，因此可以协调彼此的行动，从而使国家之间客观存在的相互依存状态——"如果互动对一方产生的结果取决于其他各方的选择，行为体就处于相互依存状态"[2]——转化为主观的集体身份认同，这势必大大推动国家间的合作。而那些文化上差异较大的国家，由于彼此缺乏共有的文化观念认同，相互猜忌甚至是敌对，也就无法定义彼此认同的核心议题，因而很难形成联合体。在当今世界，欧盟、东盟等拥有共同文化背景的若干国家所建立的区域合作组织发展更为迅速，其奥秘在于这些国家通过文化的交流和融合形成了一条无形的纽带，这条纽带使彼此之间的政治经济联系更为密切，因而具有更为广泛的合作基础。正是国家间的密切联系形成了"一荣俱荣、一损俱损"的共同利益观念，使得国家小心翼翼地维持彼此的关系，竭力营造地区和平稳定的发展环境，因而有利于区域合作组织的形成。

其三，文化认同有助于消解功能主义合作的"脆弱性"，为区域合作的可持续发展奠定坚实的基础。追求物质利益是各国进行合作的

---

[1] ［美］亚历山大·温特：《国际政治的社会理论》，秦亚青译，上海人民出版社2014年版，第209—210页。

[2] ［美］亚历山大·温特：《国际政治的社会理论》，秦亚青译，上海人民出版社2014年版，第334页。

原始动力,从这个角度,我们可以把区域合作看作源于地区成员国的利益驱动,因而国际上业已形成并发展起来的区域合作,走的通常是一条以经济和技术发展为主的功能性道路,然而这条道路在给各国带来丰硕物质利益回报的同时,也会因各国过度计较相对收益和注重本国利益而导致区域合作的相对性和脆弱性。实际上即使各国由于其经济领域的密切联系而形成的客观相互依赖关系也并不能消除各国对相对收益的追求所产生的隔阂和排斥。因此,有效的消弭各国功能性合作所带来的"脆弱性"成为区域合作深入持久发展的内在要求。对此,菲利克斯·格罗斯认为,"没有一种为大多数人同时接受的程序规则和共同的最高价值观,多元社会就无法运行,它就会处于一种瘫痪或混乱状态。"① 温特也指出"没有利益,身份就失去了动机力量;而没有身份,利益就失去了方向。"② 正是文化认同在成员国间产生的认同感使个体利益和合作者利益趋向同一,从而相互包容、促进合作。具体而言,文化认同一方面使得区域合作组织内部的国家之间不断增强地区认同感,从而较好地、稳固地平衡了国家利益与区域集体利益,推动了区域合作的可持续发展;另一方面,文化认同能够培养区域内部成员国公民对区域合作的归属感,使其逐渐形成地区集体身份意识,从而可以积极参与区域治理,提高区域合作组织运行的效率与活力,推动区域合作持续深入的发展。欧洲区域合作的持续发展以至实现区域一体化直接源于欧洲文化认同在其中起着消除分歧、寻求一致、达成共识的作用,没有欧洲国家放弃部分国家利益,转而寻求成员国自身利益与联盟共同利益的契合点,很难推动欧盟区域合作的持续深入发展。

其四,文化认同有助于促进不同区域文化间的协调发展,推进不同区域文明间的互动和融合。尽管亨廷顿强调异质文化间的矛盾可诱发和加深国际冲突,但是也不能否认不同文化在维护和加强自身文化

---

① [美] 菲利克斯·格罗斯:《公民与国家——民族、部族和族属身份》,王建娥等译,新华出版社2003年版,第180页。

② [美] 亚历山大·温特:《国际政治的社会理论》,秦亚青译,上海人民出版社2014年版,第290页。

认同的基础上，在与异质文化的交流与碰撞过程中存在着吸纳异质文化的合理成分，形成彼此认同的新的文化观念的一面，而这恰恰是不同区域文明中国家行为体间相互合作的基础。文化认同促进不同区域文化间的协调发展，推进不同区域文明间互动和融合的意义就在于，文化认同一定程度上能够增进各民族国家间的相互了解和文化上的兼容并蓄，重塑国家的地区集体身份认同，从而保障跨区域合作不受民族主义情绪的干扰。也就是说，在文化多元化和个性日益突显的时代，文化认同竭力促成各国在文化上相互理解和融合，逐步扩大各国文化中的共识成分，消解和弱化各国文化之间的差异和相互歧视的社会心理，从而使各民族国家摒除各自民族主义中的狭隘、自私和自利的民族情结，逐渐从自我中心主义的观念扩展为地区中心主义的观念。历史发展表明，"不同文化之间的交流过去已经多次证明是人类文明发展的里程碑。希腊学习埃及、罗马借鉴希腊、阿拉伯参照罗马帝国、中世纪的欧洲模仿阿拉伯，而文艺复兴时期的欧洲则效仿拜占庭帝国"。如今的欧盟提出了"多元文化团结原则"（Unity in Diversity），即强调在尊重各成员国之间的多元文化利益基础上，鼓励成员国之间进行多种途径的文化交流与沟通，在欧盟内部形成并保持了一种宽容、弹性、多元统一的文化价值体系，从而有效地拒斥了西方民族国家中的"思想圣战"的遗毒。

第三节　共有观念在国际区域合作中发挥动力作用的基础

共有观念发挥驱动力作用需要具备一些条件才能运行，是其发挥驱动力作用的前提基础，这些基础条件保证了共有观念发挥作用的有效性，主要包括共有利益、国际制度和国际体系结构。

一　共有利益：共有观念发挥动力作用的物质基础

国家是理性的行为体，以追求利益最大化为目标，因此共有观念建立的基础是以满足国家自身利益为动力和出发点的。从某种意义上说，共有观念是国家之间的相互存在的一种政治心理，它根源于国家的政治利益，反映着国家自身的利益内容和诉求，是激发国家之间产生积极认同情感的基础。国家在满足自身利益需求后，彼此之间的认同心理又会得以延续和维持，从而使得国家之间的文化认同得以稳固。亚里士多德（Aristotle）就曾从人性的角度提出利益的重要性。"人们一旦感觉某一事物为他自己所有，他就会得到无穷的快乐……所有人，或者说，几乎所有人，都喜爱金钱及其这一类东西"①。马克思曾指出，"人们奋斗所争取的一切，都同他们的利益有关"②。格雷厄姆·沃拉斯（Graham Wallas）认为，"哪一个关注人性的命题是绝对和普遍正确的？我们知道只有一个它不但正确，而且完全相同，即人总是根据自身的利益行事……当我们看到一个人的行为时，我们必然知道他认为他的利益是什么。"③ 因此，利益是支配国家一切行为的能动因素和真实动机，共有观念的形成也是以国家利益为前提的，国家根据自身的利益需求的满足程度来构建文化认同形成的心理基础。文化认同要想得以真正建立，就需要以利益奠定基础，从而满足国家的利益需求。

在国际区域合作中，国家之间建立合作的基本价值取向就是谋求地区的共有利益。"共有利益"是指"一定范围内国际社会多数成员在国家利益方面相互交叉或重合的部分"④，它反映了国家之间在利益关系上的内在联系和相互兼容程度。从内容上来说，"共有利益"包括经济利益、政治利益、安全利益、文化利益、社会利益等。从时间上来说，共有利益又分为长远利益、中期利益与近期利益。共有利益所体现的是一种非零和性、非排他性、共赢的理念，因此国家之间的共有利益越多，国家的合作意愿就越强烈，从而更有利于推动国际区域合作的形成与发展。西欧各国的共同政治意愿促使欧共体得以建

---

① ［古希腊］亚里士多德：《政治学》，吴寿彭译，商务印书馆1980年版，第38页。
② 《马克思恩格斯全集》（第1卷），人民出版社2001年版，第82页。
③ ［英］格雷厄姆·沃拉斯：《政治中的人性》，朱曾汉译，商务印书馆2011年版，第13页。
④ 王公龙：《国家利益、共有利益与国际责任观——兼论中国国际责任观的构建》，《世界经济与政治》2008年第9期。

立，而这种共同政治意愿的基础离不开欧共体能够给被第二次世界大战毁灭的西欧国家带来经济福利和财富增长以及寻求控制纳粹主义复兴的政治安全利益。20 世纪 60 年代，东南亚国家普遍面临的严峻的国内外政治安全困境，成为各国共有的文化关切，为了应付生存和安全威胁，走向联合成为东南亚国家的现实选择。在图们江区域合作中，东北亚地区各国之间在客观上彼此之间存在巨大的经济利益，但是又受到相互之间政治关系的影响，使得共同利益无法聚合，进而阻碍了图们江区域合作共识和东北亚地区认同感的建立。

二　国际制度：共有观念发挥动力作用的实践载体

国际制度是指"在国际关系特定领域里，行为体的愿望汇聚而成的一整套明示或默示的原则、规范、规则和决策程序。"[①]"国际规范能够通过其自身的运行机制以及多种传播途径使得成员国内部发生变化。成员国国内行为体通过社会学习接受国际规范内容后，其偏好和认同随之发生变化。社会学习是一种社会进程，在这个进程中成员国通过与制度性背景（规范或话语结构）之间的互动，在缺少物质动机的情况下利益和偏好得到重构，塑造了认同。"[②] 国际制度作为国际社会的共享文化，反映了区域内部成员国的普遍愿望，是实现成员国之间共有观念的实践载体，具体体现在：一是国际组织通过建立行为规范、监督机制的约束促使成员国之间形成信任，并发挥扩散效应，加强彼此的文化认同；二是国家行为体通过国际组织的影响，共同理解国际制度，逐渐形成新的身份和偏好，并通过互动构建彼此的认知结构，从而产生积极的互惠预期，形成文化认同；三是国际组织使国家之间自觉形成自我约束和规范，增强共同命运感，建立新的地区文化。欧盟成员国及其相关人员在欧洲一体化认同过程中，欧盟制度和规范对其制约和影响十分明显，尤其是对那些直接参与欧盟日常事务的官员更为显著，"这些官员

[①] ［美］罗伯特·基欧汉：《霸权之后：世界政治经济中的合作与纷争》，苏长和等译，上海人民出版社 2016 年版，第 68 页。

[②] Thomas Christiansen, Knud Erik Jorgensen, and Antje Wiener eds., *The Social Construction of Europe*, London: SAGE Publication, 2001, p. 53.

对欧盟的机制有直接的体验，为了能够完成任务他们需要在不同程度上内化这些机制的规则和规范。结果，这些人有望比那些和欧盟没有直接接触的人发展出对于欧盟更为强烈的认同感。"① 东盟制度和规范也发挥了同样的载体作用，"东盟建立之初的直接动力是在东西方对立格局中寻求政治中立、推动经济合作以及解决内部争端，但在发展过程中，东盟国家逐步形成一种'共同体意识'，内容包括坚持东盟规范、友好条约和制度建设的'东盟方式'"②。东盟的合作机制虽然是非正式性的、松散的，其建立的性质与东南亚国家之间特殊的历史经历有关，但是该合作机制在一定程度上较好地通过广泛磋商和协商一致的方式协调了东盟成员国之间的诸如领土争端、干涉其他国家内政等矛盾和分歧，对东盟的发展产生了较小的负面影响，促进了东盟共同意识的深化。同样是非正式性合作组织的图们江区域合作却无法像东盟一样向前发展，其合作机制没有根据地区的发展情况而加以完善，仍然是停留在初期的运行程度，不仅缺乏具有约束力的法律体系，而且也不存在得以灵活运用的制度规范，导致参与图们江区域合作的国家之间无法寻求发挥共有观念的路径。

三 国际体系结构：共有观念发挥动力作用的促生媒介

国际社会中各行为体自身力量不断地发展和变化，使得彼此间的位置关系和联系程度也处于不断调整之中。在行为体之间相互作用、相互联系的过程中，形成了具有一定规律的国际体系结构。国际体系结构即是"国际体系单位国家依其相对国力在系统中的相应位置"③，肯尼思·华尔兹（Kenneth Waltz）认为，国际政治现实不仅会受到单元性质及其相互作用的影响，而且还也受到体系层次变量的影响，即体系结构的影响。"作为约束国际体系的一种力量，其主要作用的发

---

① 李明明：《论欧盟区域认同的社会建构》，《南开学报》（哲学社会科学版）2005年第5期。
② [加] 阿米塔·阿查亚：《建构安全共同体：东盟与地区秩序》，王正毅等译，上海人民出版社2004年版，第266页。
③ [美] 肯尼思·华尔兹：《国际政治理论》，信强译，上海世纪出版集团2017年版，第8页。

挥就是通过单元的社会化过程以及相互竞争来调节彼此的关系，形成一种国际秩序，并且使单元之间趋于相似的行为或话语模式。"① 可见具有一定规律的、稳定的国际体系结构为国家间联系和协作提供了相应的条件，对于塑造国家的地区集体身份认同起到了外部环境催化的作用。具体而言，国际体系结构一般分为"无政府状态结构"和"分布性结构"两种，这两种不同的国际体系结构对国家间的文化认同产生直接影响。在无政府状态的国际结构中，资源的有限性促使国家寻求与其他国家进行交往来实现资源在国家间的配置，从而衍生出了一种国家间相互依赖状态。这种客观的相互依赖状态使得不同国家寻求彼此主观的文化认同，因为相互依赖状态使得国家之间在互动过程中会产生"复杂习得"，即"行为体'好像'根据其新的身份行动，并教给他者怎样做才能支撑这种新的身份，这样一来，各方原来的身份都在减弱，各方都在学习以他者的眼光看待自己，也在改变着自己对自我身份的定义。"② 由此国家在维护自身利益时也会自觉考虑到对他国的影响及其反应，这样就对彼此的行为产生可预期性，从而使彼此得到认同。此外，交往规则的订立反映了国家间的文化认同，交往规则的认同越高则国家的区域意识越强。

在"分布性结构"的国际体系中，国家行为体之间的力量能力在国际体系中的分配情况，反映了各国自身拥有的资源、人口、技术等实力状况。这种状况使得不同国家会根据自身感受外部挑战和压力的强弱来选择是否合作。当区域内众多国家普遍感受到来自外部的挑战和压力时，国家间对共同命运的理解更为真切进而选择彼此合作，那么在合作中形成的多次博弈就会在一定程度上增强合作者对彼此的认同，文化的集体认同将会在国家之间的合作关系中逐渐得以内化，从而促使地区成员国加强彼此的协作能力，共同抵御区域面临的外部威胁与挑战。欧洲国家间的文化认同以及彼此合作源于对国际体系结构

---

① [美] 肯尼思·华尔兹：《国际政治理论》，信强译，上海世纪出版集团2017年版，第99页。
② [美] 亚历山大·温特：《国际政治的社会理论》，秦亚青译，上海人民出版社2014年版，第336页。

所产生的压力的共同感知——当时欧洲处于美苏对抗的中间地带，安全压力巨大——进而产生了联合的诉求。同样，东盟最初成立的根本原因在于受到当时国际环境的压力，东南亚地区国家之间产生了共同的区域意识。北美自由贸易区产生的重要外部因素是受到国际体系经济结构的压力。20世纪70年代后期，与日本、欧共体国家之间的国际经济竞争加剧使美国感到自身在国际经济体系中的绝对优势地位受到威胁，因而开始积极倡导和筹建以美国为主导的包括加拿大、墨西哥的北美区域合作组织，以抗衡与日本和欧共体国家之间的竞争。而发展最为成熟的区域合作组织欧盟，其前身欧共体的成立也无法逃避国际体系结构带来的影响。对于欧洲来说，摧毁了其数百年以来形成的以欧洲为中心的国际体系。"被战争的硝烟所吞没、摧毁的欧洲，正挣扎在华盛顿和莫斯科直接或间接的控制中。"[1] 美国和苏联以彼此拥有的最先进的核武器相互威慑，致使欧洲正处于两个国家的核弹头的中间地带，安全压力巨大。正是由于面临共同命运，促使西欧国家产生了联合的政治意愿，因为只有走向联合，欧洲才能真正实现和平发展，平衡美国和苏联日渐焦灼的较量。

---

[1] Cyril E. Black, Rebirth, *A political History of Europe Since World War II*, Colorado: Westview Press, 1992, p. 48.

第四章

国际体系结构与国际区域合作

在国际体系中,各行为体自身不断地发展和变化,彼此间的位置关系和联系程度也处于不断调整之中,在行为体之间相互作用、相互联系的过程中,形成了具有一定规律的国际体系结构。肯尼思·华尔兹认为,国际政治的现实状况不仅受到单元(国家)性质及其相互作用的影响,而且还受到国际体系层次变量的影响,即国际体系结构的影响。在国际体系中,国际体系结构对国家行为的作用和影响,既包括无政府状态结构对国家行为的影响作用,也包括以国家为中心的实力分布状况所呈现的结构形态产生的影响,即通过国家之间力量对比的反映而从中突出了那些在实力分布中处于力量对比的中心位置的国家,它们更易发挥引领作用。因而,国际体系结构产生的影响可以进一步理解为处于力量中心位置的国家的作用。国际区域合作是某一特定地区内国家之间进行的合作形式,从国际体系结构角度来讲,它对国际区域合作产生的作用体现为在地区体系结构内处于力量对比中心位置的国家在区域合作中产生的推动作用。本章以肯尼思·华尔兹(Kenneth Waltz)的结构现实主义作为理论分析基础,在说明国际体系结构的内涵、类型及其特征的基础上,着重从两个层面探讨国际体系结构对国际区域合作产生的作用,即从无政府状态的基本体系结构和国家的实力分布状况为主要衡量依据的两方面内容来进行阐述。由于无政府状态是国际体系的基本结构,可以视为一种常量。因此,本书在第三部分主要阐述的是影响国家实力分布状况在国际区域合作中所体现作用的因素。

第一节 国际体系结构的基本内涵、类型划分及其特征

一 国际体系结构的基本内涵

(一) 国际体系的定义

对于体系的内涵很多学者给出了解释,在詹姆斯·多尔蒂(James Doherty)等看来,体系是"单元之间如何相互作用和相互影响"①。布鲁斯·拉西特(Bruce Lasseter)等认为,体系就是"一套互动的因素"②。肯尼思·华尔兹把体系界定为"一系列互动的单元"③。综上所述,体系即为若干单元互动构成一种形态。国际体系是体系众多形态中的一种具体形态,从政治学的角度,很多学者对国际体系的内涵给出过界定。查尔斯·麦克莱兰(Charles McClelland)认为,国际体系是"国际社会中单位之间或构成部分的所有互动关系"④。罗伯特·吉尔平(Robert Gilpin)认为,国际体系主要包括三个方面:"一是多种多样的实体;二是有规则的互动;三是某种行为的控制方式"⑤。国内学者陈玉刚指出:"一些国家根据一定的规则互动而形成的一个国家体系,就是国际体系"⑥。综合上述中外学者们的表述,我们可以看出国际体系同样也是体现了内部不同单元的互动关系,具体包含单元(国家)、结构和互动三个基本要素。一般而言,当今的国际体系就是现代世界体系中以独立国家为主体的国际政治

---

① [美]詹姆斯·多尔蒂等:《争论中的国际关系理论》(第5版),阎学通等译,世界知识出版社2013年版,第111页。
② [美]布鲁斯·拉西特等:《世界政治:供选择的菜单》,张传杰译,人民出版社2018年版,第14页。
③ [美]肯尼思·华尔兹:《国际政治理论》,信强译,上海人民出版社2017年版,第53页。
④ Charles McClelland, *Theory and International System*, New York&London: the MacMillan Company, 1996, p.21.
⑤ [美]罗伯特·吉尔平:《世界政治中的战争与变革》,宋新宁等译,中国人民大学出版社2019年版,第26页。
⑥ 陈玉刚:《多重国际体系的视野与战略》,《国际观察》2008年第5期。

体系。

(二) 国际体系结构

关于国际体系结构的概念的解释一直以来众说纷纭，其中肯尼思·华尔兹的解释是最具有代表性的。华尔兹首先通过对结构的分析，来进一步阐述国际体系结构。他认为结构是一系列约束条件，起着"一种选择器的作用"，同时也是界定系统内各部分的排列和顺序的基本要素。在此基础上，可以把国际体系结构分为：按照系统的排列原则来界定、根据单元功能来界定和根据不同单元的能力分配而界定的三个方面。华尔兹进一步指出，"排列原则指结构中的单元是处于平等地位还是处于等级地位；单元功能是指体系中的成员所具有的功能；能力的分配是指物质力量在体系内的集中程度，即极的多寡"[①]。罗伯特·基欧汉（Robert Keohan）、约瑟夫·奈（Joseph Nye）对于国际体系结构的界定与华尔兹相似，他们认为，国际体系结构是指"同类单位的能力分配状况"[②]。国内学者梁守德等认为国际体系结构是国际政治格局，即"活跃于世界舞台的主要角色间相互作用和组合形成的一种结构"[③]。俞正梁则进一步指出，"世界主要国家、国家集团之间在一定历史时期内相互联系、相互作用而形成的相对稳定的国际核心结构和战略态势，它建立在利益和力量对比的基础之上"[④]。总的来看，国际体系结构是国家之间能力的分配状况及其相互作用、相互影响的关系状态。

二 国际体系结构的类型划分

结构现实主义者对国际体系结构的类型做出过经典界定，即将国际体系结构具体划分为两种类型："无政府状态的基本结构"和以单元的能力分配形成的"分布性结构"。

---

① ［美］肯尼思·华尔兹：《国际政治理论》，信强译，上海人民出版社2008年版，第118—132页。
② ［美］罗伯特·基欧汉等：《权力与相互依赖》（第4版），门洪华译，北京大学出版社2012年版，第20页。
③ 梁守德、洪银娴：《国际政治学理论》，北京大学出版社2013年版，第124页。
④ 俞正梁：《当代国际关系学导论》，复旦大学出版社1996年版，第24页。

无政府状态是国际体系的基本特征，也是其代表类型之一。无政府状态的国际体系结构中，各个组成部分的关系是对等的，不同国家间是一种平等状态的，谁也无权领导谁，也不存在绝对的服从关系。因此，"国际政治体系是分散的，无政府状态的"①。同时，由于单元之间在功能上没有什么差别，都是以追求安全为目标，并且平等地拥有主权。因此，国际体系结构主要是指单元之间的能力分配。"在无政府状态下，系统单元在功能上不存在差别……单元主要依据其实现类似任务的能力大小来加以区分。"② 由此，华尔兹定义了国际体系结构的另一种状态——反映单元之间的能力分配状况的——"分布性结构"，它是随着单元之间的能力分配状况而引发单元在国际体系中的位置关系的变化而变化的。基于此，华尔兹将国际体系结构变化看作是一种"极"的变化，因为无政府状态的实质并没有改变。根据"极"的数量和组织化程度的高低，华尔兹将分布性结构具体又划分为单极、两极和多极结构。

　　除了上述结构现实主义者对国际体系结构进行的分类外，国内学者张继良根据莫顿·卡普兰（Morton Kaplan）对国际体系模式的分类，归纳出相应的6种国际体系结构（国际格局）：（1）均势格局。在这种格局中，"国家之间的力量大致相当，彼此之间不存在政治隶属关系"，如欧洲协调时的国际格局；（2）松散的两极格局。在这种格局中，"国家之间的力量开始出现了不均衡现象，出现了两大对立的国际力量集团，彼此分庭抗礼，但是两大集团内部的政治控制并不严，国家之间关系相对比较松散，也就是各集团内的核心国对集团内其他国家并没有严格控制"；（3）牢固的两极格局。"格局中国际力量分化成两大对立的力量集团，彼此分庭抗礼，而且各集团内部核心国对其他国家控制严格，思想高度一致，不存在不同的声音"；（4）全球格局。在两个极之外又产生了其他的极，出现了力量中心在

---

① ［美］肯尼思·华尔兹：《国际政治理论》，胡少华等译，中国人民公安大学出版社1992年版，第104页。
② ［美］肯尼思·华尔兹：《国际政治理论》，信强译，上海人民出版社2017年版，第129页。

全球的扩展现象,即"出现了多极化现象,力量集团出现松散化的倾向,两大集团的划分已经十分模糊";(5)等级统治格局。"国际力量出现了'一强独大'现象,某一国或国家集团可以凭借实力将自己的意志强加于别国,出现了国家或国家集团之间基于实力差别的政治等级差别";(6)单位否决格局。在这个格局中,"所有国际行为体都拥有毁灭整个世界的能力,建立在强力威慑基础上的各国权力绝对一致"。① 本书在后文中所涉及的国际体系结构对国家行为的影响及其在国际区域合作中发挥的作用皆是按照结构现实主义所划分的结构类型进行阐述的。

三 国际体系结构的主要特征

国际体系结构是国家之间力量对比的结果,反映了一定历史时期的国际政治现实状况。从一般意义上来说,国际体系结构主要具有以下特征。

(一) 客观性

客观性是国际体系结构最基本的特征。任何一个时期的国际体系都是无政府状态的,并不存在像国内那样的权威性统治机构和等级制度,它是一种客观存在。因此,在无政府状态下,国际体系结构的形成与变化也同样具有客观性,不是主观人为设置的。同时,国际体系结构的客观性还体现在它受一些现实因素制约,如国际关系的基本矛盾和政治经济利益等影响着国家的力量结构和战略态势。因此,虽然国家的对外行为可以在一定条件下进行调整,但这只是对国际体系结构客观性的能动反映,而不会超出这种客观性的限制范围。任何国家要想在国际体系中发挥作用和扮演角色,就必须使自身的外交政策适应国际体系结构。

(二) 相对稳定性

国际体系结构的相对稳定性的特点是指各国之间的国家利益在明确范围和要求的情况下,力量对比达到相对稳定的均衡状态,具有一

---

① 张季良主编:《国际关系学概论》,世界知识出版社1989年版,第147页。

定的长期性。在国际体系中，尽管国家之间的冲突与合作会呈现出此消彼长、变动的状态，局部战争时有发生，但这并不意味着国际体系结构发生根本变化。只要各国的利益具有明确的范围和要求，主要国家的力量对比相对稳定，即各国的经济、政治、军事、科技等综合力量状况没有发生质的突变，那么国际体系结构就会保持一种稳定状态。如在1648年以后，以欧洲为中心的现代国际体系的形成产生了多极国际体系结构，无论是西班牙、葡萄牙以及荷兰先后崛起并称霸于整个世界，还是随后的法国、英国、俄国、奥地利、普鲁士等欧洲大国继续相互争霸和竞争，在这一历史时期内国际体系都基本维持着战略均势的国际格局，国际体系结构并未发生根本转变，具有一定的稳定性。

(三) 变化性

尽管国际体系结构具有相对稳定性，但国际体系结构仍然会不断受到世界基本矛盾变化、经济政治发展不平衡规律等因素影响，导致国际体系结构发生变革。因此，国际体系结构还具有变化性的特点。冷战格局瓦解后，"一超多强"成为国际体系结构基本状况，美国是唯一的超级大国，中国、俄罗斯、德国、法国、英国、日本等为"多强"国家。随着经济全球化的发展，国际格局最显著的特点就是新兴国家的群体崛起，如被称为"金砖四国"的中国、俄罗斯、巴西和印度。新兴国家综合实力的增长和崛起使得国际体系结构发生变化，不仅使得各国因实力的变化而出现此消彼长，在国际体系中的位置关系发生变动，而且它们在国际体系中的作用联系已从西方国家主导到非西方国家积极介入的转型，成为国际经济政治体系中不可或缺的成员。

(四) 结构层次性

国际体系结构的层次性是国家在国际体系中的排列位置，即能力分配的状况，这显示出国家之间在国际体系中的不同地位和作用。作为国际体系结构的基本特征，国际体系的结构层次性，意味着大国是国际社会的重要行为体，大国之间的相互作用决定了国际体系结构的形成与变化。

（五）全局性

国际体系结构是一种"具有全球层次的中心结构或是世界权力体系"[1]，反映的是全球范围内的整体结构联系，而不是单指某个地区范围内的权力结构。因此，国际体系结构具有全局性的特点。这一特点表明国际体系结构不是各国能力分配的简单相加，而是各国力量对比的综合体现，因而对国家的行为产生的是全局性的影响，即包括大国在内的所有国家的行为都要受到国际体系结构的全局性限制。

第二节 国际体系结构在国际区域合作中的助推力

按照结构现实主义对国际体系结构类型的划分，即"无政府状态结构"与"分布性状态结构"，关于国际体系结构对国家行为产生的影响也是从这两个方面进行分析。因此，国际体系结构在区域合作中所发挥的驱动力效应就体现在无政府状态层面和国家之间的力量对比状况层面。一方面，无政府状态的基本体系结构增强了地区国家之间的相互依赖关系，成为区域合作建立与发展的现实动力基础。另一方面，由于国家之间力量对比的差异导致地区国家在区域合作中发挥作用力的大小不同，特别是大国在其中的领导作用，成为区域合作向前发展的核心主体推动力。

一 国际体系结构影响国家行为的结构现实主义分析

国际体系结构对国家行为的影响体现在"结构支配着单元以一定的方式行动，而不是以其他方式行动"[2]，"随着结构的改变，单元在系统中的布局也随之改变，由此导致对单元行为及其互动所产生结果的新的预期"[3]。当然，受国际体系结构影响的国家必须具备基本的条件，就是"只有当国家政权能够更加容易地获取社会的资源，当政府

---

[1] 方柏华：《国际关系格局：理论与现实》，中国社会科学出版社2001年版。
[2] [美] 肯尼思·华尔兹：《国际政治理论》，信强译，上海人民出版社2017年版，第77页。
[3] [美] 肯尼思·华尔兹：《国际政治理论》，信强译，上海人民出版社2017年版，第74页。

的决策权力更加集中和统一，国家的外交政策才更加直接地对国际体系的变化做出反应"①。具体而言，国际体系结构对国家行为的影响主要包括"无政府状态结构"对国家行为的影响以及"分布性结构"对国家行为的影响。

（一）"无政府状态结构"对国家行为的影响

肯尼思·华尔兹将无政府状态结构对国家行为的影响看作是与新古典经济学中的"市场结构约束与型塑公司行为"类似的。新古典经济学理论假设经济人追求利润最大化，公司将采取一切行动来实现利益目标。在激烈的竞争中，一些公司发展壮大，一些公司却倒闭破产，后起的公司和处于困境的公司则会向具有优势的公司学习成功经验，最终具有差异的公司之间形成一种相似性。导致公司优胜劣汰结构的根本原因是市场的作用。市场的规则使得公司之间进行竞争，其实质是造就了优胜劣汰的"市场结构"。华尔兹认为国际体系结构与新古典经济学中的市场结构类似，在无政府状态的国际体系中，国家只能依靠自身的力量谋求生存，只有生存得到保障，其他目标才能实现，那些不采取自助行为或是自助行为效率低的国家将面临无法生存和发展的困境。对此，华尔兹指出，社会化过程及其竞争是无政府状态塑造国家行为的自助生存方式。社会化是"一个把行为体纳入特定共同体的规范和规则的过程"。② 社会化过程是国家在追求生存利益过程中必须按照体系结构的运行逻辑选择合适的对外战略的过程，遵守国际体系既定规范，漠视和扭曲国际体系结构逻辑就会受到惩罚，如倒退或是消亡。竞争是社会化过程的基本实现途径。竞争使得国家之间在某些关键领域相互学习、效仿，避免被淘汰，维护和实现了国家利益，并且国家之间的行为也趋于同质，即彼此之间有着相似的行为和话语模式，减少了行为及其结果的多样性，彼此之间的行为也具有了可预测性，稳定了国际秩序。

---

① 李巍：《从体系层次到单元层次——国内政治与新古典现实主义》，《外交评论》2009年第5期。

② 赵广成：《从合作到冲突：国际关系的退化机制分析》，博士学位论文，外交学院，2010年。

（二）"分布性结构"对国家行为的影响

"分布性结构"是国家行为体之间的力量能力在国际体系中的分配情况，反映了国家自身拥有的资源、人口、技术等实力状况。"分布性结构"对国家行为的影响在于它影响了国家在国际体系中发挥作用力的大小，包括它们采取行动的能力、机遇以及趋向。基于此，那些在国际体系中拥有较强实力的国家就发挥着主要作用，其典型的代表就是大国在国际体系中的作用。大国是指"那些人口数量庞大、疆域较为广阔、对所在地区拥有重要影响力的地区强国以及对全球事务有重要影响力的世界级强国乃至超级大国。"① 具体而言，大国的主要特点包括以下几个方面：一是有特殊的能力在国家间关系中追求自身利益；二是利用特殊能力在它的近邻和区域以外追求不同寻常的、广泛的、扩张的外交政策；三是相对独立地寻求对国际事务过程的影响。如果一个国家被国际社会其他国家的决策者认为是异常强大的，并且愿意介入全球事务进程，其行动与这种认知一致。②

霸权稳定论认为，当霸权国家承担起提供国际"公共产品"的责任和义务之后，国际体系就会得以有序地运转。这体现在"霸权国能够为商品提供市场，保证资本自由稳定地流动；当国际货币体系处于呆滞状态时，作为'稳定器'的霸权国能够提供清偿能力，建立某种再贴现机制；还能够管理国际金融体系，调整汇率结构；对其他国家的货币政策做出一定程度上的协调。"③ 霸权国家保证了国际经济体系的自由发展，由此带来的好处是世界各国大力发展经济，为国际安全创造了良好的环境，建立了和平的国际秩序。从霸权稳定论中可以看出，大国在国际体系中的积极作用。同样，对于区域合作来说，大国能够发挥主导作用是因为它们由政治进步、经济发展和安全责任而生成的一种吸引力，对地区内其他国家能够产生示范效应。"大国相对

---

① 王公龙：《国家利益、共有利益与国际责任观——兼论中国国际责任观的构建》，《世界经济与政治》2008 年第 9 期。

② Thomas J. Volgy, Renato Corbetta eds., *Major Powers and the Quest for Status in International Politics: Global and Regional Perspectives*, New York: Palgrave Macmillan, 2011, p. 6.

③ Charles Kindleberger, "Dominance and Leadership in the International Economy: Exploitation, Public Goods and Free Rides", *International Studies Quarterly*, June, 1981.

于小国在市场规模、产业结构、发展战略、抵御外部冲击的能力、贸易战中的报复能力、参与谈判的讨价还价能力等方面具有比较优势"①。大国在国际区域合作中能够发挥的核心作用具体表现为：其一，能够提供一定的"地区公共产品"。地区公共产品的供给水平是地区发展的重要载体，反映着该区域内部一体化的深度。大国能够在区域合作中提供经济收益、安全保障以及协调矛盾冲突等；其二，在区域合作制度设计上发挥关键作用。大国凭借其自身拥有的地位和价值体系的影响力使得地区内其他国家能够接受其所倡导的制度规划和安排；其三，维护区域合作制度的有效性。区域合作制度对成员国具有一定的约束力，大国自身能够恪守这些规范，并且在其他成员国违反制度时实施强制执行，维护区域合作制度的权威。

二 国际体系结构在国际区域合作中的牵引力作用

根据结构现实主义的分析，国际体系结构的另一种重要分布结构主要是以国家行为体在国际体系中的力量分布状态所呈现的，这种力量分布状态由国家的综合实力所决定，体现了国家在国际体系中处于什么样的位置。因此，如前所述，国际体系结构所产生的影响就体现在两方面，一是无政府状态带来的影响，二是在国际体系中处于不同位置的国家发挥的作用力，这其中往往是由那些具有强大的综合实力并因而处于中心地位的国家发挥主要作用。对于国际区域合作来说，国际体系结构发挥驱动力作用主要包含两个层面，即国际体系的无政府状态和地区体系结构对区域合作发挥的驱动力作用。

（一）国际体系无政府状态对国际区域合作产生的积极影响

在无政府状态下，国家以竞争的方式追求自身利益的实现。在当代国际体系中，竞争不是一方的完全胜利而另一方彻底失败的零和博弈，而是更多地体现为相互之间达到共赢的竞争结果。华尔兹认为，"结构约束不会因人的意愿而消失，而作为自助系统中的单元——国家、公司或是任何其他单元，为了实现它们自己的以及更大的收益，

---

① 李向阳：《新区域主义与大国战略》，《国际经济评论》2003年第4期。

它们必须为系统,而不是为它们自己狭隘的利益而行动"①。共赢性的竞争使得国家之间在一定程度上形成了紧密的关系,相互依存程度随着关系的发展而不断提高,促使国家在实现自身利益时必然要考虑到对其他国家的影响及反馈作用,"伙伴互助"取代了"权力自助",这就为合作奠定了良好的基础。"依赖指的是为外力所支配或受其巨大影响的一般状态。简言之,相互依赖即彼此相依赖。世界政治中的相互依赖,指的是以国家之间或不同国家的行为体之间相互影响为特征的情形。"② 赫德利·布尔(Headley Bull)对此也强调,人类面对强力压迫时,更愿意形成"以暴制暴"的共同利益观念,而对共同物质利益需求方面,人们更愿选择相互依赖,从而更易产生彼此尊重协议的共同利益观念。"这种共同利益观的产生可能是畏惧心理的产物,也可能是理性的深思熟虑的结果"③。对于地区内国家来说,各国的发展使得彼此之间的互动产生了一种普遍联系,这种联系在一定意义上又形成了一种相互依赖关系,相互依赖使得国家之间在交往过程中涉及的问题领域有着内在联系与密切相关性,体现在经济、政治、安全、文化、环境等诸多方面。尽管不能彻底消除国家之间可能存在的根本矛盾,但是相互依赖关系所导致的利益融合很难使国家判断究竟谁获益更多,从而放弃追求相对收益,由此相互依赖随着共同利益范围的逐渐扩大而有所加强,这在一定程度上减少了区域内国家之间的不信任感,加强了各国参与区域合作的意愿和行动能力。当今处于全球化浪潮中的国家面临的最主要威胁不再是民族国家之间的战争,而是诸如恐怖主义、核扩散、经济危机、气候变化等非传统安全的威胁,这些全球化问题在地区范围内也大量存在,正是面临着共同威胁,使得地区国家之间相互依存关系在共同关注的问题方面得以形成和加强,为促进区域共同治理提供了必要的合作基础。

---

① [美]肯尼思·华尔兹:《国际政治理论》,信强译,上海人民出版社2017年版,第106页。
② [美]罗伯特·基欧汉、约瑟夫·奈:《权力与相互依赖》,门洪华译,北京大学出版社2012年版,第9页。
③ [英]赫德利·布尔:《无政府社会:世界政治秩序研究》,张小明译,上海人民出版社2015年版,第7页。

(二) 地区体系结构中核心国家对国际区域合作的推动力

国际体系结构具有相对稳定性的特点，即在较长的一定时期内，力量分布状态是趋于稳定的，各国的力量对比是均衡的，即使力量分布发生变化，也只是一种量变，综合实力状况不会发生质的突变。因此，本书所阐述的国际体系结构对区域合作发挥驱动力作用的是具有稳定性的国际体系结构。地区体系结构是国际体系中特定地区内部的一种力量分布状态。地区体系结构对于区域合作的驱动力作用是在特定地区内具有较强的综合实力、处于地区中心地位的国家所发挥的作用，这样的国家能够对区域合作产生一种推动力量，成为区域合作向前发展的核心驱动力，对本地区的安全与稳定、发展与繁荣发挥着十分重要的作用。正如国内学者伍贻康所指出的，"区域一体化的形成和发展必须有一个'轴心'来推动，'轴心'通过凝聚力、吸引力、协调力、发挥'火车头'和'方向盘'的作用。"① 地区核心国家在拥有优势实力的基础上通过自身的吸引力与施惠来推动促使其他国家共同克服集体行动的困境，没有核心国家的支持，地区合作难以维持，因而地区核心国家在区域一体化过程中发挥着不可替代的作用。地区核心国家所发挥的主导作用体现在：

首先，在地区体系结构中，国家间的力量对比将直接影响它们在其各自的区域合作制度的形成与发展中的作用力。地区核心国家在推动区域合作机制的建立与发展过程中发挥着积极作用，这种作用不仅体现为，地区核心国家能够在区域合作机制的建设方面提供制度形成与发展的未来规划建议，并通过自身的影响力说服和协调各国利益分歧，使之能够为制度的建立和完善共同努力。一旦区域合作制度形成后，就能为区域内部的公共治理提供有效的解决办法。其次，地区核心国家能够保障地区安全，维护地区秩序。德里克·弗雷泽（Derek Fraser）等人指出了地区核心国家对区域安全秩序的作用，"一是领导，意指区域大国诱使成员间合作以形成特定的安全政策，实现共同目标；二是管理，意指区域大国积极管控业已生成的区域安全秩序，

---

① 伍贻康：《东亚一体化发展态势和内外条件的点评》，《亚太经济》2006年第1期。

维持其稳定；三是保护，意指区域大国确保区域安全秩序免受外来威胁。"① 地区核心国家凭借其实力和一定的影响力能够充当调解人的角色，缓解和协调地区内国家之间可能产生的冲突，避免地区动荡的发生。再次，协调地区内各国之间的利益。区域一体化的发展进程体现了其内部各国之间的博弈，地区核心国家凭借其一定的地位和影响力能够协调各国之间的利益。最后，地区核心国家能够为稳定的区域经济秩序做出贡献。地区核心国家通过提供直接投资，为地区内国家提供市场机会和金融信贷方面的支持和必要的经济援助等，满足了地区内其他国家的发展需求和利益共享，有利于地区内各国的协调发展，对区域的经济增长起到了良好的推动作用。当然，从地区核心国自身来说，除了其拥有实力和地位的客观基础之外，还需要其自身有推动区域合作的意愿，这样核心国家才会在区域合作中积极主动地发挥作用，否则一旦核心大国收缩权力表现，对国内事务表现出远超国际事务的兴趣和热衷，那么区域合作将得不到切实发展。

三 地区核心国家发挥作用的现实分析：德国在欧债危机中的核心领导力

如果我们把国际体系结构看成是各种力量分布的均衡状态，那么在这种均衡状态下，国家依据其实力大小对比呈现正太分布的特点，即存在"中心—外围"的结构图谱，同理在地区性的国际体系中，也存在"中心与外围"的国家力量的正太分布结构。由此可推测，在地区合作中处于中心位置的国家发挥着至关重要的作用，体现在："一是，能够在区域内担当协调相关规则和政策的中心角色；二是，通过提供财政援助，帮助缓解由区域一体化过程中的不均衡收益分配所导致的紧张状况。"② 以德国在欧债危机中的重要作用为例，通过财力支持、对欧债危机相关机制确立的影响，体现了德国以其核心领导位置

---

① 参见李峰、郑先武《区域大国与区域秩序建构——东南亚区域主义进程中的印尼大国角色分析》，《当代亚太》2015 年第 3 期。
② Mattli, W., *The Logic of Regional Integration: Europe and Beyond*, Cambridge University Press, 1999, p. 42.

平复欧债危机，引领欧盟回归正常区域发展轨道的强大领导大。

(一) 欧债危机过程概述

自 2009 年希腊的主权债务危机席卷欧洲以来，欧债危机经历了四个阶段：初始、蔓延、高潮、回落。

1. 初始阶段 (2009 年 10 月—2010 年 5 月)

2009 年 10 月，新任希腊总理乔治·帕潘德里欧 (George Papandreou) 宣布，"该国 2009 年的财政赤字预计占 GDP 的 12.7%，公共债务则将占 GDP 的 113%。"[1] 这两项占比大大超出了欧盟制度中的《马斯特里赫特条约》《稳定与增长公约》所规定的限度，即欧元区成员国财政赤字、公共债务分别不超过 3%、60%。同年 12 月，全球三大评级公司标准普尔、穆迪和惠誉相继下调希腊的主权信用评级，意味着希腊的主权债务危机已成既定事实。由此，希腊的主权债务危机暴露无遗。由于希腊是欧元区成员国当中的小型经济体，因而在初始阶段并未引起其他成员国的高度重视。2010 年 2 月，欧盟非正式首脑会议发表联合声明，"只给予希腊以道义和政治上的支持，敦促其遵守欧盟财政纪律，自行解决债务问题。"[2] 在没有援助的情况下，希腊债务面临违约，债务危机持续，导致欧元大幅下跌，严重影响了欧洲金融市场的稳定。2010 年 5 月，欧元区各国财政部长达成共识，欧元区将与国际金融货币组织一起，三年内向希腊发放 1100 亿欧元的援助资金。

2. 蔓延阶段 (2010 年 5 月—2011 年 5 月)

希腊的主权债务危机导致欧洲金融市场动荡，因而也祸及到其他债务成员国，如爱尔兰、葡萄牙。至 2010 年 9 月，"爱尔兰全国五大银行资产损失合计超过 500 亿欧元，其政府被迫救助，转为政府赤字。"[3] 面对亏损的不断增加，爱尔兰政府无法独当一面。2011 年 11

---

[1] 李巍、邓允轩：《德国的政治领导与欧债危机的治理》，《外交评论》2017 年第 6 期。

[2] 李巍、邓允轩：《德国的政治领导与欧债危机的治理》，《外交评论》2017 年第 6 期。

[3] 李巍、邓允轩：《德国的政治领导与欧债危机的治理》，《外交评论》2017 年第 6 期。

月，爱尔兰正式向欧盟和国际货币基金组织申请援助。2011 年 11 月 28 日，欧盟举行特别财长会议。该会议决定，"与国际货币基金组织共同为爱尔兰政府提供 850 亿欧元的援助资金。"① 随后，葡萄牙也因大量公共债务陷入财政困境。2009 年，葡萄牙全年财政赤字占 GDP 的 9.3%，加之希腊的主权债务危机导致欧洲资本市场紊乱，融资困难，葡萄牙在 2011 年 4 月向欧盟提出申请援助。"2011 年 5 月 3 日，葡萄牙与国际货币基金组织、欧盟和欧洲央行达成救援协议，获得总额为 780 亿欧元的援助资金。"②

3. 高潮阶段（2011 年 5 月—2012 年 9 月）

欧盟和国际货币基金组织的援助使得各受援国暂时缓解了部分债务危机，然而并未彻底解决其偿付能力，尤其是希腊，致使爆发二次债务危机。2012 年 3 月，欧元区财长会议经过多轮磋商后，批准对希腊进行 1300 亿欧元的二次援助。至 2013 年 2 月，希腊初步完成削减财政赤字目标，其债务问题暂缓。而此时，一波未平一波又起，意大利的债务问题愈演愈烈，受欧债危机连锁反应的影响，意大利偿债压力剧增。尽管通过国内的财政政策解决了债务问题，但经济的低迷使其仍然存在较高的债务危机风险。此外，与爱尔兰相似，西班牙也因为房地产泡沫破灭而引发银行业债务使得政府承担巨额债务。2012 年 6 月 9 日，西班牙正式向欧盟申请援助，其获得了不超过 1000 亿欧元的援助资金。同年同月，塞浦路斯也正式向欧盟申请援助。此外，欧债危机在一定程度上也损及了欧元区核心国家。"2012 年 1 月，全球评级公司标普将法国、奥地利的主权信用评级从 AAA 下调至 AA+；同年 7 月，另一家全球评级公司穆迪将德国、荷兰、卢森堡的信用前景从稳定调整为负面。"③

4. 回落阶段（2012 年 9 月—2012 年 12 月）

在欧盟内部的努力下，欧债危机得以平息，其举措包括：一是，

---

① 《850 亿欧元救助今启动，爱尔兰国内不满情绪上升》，http://news.xinhuanet.com/fortune/2010-11/29/c_12827429.htm。
② 《葡萄牙与国际金融机构达成救援协议》，http://news.xinhuanet.com/world/2010-05/04/c_121375733.htm。
③ ［荷］岩·瓦德哈斯特主编：《欧债危机与中欧关系》，张利华译，知识产权出版社 2013 年版，第 137 页。

改革货币发行主体。这一工具措施就是直接货币交易（Outright Monetary Transactions，OMT）。"该计划是为那些准备接受条件标准的国家购买其1—3年到期的政府债券而建立的。"① "这一计划体现了欧洲中央银行挽救欧元的意愿，并已成为欧盟救助机制——欧洲稳定机制（European Stability Mechanism，ESM）的重要组成部分。"② 二是，改革债券发行主体。"统一各国财政预算，背靠统一的财政发行主权债，保证自身的偿付能力。"③ 三是，建立欧洲稳定机制，为危机提供救援保障，如图4-1。自2012年10月以后，未有新的成员国申请援助，全球评级机构也不再下调主权评级，欧债危机问题告一段落。

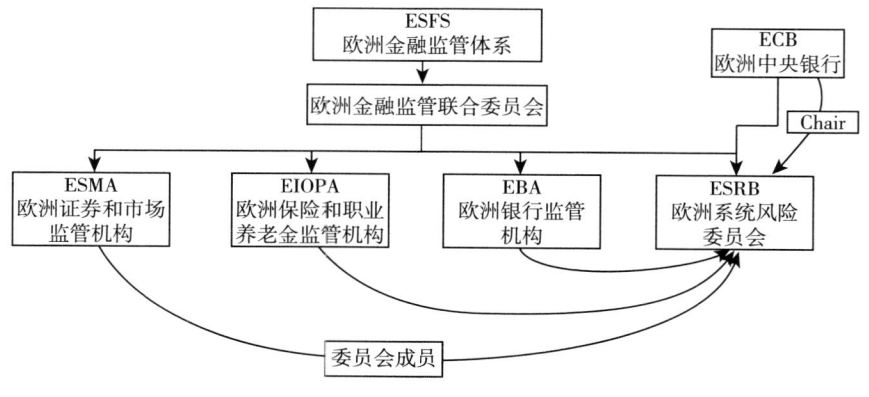

图4-1　欧洲稳定机制（ESM）

资料来源：Arie Krampf，"From the Maastricht Treaty to Post-crisis EMU：The ECB and Germany as Drivers of Change"，*Journal of Contemporary European Studies*，2014（3）。

（二）德国在欧债危机治理中的显著作用

与其他欧盟的发达成员国相比，德国人口数量、国内生产总值（GDP）和人均GDP值都是最高的，特别是国内生产总值，体现了为

---

① Draghi, M., and V. Constâncio, "Introductory Statement to the Press Conference", *Frankfurt am Main：European Central Bank*, 2012.
② Arie Krampf, "From the Maastricht Treaty to Post-crisis EMU：The ECB and Germany as Drivers of Change", *Journal of Contemporary European Studies*, 2014（3）：304.
③ 李魏、邓允轩：《德国的政治领导与欧债危机的治理》，《外交评论》2017年第6期。

欧元区提供金融稳定性的贡献能力。同时，它的失业率在欧盟中是最低的，其名义单位劳动力成本虽有所增加，但相对于2005年的基准也要比其他成员国低。德国的贸易表现非常惊人，其经常账户的GDP比例显著为正。2010年，德国的贸易余额为1540亿欧元，无论是在欧盟内部还是在欧盟以外的贸易都非常庞大。2017年，德国的商品进出口在欧盟内部贸易中呈现"一枝独秀"状态，其中商品出口额占欧盟内部贸易额的22.7%，商品进口额占欧盟内部贸易额的20.8%，远超法国、英国、西班牙等。德国良好的经济发展使得其他欧盟成员国都信赖其可以担当并发挥核心领导作用。"德国在欧盟的贡献率是欧盟总预算的21%，而相应地获得的支出分配额度11.4%与小国意大利相似，低于贡献率为16%的法国。"[①]

1. 德国秩序自由主义的理论来源

德国一直秉承的紧缩理念来源于卡莱茨基德（Kaletzkidd）外贸理论。在他发表的《论对外贸易和国内进口》（On Foreign Trade and Domestic Import）一文中提出了"总利润"概念，这个总利润等于商业消费、投资和对外贸易收支。为了通过增加国内净利润来刺激投资，构成贸易收支的利润必须增加。也就是说，必须实现贸易盈余。卡莱茨基在增加出口盈余和绝对出口之间进行了一个关键的区分。[②] 在其他条件不变的情况下，出口的增加将会带来对外贸易盈余的增加，但同时也会增加进口需求，相应地，扩大生产的原材料和中间品也随之增加。贸易差额的增加用 s 表示，进口和出口的增加分别用 i 和 e 表示：

$$e = i + s. \qquad (1)$$

因此，仅有出口增加总额的一部分导致贸易差额的增加，从而有利于总利润的增加，其余部分被用于额外必要的进口来服务于更高层次的输出。如果生产总值中的相对利润份额用 β 表示，那么生产将增

---

① André Hedlund, Aline Regina, Alves Martins, "Germany and Greece in the Eurozone Crisis from the Viewpoint of the Neo-Neo Debate", *A Journal of the Brazilian Political Science Association*, 2017 (1): 16.

② Bill Lucarelli, "German Neomercantilism and the European sovereign debt crisis", *Journal of Post Keynesian Economics*, 2012 (2): 217, 218, 219.

加 s/β。此外，如果生产总值的进口比率用 α 表示，那么进口增加将是：

$$i = \beta(s/\alpha). \quad (2)$$

因此，我们得出：$s/i = e - i/i = \alpha/\beta.$ (3)

贸易差额与净出口之间的比率与生产总值的相对利润份额之间的比率相同。在扩大投资阶段，由于投资 k 的增加，总利润也增加，但由于贸易差额的降低而降低。一般而言，增加的总利润为 $k-s$。因此，如果用表示生产总值的相对利润份额的 β 和进口比率 α，那么随着利润的增加为 $k-s$，而增加的生产值等于 $(k-s)/\alpha$，相应的进口的增加为 $[(k-s)/\alpha]\beta$。由此得出：

$$k = s(1 + \alpha/\beta). \quad (4)$$

因此，以对外贸易盈余的方式刺激经济的优势显而易见。德国对卡莱茨基德重商主义逻辑的进一步加强就表现为在国内大力主张反通货膨胀政策，从而提高了德国的出口竞争力。"因为出口盈余的累积产生出口资本，即通过直接增加利润总额或者间接地通过盈余国家自身的国际金融中心地位而带来的收益效应。这为国内公司获得信贷支持提供了更多的有利依据。"[1] "外国投资显然扩大了德国大公司的世界寡头垄断权力，这是刺激德国出口的途径之一。而这种进程的融资正是依赖于德国盈余的积累，并非发行债务。德国银行体系的运行是建立在信贷配给基础上的，它支持了这些大公司通过信贷配给而带来的出口盈余，从而为国际投资提供了保障。"[2]

2. 德国国内秩序自由主义理念的示范实践

德国作为欧元区成员国中的主导力量，不仅是由于其在欧盟中的重要经济地位，而且也由于其自身倡导的政策理念对于欧盟发展进程中难题的破解。以欧债危机为例，作为纾困最大贡献者，对于如何援助欧债危机中的成员国，德国发挥了重要作用。

---

[1] Bill Lucarelli, "German Neomercantilism and the European sovereign debt crisis", *Journal of Post Keynesian Economics*, 2012 (2): 217, 218, 219.

[2] Halevi, J., Kriesler, P., "Stagnation and Economic Conflict in Europe", *International Journal of Political Economy*, 2004, 34 (2): 34.

德国的政策理念有着奥尔多自由主义（Ordoliberalism）特点，即秩序自由主义①。这一思想的核心要义是："一方面，一个强大的国家需要确保自身具有竞争力的经济；另一方面，这个国家角色应该只是作为经济的监管者，为企业创造自由竞争的良好环境"②。这种思想融合在德国国内制度中表现为，"独特的协调资本、劳动力和公共权力的机制配置，通过控制公共财政，形成一种秩序性政策"③。例如，2003年，在德国总理格哈德·施罗德领导下通过了几项自由劳动力市场和社会保障改革，包括："提高求职和匹配程序的效率；减少失业福利权利，建立在职福利体系；放松对边缘和非典型就业的管制；减轻低收入（特别是兼职）工作的税收和缴费负担。"④改革促进了边缘工人的核心劳动力竞争，特别是机构工作人员，也加强了工作委员会的联合管理。工作委员会在廉价边缘劳动力和公司将生产转移到邻国的双重威胁下，做出了以生产力为导向的妥协，从而能减少集体讨价还价的范围。⑤"政府遵循奥尔多自由主义原则来维护市场的适当功能，加强以市场机制来降低失业，减少财政对劳动力成本的影响。同时，改革也维护了社会秩序：一个包容的、财政上可持续的社会保障体系能够被维持，在就业保障没有减少的情况下失业率开始下降，公

---

① 这一理念主要来自德国的历史经验，其在20世纪魏玛共和国时期发生的由宽松货币政策和预算赤字引发的恶性通货膨胀，导致大部分工人阶级和中产阶级的储蓄消失。通过历史教训，德国政界认为，增加私人和公共债务促进货币循环是导致通货膨胀的根源，因此，禁止将政府债务货币化，有效调控经济的途径是建立一种秩序。参见 Lars P. Feld, Ekkenhard A. Kohler and Daniel Nientiedt，"Ordoliberlism，Pragmatism and the Eurozone Crisis：How the German Tradition Shaped Economic Policy in Europe"，*Freiburg Discussion Papers on the Order*，2015（15）：13；Kurt Hübner，"German crisis management and leadership - from ignorance to procrastination to action"，Asia *Europe Journal*，2012（2）：172.

② Kitschelt，H.，and W. Streeck，"From Stability to Stagnation：Germany at the Beginning of the Twenty-first Century"，in H. Kitschelt and W. Streeck eds.，*Germany：Beyond the Stable State*，London：Frank Cass，2004：2.

③ Blyth，M.，*Austerity：The History of a Dangerous Idea*，New York：Oxford University Press，2013：135-7；Bonefeld，W.，"Freedom and the Strong State：On German Ordoliberalism"，*New Political Economy*，2012（17）.

④ Luigi Bonatti，Andrea Fracasso，"The German Model and the European Crisis"，*Journal of Common Market Studies*，2013（6），p. 1030.

⑤ Carlin，W.，"Real Exchange Rate Adjustment，Wage-Setting Institutions and Fiscal Stabilization Policies：Lessons from the Euro-Zone's First Decade"，*CESifo Economic Studies*，published online，2012.

司层面的工资限制和更大的组织灵活性（提高生产力）提高了国际竞争力。"① "公司竞争力的显著提高及其在高质量制造业和资本物品上的专业化，使得工资适度与每小时工作的高薪一致。"② 2009 年，德国联邦政府决定实施"债务刹车"规则，该规则限制了政府的公共借款，规定了结构性平衡公共预算，"从 2016 年开始，联邦政府仅能最多获得贷款额度为 GDP 的 35%，并且从 2020 年起联邦政府不被允许信贷融资"③，联邦和各州都将此规则写入联邦宪法《基本法》和各州宪法，并相应地成立了监督该规则实践情况的财政稳定理事会。"联邦议院和联邦参议院联合委员会的次级委员会拟订了一套具有指标、基准和报告要求的制度，目的旨在确定预算是否将有发生危机的可能。由此，联邦和各州政府必须提交年度预算的稳定报告。"它们必须提供关于结构性指标的信息，包括净借款利率、信贷融资利率以及债务水平利率。在此基础上，财政稳定委员会分析和比较联邦所有政府的预算。例如，联邦政府对经济发展较弱的州（如不来梅州、石勒苏益格—荷尔斯泰因州、萨尔州和萨克森—安哈尔特州）的预算合并提供了额外的资金支持，这些州必须财政稳定委员会报告它们如何花费这些特别资助。同时，财政稳定委员会还建立了协调机制来加强各州政府的预算和金融政策的趋同。这一协调机制是建立在"对联邦各州的财政状况的比较分析之上，如果一项指标在长期内或一年内的几项指标通过基准，稳定理事会就开始对个体预算进行紧密评估。然后在审查为什么预算没有满足要求的指标之后，委员会宣布一项受危机威胁的预算，并且要求受这种威胁的州政府进行特别的合并计划，表明预算在未来五年怎样满足基准，相关评估小组要评估计划是否可

---

① Glossner, C. and Gregosz, D., "60 Years of Social Market Economy Formation", *Development and Perspectives of a Peacemaking Formula*, Sankt Augustin/Berlin: Konrad-Adenauer-Stiftung, 2010.

② Bornhorst, F. and Mody, A., "Tests of German Resilience", *IMF Working Paper*, Washington, DC: International Monetary Fund, 2012 (12).

③ Kurt Hubner, "German Crisis Management and Leadership-From Ignorance to Procrastination to Action", *Asia Europe Journal*, 2012 (2-4): 164.

行。如果州政府没有达到合并计划要求的目标,这一程序将重新开始。"① 协调机制能够使得各州政府实施的财政政策趋同,并且具有指标和报告的制度使得预算政策质量和它的潜在效应在公众面前是透明的,因此州议会、州选民、评级机构、银行以及其他欧盟成员国能对成员国的政策进行评估。从 2010 年开始,"德国每年以减少结构性预算赤字 0.5% 的等价方式减少赤字,大致相当于每年从联邦预算中节 100 亿欧元左右"。

"债务刹车"规则在德国国内成效显著,致使其结构性财政赤字和公共债务比率大幅下降,这不仅表明其倡导的奥尔多自由主义秩序的有效性,而且也为欧元区成员国遵守财政纪律树立了榜样。正如马克·布莱斯所指出的那样:"奥尔多自由主义、秩序性政策以及其他一切所有与规则相关的,都表明了良好的经济治理并不是与支出有关"。因此,在希腊的主权债务危机前期,德国并没有及时表态是否以及如何给予援助,在它看来,贸然施救,这会违反欧盟内部的财政纪律,助长"道德风险",也会损害德国等净债权国的利益。② "债务国应该严格地实施财政紧缩政策,由此通过改善自身的竞争力来增加出口,从而达到自我恢复。"③ 德国财政部长朔伊布勒在《金融时报》上发表一文《为什么紧缩是欧元区唯一的治疗方案》,表达了德国政府的观点。"它是一个不争的事实,发生欧债危机的国家由于政府的过度开支导致无法承受的债务和赤字,威胁着欧洲经济福利。长期看来,累积更多的债务将会很大程度上阻碍刺激增长。欧盟内欧元区内外的成员国不仅要承诺巩固财政、提升竞争力,而且最重要的是要实现这些诺言。"④ 这

---

① Arthur Benzet, Dominic Heinz, "Managing the Economic Crisis in Germany: Building Multilevel Governance in Budget Policy", *Revue international de politique comparée*, 2016 (3): 363, 366.

② 欧元区统一的货币政策使得欧元区成员国只有通过采取国内的财政政策来刺激本国经济的增长,而财政扩张所导致的货币贬值则由欧元区各成员国共同承担,因而就容易引发"道德风险"。

③ Kurt Hubner, "German Crisis Management and Leadership-From Ignorance to Procrastination to Action", *Asia Europe Journal*, 2012 (2-4): 170.

④ Matthias Matthijs, Kathleen Mcnamara, "The Euro Crisis Theory Effect: Northern Saints, Southern Sinners, and the Demise of the Eurobond", *Journal of European Integration*, 2015 (2): 235-236.

就是德国对于经济危机管理的"自我认知"理念,即"如果国家能够实施严格的紧缩措施,由此提升国际竞争力,带来出口增加,那么就能够克服最严重的困难。"①

3. 秩序自由主义在欧债危机中的运用

在欧债危机初始阶段,德国是以欧盟为整体被动地参与援助。尽管如此,但欧盟内部缺乏有效的财政和汇率政策工具,如表4-1。"在货币政策领域,货币的管制权力在欧洲区域层面所制度化,而财政权力留给主权国家;在财政政策领域,欧洲货币联盟通过欧盟制度实施财政纪律,这一做法在《财政契约》签订后又进一步加强。"②尽管如此,欧洲货币联盟却将金融管制政策留给国家层面,使得欧洲中央银行的首要目标是稳定物价,而非注重金融稳定问题。

表 4-1　欧债危机前欧洲货币联盟(EMU)的政策原则

政策领域	政策原则
货币	货币和财政机构的分离,单一目标的价格稳定
财政	欧盟层面的财政纪律指令
金融管制	微观审慎的规制; 货币机构和银行监督机构的分离; 无须欧洲层面的监管机构
跨国资源转移风险	禁止跨国资源和风险的分配

资料来源:Arie Krampf, "From the Maastricht Treaty to Post-crisis EMU: The ECB and Germany as Drivers of Change", *Journal of Contemporary European Studies*, 2014(3)。

基于此,当欧债危机蔓延后,德国开始积极介入援助。解困欧债危机的奥尔多自由主义的运用主要是体现在维护欧盟内部货币稳定性、保守财政措施、提升国际竞争力,将援助目标与债务国国内的财政改革相关联,从而加强对债务国以及其他欧元区国家的财政监管。这一做法正是发挥了积极作用,即"使得德国政府实现了外

---

① Urt Hubner, "German Crisis Management and Leadership - From Ignorance to Procrastination to Action", *Asia Europe Journal*, 2012(2-4): 171.

② Arie Krampf, "From the Maastricht Treaty to Post-crisis EMU: The ECB and Germany as Drivers of Change", *Journal of Contemporary European Studies*, 2014(3): 305.

交目标，即将包括意大利等在内的被救助的债务国的道德危机和财政宽松最小化。"①

（1）货币稳定性。2010年6月，建立欧洲金融稳定基金（EFSF），首期最高规模可达4400亿欧元，其中德国的认缴份额最高，为1193.9亿欧元。该基金以欧盟预算为担保来融资，旨在救助陷入经济困境的成员国，从而维护欧洲金融市场的稳定，如图4-2。2012年2月，在德国的倡导下，欧元区17个成员国达成共识，签署了《欧洲稳定机制条约》，并于2012年10月8日正式生效。该条约施救的前提是成员国必须批准《财政契约》，它代替了以往的临时性救援机制，成为永久性救援机制，以7000亿欧元认缴资本（包括800亿实收资本和6200亿欧元承诺通知即付资本）为成员国提供流动性支持，其中德国承担的担保费用为1680亿欧元和220亿欧元现金。另据欧洲稳定机制的官方统计，截至2016年，通过欧洲金融稳定基金、欧洲稳定机制发放的援助资金为2545亿欧元，其中德国支出687亿欧元，为解困债务危机做出了最大贡献。

（2）保守财政措施。2011年12月，在欧盟峰会上，25个成员国（英国和捷克未同意）一致同意缔结《财政契约》，即《经济与货币联盟的稳定、协调和治理条约》（TSCG）。该契约于2012年3月正式签署。在这一条约框架下，其财政公约的特别规则体现了德国的紧缩模式的立场，包括："平衡预算规则；旨在降低目前超过60%以上的国家债务比率的'债务刹车'规则；建立国内预算计划委员会，各国预算要保持平衡或是盈余，年度结构性赤字不得超过当年GDP的0.5%；监察偏离指标，未遵守规则的自动更正机制，一旦成员国财政赤字超过GDP的3%、债务超过GDP的60%，欧盟委员会可以直接执行惩罚，罚金不超过该国GDP的0.1%；要求各国国内至少赋予这些规则以法律地位；每年举行两次欧元峰会，以便更好地协调各成

---

① Simon Bulmer, "Germany and the Eurozone Crisis Between Hegemony and Domestic Politics", *West European Politics*, 2014 (6): 1254.

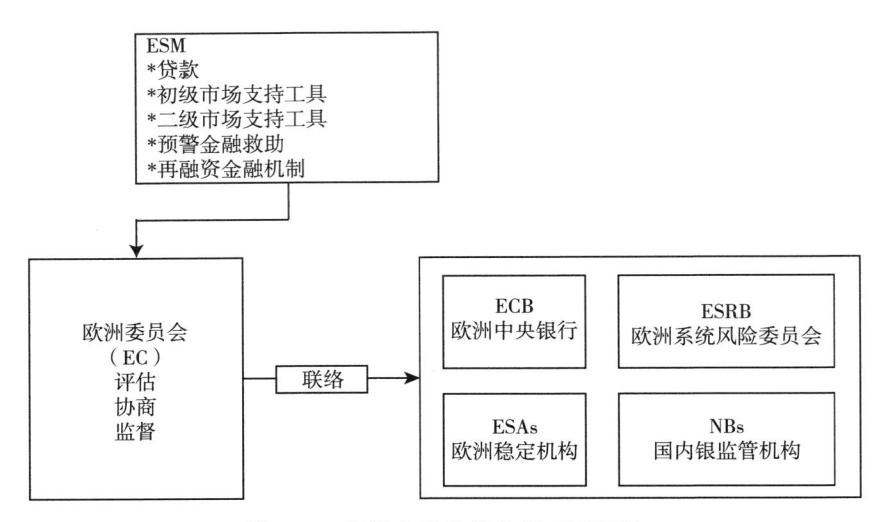

```
┌─────────────────────┐
│ ESM                 │
│ *贷款               │
│ *初级市场支持工具    │
│ *二级市场支持工具    │
│ *预警金融救助        │
│ *再融资金融机制      │
└──────────┬──────────┘
           │
           ▼
┌──────────────┐         ┌──────────────┐  ┌──────────────┐
│ 欧洲委员会    │         │ ECB          │  │ ESRB         │
│ （EC）       │  联络    │ 欧洲中央银行  │  │ 欧洲系统风险委员会│
│ 评估         │ ──────▶ ├──────────────┤  ├──────────────┤
│ 协商         │         │ ESAs         │  │ NBs          │
│ 监督         │         │ 欧洲稳定机构  │  │ 国内银监管机构│
└──────────────┘         └──────────────┘  └──────────────┘
```

图 4-2 欧洲金融监管体系（ESFS）

资料来源：Arie Krampf, "From the Maastricht Treaty to Post-crisis EMU: The ECB and Germany as Drivers of Change", *Journal of Contemporary European Studies*, 2014（3）。

员国与欧盟的经济政策"[①]。首次赋予欧洲法院判定一国是否遵守财政纪律的权力，同时，也要求每年举行两次由欧盟委员会与各成员国国家元首出席的欧元峰会，致力于各成员国与欧盟整体的经济政策的协调统一。例如，"希腊降低了免税收入的门槛，意大利削减了家庭税收补贴。"[②] 例如，意大利宪法改革体现在宪法修正了第 81、97、117、119、243 条。"在第 81 条中，规定了收入与支出的平衡预算，这一条应用在第 97、119 条中，即不仅是中央公共机构，而且地区和地方政府也要执行。除此之外，第 119 条也限制了地方机构的负债程度：它们仅能够为投资融资签订贷款合同，但在同时采用摊还贷款计划的情况下，必须确保每一个地区的所有政府部门都作为实现预算平衡的整体，并且这类贷款不包括国家担保。2012 年修订的第 243 条细

---

① Simon Bulmer, "Germany and the Eurozone Crisis Between Hegemony and Domestic Politics", *West European Politics*, 2014（6）：1256.

② Theodoros Papadopoulos, Antonios Roumpakis, "Rattling Europe's Ordoliberal 'Iron Cage': the Contestation of Austerity in Southern Europe", *Critical Social Policy*, 2018（3）：506.

化了必须遵守的基本准则和标准，确保预算的平衡以及公共行政债务的可持续性。2016 年修订的第 164 条规定了适用于各级地方政府的预算规则。"①

（3）维持国际竞争力。德国致力于强调欧债危机国和其他欧元区成员国要重视根据本国的实情来严格预算管理，从而提高竞争力。2011 年 3 月，欧盟建立的《竞争力公约》和《欧元+贸易协定》，包括了一些解决欧元区危机的举措，如提高竞争力，稳定就业，确保公共财政的持续性，加强金融的稳定性以及提升税收政策协调的努力。这种解决欧元危机的方法正是体现了奥尔多自由主义所强调的严格的财政规则。根据条约，欧盟多数成员国都以工资和工作条件作为主要的改革对象，从而提高自身经济的竞争力。

同时，德国的可信赖性也能够使其发挥重要的领导力，这表现为两方面："一是，德国在资本市场享有的信誉是稳定共同货币的重要因素；二是，德国联邦议院和宪法法院所具有的强大规则功能，能够对欧洲层面做出可信的承诺。"② 因此，德国获得了欧盟成员国的认同，使其能够高效地发挥其影响力，强化了其核心领导地位。如荷兰、芬兰、奥地利、卢森堡等都秉承德国的秩序自由主义理念而施行严格的紧缩举措，并在欧债危机问题的处理中获得其支持。同时，2011 年 9 月—2012 年 2 月，德国、荷兰、芬兰在柏林举行三次会议财长会议，"德国以债信最高的国家群体的名义向欧元区传递明确的信号，德国将坚定推行紧缩模式，敦促重债国进行改革"③。此外，"在欧洲稳定机制正式启动前，德国、荷兰、芬兰三国财长进行磋商，发表联合声明支持稳定机制的建立。"④ 基于德国理念在国内的成功实

---

① Stefania Baroncelli, "Long-term vs short-term perspectives: adaptation, stability and the roles of the constitutional courts in the management of the Eurozone crisis in Germany and Italy", *Contemporary Italian Politics*, 2018 (1): 40.

② Magnus G. Schoeller, "Providing political leadership? Three case studies on Germany's ambiguous role in the Eurozone crisis", *Journal of European Public Policy*, 2016 (1): 11.

③ 李巍、邓允轩：《德国的政治领导与欧债危机的治理》，《外交评论》2017 年第 6 期。

④ Ministry of Finance of Finland, "Joint Statement of the Ministers of Finance of Germany, the Netherland and Finland", 2012-09-25, http://vm.fi/en/article/-/asset_publisher/joint-statement-of-the-ministersof-finance-of-germany-the-netherlands-and-finland.

行,法国也表示逐渐接受并支持,与德国一道共同处理欧债危机。由此,德国通过联合盟友在重大治理机制建设上集体发声表态,强化了德国在危机治理进程中的领导地位。

第三节 国际体系结构在国际区域合作中发挥动力作用的受限因素

地区核心国家在国际区域合作中能否真正发挥作用及其作用力的大小受到一些因素的影响,不仅包括核心国家自身的内在因素,而且还包括外在因素的作用。理解和认清内外因素能够使核心国家明确现实情况,制定适宜的对外政策,寻求有利于区域发展的路径,从而发挥实质性的主导作用。

一 地区核心国家在国际区域合作中发挥动力作用的内在受限因素

(一) 地区核心国家拥有的科技实力

国家的综合实力越强,其在国际体系中的地位越高,参与国际事务的能力越强。地区核心国家只有在具备了一定的实力基础,才能真正发挥其主导作用。支撑国家综合实力的基础主要是科技实力、经济实力和军事实力,其中科技实力是增强经济实力与军事实力的动力源头。"一个国家的政策,按照以科学技术推动经济发展的方向运行,不仅会取得好的国内政治生态,而且还会增强自身在国际政治中的影响力,即沿着'科技→经济→政治'这一方向发展,国际战略学把它称为国策的'正向运行'。"[①] 一国经济发展的核心在于生产方式的变革,因为生产力是决定生产方式的根本动力,变革生产方式的出发点就是要不断适应生产力发展的现实需要。在一定的社会组织方式下,劳动者和劳动资料相结合,把劳动对象转化成人们需要的产品,而由各种生产工艺所决定的各种产品、生产类别相结合就形成了国民经济

---

① 王家福、徐萍:《国际战略学》,高等教育出版社2005年版。

结构。因此，生产力的发展决定了国民经济结构，影响了财富积累程度，标志着国家综合实力的水平。生产力的发展水平是通过科学技术体现的。科学技术提高了劳动者自身的文化水平，使其可以凭借科学知识开发和有效利用劳动资料，带来了生产工具的变革，生产工具的变革使得生产工艺流程、生产要素的组合结构都发生变化，这些变化最终提高了生产效率，导致国民经济结构的变化，促进了一国经济的发展。以蒸汽革命为标志的第一次科技革命起源于英国，导致英国的生铁和煤的产量超过了美国、德国、法国三国的总和，工业优势使得英国在国际化市场中获得巨大财富，造就了世界工厂和世界首富的身份，由此建立的强大海军使得英国成为海上霸主和"日不落帝国"，保持了在欧洲大陆中的"仲裁者"地位。信息革命则把美国推向了现代工业技术和信息技术的世界之巅。使其在世界工业总产值中的比重迅速上升到第一位，成就了美国的霸权地位。由此可见国家具有一定的实力是成为核心国家的必要条件，也是在区域合作中发挥其应有作用的基础，但也需要注意的一点是核心国家应该谨慎地运用自身的实力，这种谨慎就在于不凭借自身的实力而强加意识形态和价值观念，在维护自身利益的同时也要权衡其他国家的利益，使对外行为符合国际法和国际道义，否则只能被地区内其他国家视为是行使霸权而制约其发挥主导作用，正如汉斯·摩根索所认为的那样，"一国国家利益意味着不仅要清醒地认识到自身的利益，还要把他国的利益同自己的利益协调起来，二者不可偏废。在多国家世界当中，这是政治道义的先决要求。在全面战争的时代，这也是生存的必要条件"[①]。

（二）地区核心国家提供区域公共产品的能力

马特里（Matri）从供给和需求关系着手对区域一体化的逻辑进行分析，认为"在区域一体化的供给因素中，主导国是一个重要因素，它存在的意义在于能够为区域合作提供必要的公共产品。"[②] 马特里的

---

① ［美］西奥多·A. 哥伦比斯、杰姆斯·H. 沃尔夫：《权力与正义》，白希译，华夏出版社1990年版，第110页。
② 王玉主：《区域公共产品供给与东亚主导权问题的超越》，《当代亚太》2011年第6期。

解读表明地区核心国家主导作用的发挥与区域公共产品存在一定联系。是否能够提供区域公共物品，使得地区内其他国家在合作中取得绝对收益，关系到地区核心国家能否在合作中获得合法性认同，有效发挥主导作用。通过提供区域公共产品，使得地区内各国能够更好地获得发展，相互之间的依赖关系逐渐加深，实现彼此的利益捆绑，从而推动了区域合作的深入发展。"公共产品具有消费和使用上的非竞争性和非排他性的特点"[1]。通常表现为由一国政府或国内社会团体提供的、为绝大多数人共同消费或使用的产品。后来，这一概念被奥尔森（Olsen）、金德尔伯格（Kindle Berger）等人引入国际研究范围，探讨国际公共产品。国际公共产品是指"成本和收益超越一国范围、在某些情况下甚至超越世代的公共产品"[2]，包括"建立在最惠国待遇基础上的自由开放的贸易体系、稳定的国际货币与保障国际安全。"[3] 区域公共产品就是"那些仅在某一特定区域内供给和消费而非遍及全球的国际公共产品。"[4] 区域公共产品包括制度、规则、区域货币、地区市场、基础设施等方面内容。如果地区核心国家提供公共产品的能力较低，而地区其他国家对区域产品有着较高的需求，那么区域合作就难以建立，核心国家的作用也难以发挥。例如，在第二次世界大战前，欧洲地区大国之间通过军事战争的方式争夺霸权地位，然而战争的连续使得没有哪个国家可以提供区域公共产品，而其他中小国家对于提供安全保护却有着较高需求，导致地区大国并没有真正发挥积极的主导作用，反而扰乱了地区秩序的稳定。

（三）地区核心国家发挥软实力的影响

地区核心国家的主导能力既与自身拥有的实力相关，又包括说服与施惠的能力，主导能力使得主导国家具有一定的威望，特别是说服

---

[1] 高程：《区域公共产品供求关系与地区秩序及其变迁——以东亚秩序的演化路径为案例》，《世界经济与政治》2012年第11期。

[2] 吴志成、李金潼：《国际公共产品供给的中国视角与实践》，《政治学研究》2014年第5期。

[3] 参见孔繁颖、李巍《美国的自由贸易区战略与区域制度霸权》，《当代亚太》2015年第2期。

[4] 樊勇明：《从国际公共产品到区域公共产品——区域合作理论的新增长点》，《世界经济与政治》2010年第1期。

与施惠能力影响了地区内其他国家是否愿意追随主导国，这种能力的施展离不开主导国家自身的软实力建设，影响着主导国在区域合作中发挥主导作用。软实力是指"一国使其他国家以其预期目标为目标的同化能力，由文化吸引力、意识形态和国际制度构成。"[①] 约瑟夫·奈指出，"在由民族国家组成的世界里，硬实力在维护国家独立方面发挥着重要作用，然而在处理跨国问题上，需要进行多边合作共同解决，此时，软实力就变得愈加重要"[②]。对于地区核心国家来说，软实力的意义正如罗伯特·吉尔平所讲的，"主导国的地位是由意识形态、宗教或其他为各国所接受的共同价值所支持"[③]。地区核心国家通过自身具有的文化吸引力、政治观念以及对外政策能够提高地区核心国家对地区内其他国家的号召力来发挥软实力，使其在地区内的主导地位被认可，并且得到其他国家的追随，从而可以发挥塑造地区内各国的共同身份的作用，实现共同利益，在区域合作中有效发挥引领作用。因此，地区核心国家若想很好地发挥软实力作用，加强地区的凝聚力，推动区域合作进程，需要很好地进行软实力建设，这就需要地区核心国家发挥自身的文化吸引力和弘扬具有开创性和充满理想的政治理念。同时，通过对外政策与地区内其他国家建立良好关系，建立良好的国际声誉。一方面地区核心国家要能够妥善处理与地区内其他国家的外交争端，否则其他国家会认为主导国实施单边主义并而威胁到自身，由此将会带来对其在区域合作中的主导地位的认可度的降低；同时当地区内其他国家面临危机时，核心国家要承担责任，不能置之度外，要积极给予援助，提升核心国家的良好形象。另一方面需要提升地区合作制度本身的合法性与道义性。地区核心国家凭借其自身拥有的实力优势使得其他国家在一定程度上可以接受主导国在地区合作制度建设方面的核心作用，但并不意味着主导国可以用武力强迫其他国家遵从其制度设计，否则会遭到其他国家的联合反对。因此，要使

---

① [美] 约瑟夫·奈：《硬权力与软权力》，门洪华译，北京大学出版社 2005 年版，第 106—110 页。
② Joseph S. Nye, Jr., "U. S. Power and Strategy after Iraq", *Foreign Affairs*, 2003 (4).
③ Robert Gilpin, *War and Change in World Politics*, New York: Cambridge University Press, 2008, p. 34.

得地区合作制度具有合法性和道义性需要在制定过程既能体现地区核心国家的利益，也能维护其他国家的利益，而不是由主导国家对制度建立实行单边主义与霸权主义，这样才能够使得地区内其他国家不会感觉地区合作是一种零和博弈，而是实现共同利益的平台，从而赢得其他国家对由主导国家倡导的制度的支持，巩固主导国家在区域合作中的地位。此外，地区核心国家发挥软实力的影响还表现为对区域合作议程的设置，即能否对其他成员国所关注议题的顺序产生影响，能否获得其他国家对自己的区域合作议程设置的赞同。如何实现这一目标，笔者赞同国内学者苏长和的观点，他指出，"国家可以通过提出创新型的理念引导制度内成员的行为方向，也可以利用制度提供的关系与程序网络决定议程的先后优次"①。

二 地区核心国家在国际区域合作中发挥动力作用的外在受限因素

（一）地区内边缘国家的认同

罗伯特·杰维斯曾指出，"几乎没有什么人类行为的领域是完全由系统层次决定的……行为体的选择至关重要，而且这种选择会受到行为体对于系统如何运作的信念的影响"②。国家在面对国际体系时都会有价值选择，这种价值选择反映了国家如何看待自身以及与其他国家之间的互动信念。边缘国家是相对于地区内核心国家来说的，是指除了地区核心国家之外，"在特定地区内在政治、经济以及社会发展方面偏离核心国家，但在地区政治经济过程中也起一定作用的国家"③。在区域合作中，地区边缘国家的认同表现为对合作是否持积极态度以及对区域公共产品的需求程度。如果边缘国家对合作有着共同的意愿，并且对相应的区域公共产品有着强烈的需求，那么它们就会支持由主导国家倡导的一系列制度安排及其他相关措施，并使其行为

---

① 苏长和：《中国的软权力——以国际制度与中国的关系为例》，《国际观察》2007年第2期。
② ［美］罗伯特·杰维斯：《国际政治中的知觉与错误知觉》，秦亚青译，上海人民出版社2015年版，第429页。
③ L. J. Cantori, S. L. Spiegal, *The International Politics of Regions: A Comprehensive Approach*, Eaglewood Cliffs: N. J. Prentice-Hill, 1970, pp. 20-33.

纳入到制度框架中去，加之区域外的大国采取接受核心国家在地区内实施影响力的态度，区域合作将朝着稳定的方向发展。如果边缘国家对区域公共产品的需求较低或是对合作持否定态度，如受国家经济、政治利益因素的影响，与区域外的国家交往密切，而与区域内的国家交往较少，加之区域外的大国采取抵制核心国家在地区内实施影响力的态度，那么区域合作将难以进行或是发展缓慢，阻碍了地区核心国家作用的发挥。边缘国家对地区合作是否认同的原因主要是源于自身利益的实现和对地区内权力结构相对平衡的需求。例如，美国在与南美洲国家建立美洲自由贸易区的谈判过程中，要求南美国家必须完成自由化经济改革才能加入谈判，并且要以独立的身份参与谈判，将《北美自由贸易协定》的相关规定作为谈判的标准。这些要求使得南美国家认为自身处于不平等地位，在谈判中缺乏话语权，并且相关标准意味着需要付出的成本与承担的风险可能会大于预期收益。因此，尽管美国具有提供公共产品的能力，但是基于上述因素南美国家对合作没有更多的积极回应，对区域公共产品有着较低需求，使得美国难以在美洲自由贸易区内发挥主导国家的作用。因此，对于地区内核心国家来说，要调动边缘国家参与区域合作的热情，强化认同观念，这就需要地区核心国家在进行区域合作的过程中顾及边缘国家的战略利益，避免边缘国家认为合作只有利于核心国家而损害本国利益，使边缘国家相信区域合作能够实现本国的经济增长、安全稳定以及社会发展，认识到参与区域合作有利于保持地区权力结构的相对平衡。同时，在区域合作制度建设中还要体现边缘国家的利益诉求。

（二）地区内外大国之间的良性互动

地区内的核心国家往往是具有一定地位和作用的大国，并且在数量上可能是两个以上。建构主义指出，国家之间的关系状况取决于彼此的行动和对行动的理解。因此，对于地区内核心国家来说，要想在区域合作中发挥真正意义上的作用，核心国家之间以及与区域外的大国之间都需要处理好相互关系，从而有利于区域合作的深入发展。在地区内部，大国之间发挥核心作用在于相互之间要有共同的战略利益。在这种基础上，即便彼此之间会由于自身国家利益而出现分歧，但是却能基于共同的战略利益为本地区合作的长远发展做出一定让步与妥协而不是恶性竞争，即使在区域合作的发展过程中遇到挫折时，也会携手克服困难。同时，核心大国之间还需要进行良好的沟通，从而增进相互之间的了解，超越意识形态的桎梏，保证良性互动的持续性。在地区外部，妥善处理好与域外大国的关系有助于稳定地区合作的外部环境。实现与域外大国的良性互动需要地区内核心国家认清域外大国在国际事务中的作用，明确域外大国的地位和权威将可以助核心国家发挥主导作用一臂之力，协助核心国家构造稳定、安全的区域合作环境。同时，核心国家与域外大国实现良性互动还要寻求与域外大国的共同利益，从而摆脱意识形态和政治制度差异的束缚，增进互信，促使域外大国能够给予核心国家以支持。

第五章

政治领袖与国际区域合作

古今中外发生的种种历史事件都同创造它的人有密切联系。同样在国际政治活动中,"个人影响着外交政策的制定,进而影响国家之间的关系,甚至影响国际体系结构。"① 勒庞(Jean-Marie Le Pen)认为,"在使群体形成意见并取得一致方面,领袖的作用是非常重要的,他的意志是群体的核心,他是各色人等形成组织的第一要素。"② 政治领袖的特殊地位和作用体现在他直接参与国家对内对外政策的制定和实施,对内能够引导民众的价值观和行为选择,对外影响了国家之间的关系以及国际秩序的稳定。进一步而言,政治领袖在进行外交决策的过程中,其自身所具有的政治认知,如政治价值观、政治态度和外交理念等认知取向会对外交决策产生影响,从而对国家之间关系的走向发生向好或恶化效应,进而加速或延缓了国家间合作的建立和发展进程。本章在阐述政治领袖的内涵及其地位和作用的基础上,借用罗伯特·杰维斯(Robert Jervis)的错误知觉理论来表明政治领袖的认知取向对于外交决策的负面影响,进而使得国家之间处于冲突甚至战争状态。因此,对于国际区域合作而言,政治领袖所真正发挥驱动力作用的实质是其秉承正向、积极进取的政治价值观。在分析了上述问题之后,本书将进一步分析政治领袖的认知取向受到哪些主要因素的影响。

---

① [美] 布鲁斯·拉西特、哈维·斯塔尔:《世界政治:供选择的菜单》(第5版),张传杰译,人民出版社2018年版,第238页。

② [法] 古斯塔夫·勒庞:《乌合之众:大众心理研究》,李丹译,电子工业出版社2020年版,第18—19页。

第一节　政治领袖的理论内涵及其地位和作用

一　政治领袖的理论内涵

在政治学理论中，所谓领袖是指"国家和政党中最有威信、最有影响、最有经验、担任最重要职务的领导人物"[①]。这是马克思对于领袖定义的一般观点，这里主要是指政治领袖。国内学者阎钢认为，"在今天的社会形态中，从国家行政的角度来看，领袖，又可叫做国家元首，是一个国家实际上或形式上的对内对外的最高代表，是国家主权的实际掌握者或象征，在国家机构体系中，实际上或形式上处于首脑地位"[②]。实际上，领袖存在于社会中的多领域中，如经济领域、文化领域、军事领域等。"政治领袖是阶级斗争和社会分工的产物，是在一定的历史时期内，在不同阶级的长期的政治事件中涌现出来，具有卓越政治见识和杰出政治才能，对历史发展有重要影响、在本阶级中拥有最高权威的政治人物。"[③] 政治领袖可以是国家元首或政府首脑，可以是某个政治组织的领导者，还可以是对某一阶段的政治发展过程起关键作用并产生重要政治后果的政治参与者、倡导者、组织者与决策者。

二　政治领袖在政治生活中的特殊地位和作用

政治领袖不仅仅是社会中的管理者与统治者，而且他们还在社会政治生活中具有决定性的作用。政治领袖拥有重大的政治决策权，决定着其所代表的阶级的性质和结构，是特定阶级、集团和民族的政治领导核心，对政治发展有重要影响。马克思主义形象地把国家喻为"国家机器"，而政治领袖在一定意义上能够全局地、高屋建瓴地驾驭"国家机器"，使之合理有效地运转。具体而言，政治领袖在国家政治

[①] 冯深：《简明现代政治辞典》，广西人民出版社1988年版，第394页。
[②] 阎钢：《政治伦理学要论》，中央文献出版社2007年版，第380页。
[③] 姜安等主编：《政治学概论》（第2版），高等教育出版社2011年版，第18页。

生活中的地位和作用主要体现在以下方面。

（一）政治领袖在社会历史发展进程中起着重要作用

尽管人民群众是社会历史的最终创造者，但政治领袖掌握和支配着核心的政治权力，因而他们是特定历史时期事关全局的政治决策制定者和重大政治事件的发起者，特别是对于重大政治事件，政治领袖可以左右政治事件的发展方向，并对政治事件的结果起着决定性作用。同时，在社会内部的改革和调整过程中，政治领袖以其合法性和权威性对社会发展进程产生了深刻的影响。这表现在他们凭借政治才能和政治远见对社会的总体战略、具体目标以及利益关系调整等方面进行远景规划；他们对社会理想、道德观念和价值判断与选择加以引导；他们对社会转型期的社会紊乱进行调控，对公共危机进行组织管理等。事实上，无论是时代的转换或更替、政治体制的变革，还是社会制度的变迁，诸多现象的变化都是在政治领袖的带动下朝着既定的政治目标前进的。尽管如此，我们在承认政治领袖在历史进程中的特殊地位时，并不认为政治领袖就可以随心所欲。政治领袖只有顺应社会历史发展的规律，集广大人民群众的智慧才能真正推动社会历史发展乃至人类进步。

（二）政治领袖是维持社会政治生活秩序安定的主要支柱

一方面，政治领袖为新的社会政治秩序寻找和确立合法性依据。例如，政治领袖在开国时期都制定带有宪法性质的文件，为新成立的政府合法性奠定法律基础。另一方面，政治领袖是社会政治功能的策划者。政治领袖在筹划建立政府时，懂得按照政权的政治性质来确立政府的职能，并不断完善政府职能来更好地适应并服务于政治性质，从而使得国家的政治、经济和文化都被管理得井然有序，实现国泰民安。同时，政治领袖在政治组织中扮演着协调、团结的重要角色。在政治体系内部，由于人们处于不同的阶级地位，利益诉求有所差异，并且这种状况又随着社会发展而不断变化。因此，政治领袖在管理国家和进行决策的过程中，必然会面临各种错综复杂甚至是尖锐对立的矛盾和分歧。如果不正确处理这些矛盾与分歧，整个社会就会失调，出现动乱，更无法实现国家的战略目标甚至危及政权的稳固。政治领袖正是要起到协调、团结的作用。在管理国家的过程中，政治领袖不断协调各种利益关系，化解各种内部矛盾，从而保障人民群众的切身利益，维护社会的稳定。此外，政治领袖为国家赢得和谐的外部环境，在确保国家安全中发挥了重要作用。政治领袖通过在国际事务中协调国家之间的关系，参与制定各国行动的共同准则，谋求处理各国共同关心的问题等，为国家创造了良好的外部发展环境，确保了国家安全，为国家的经济社会的良好发展提供了保证，也为世界和平做出了应有的贡献。

（三）政治领袖是其所代表的阶级、政治组织或是政治集团的精神信仰的导师

伯恩斯（Burns）说，"领袖们可以通过对领袖来说极为重要的教导作用来塑造、改变和提高追随者的动机、价值观和目标。"[①] 政治领袖能够对其所代表的阶级、政治组织或是政治集团施加影响，使它们能够朝着特定的方向努力，达到预期的政治目标，有效地实现了政治领袖的领导行为。具体而言，政治领袖的精神影响力体现在："一是政治领袖的思想和理论修养既是本阶级进行斗争的精神武器，又是人类共同的政治文化的组成部分。二是政治领袖的道德情操往往对本阶级甚至整个国家都有着深远的影响。三是政治领袖的价值判断影响社会成员的行为选择。四是政治领袖的精神信仰影响社会成员的发展方向和精神归宿。"[②]

总之，政治领袖是政治人物中最独特的部分，在政治活动中具有特殊的地位和作用。尽管如此，在强调政治领袖的个人作用时，不能片面夸大这种作用。任何伟大人物对历史的创造总是带有局限性。由于政治领袖们的阶级性质、自身利益和个人素质的差异，导致有些政治领袖并没有发挥维护国家安全、稳定社会秩序和促进经济发展的作用，反而使整个社会处于各种矛盾冲突之中，各项事业发展受到人为

---

① ［美］詹姆斯·麦格雷戈·伯恩斯：《领袖论》，刘李胜等译，中国社会科学出版社1996年版，第502页。

② 姜安等主编：《政治学概论》（第2版），高等教育出版社2011年版，第22—23页。

阻碍甚至整个国家都陷于巨大的灾难之中，使人民承受苦痛。因此，我们必须坚持历史唯物主义的观点对政治领袖的历史作用进行具体的、历史的、阶级的分析，决不能采取简单化的态度。

第二节　政治领袖在国际区域合作中的独特作用

政治领袖所处的地位和作用，使得我们在研究国际关系问题时无法忽视这一个人角色。无论是国家之间关系的发展还是国内经济社会的向前运行都离不开代表国家的这一个人主体。国家对外政策的实施是政治领袖主导外交决策的结果。从政治领袖个人而言，如何进行外交决策是建立在他对时局的判断、对外界环境的认识等政治思想意识、政治价值观、政治态度之上，这些认知倾向促使政治领袖进行决策选择，从而引导了对外政策的走向，对国际关系的发展趋势起到阻碍或推动的作用。对此，本书借罗伯特·杰维斯的错误知觉理论来进一步表明政治领袖的认知对外交决策和对外行为起到的关键作用。由此，对于国际区域合作来说，合作本身能否建立并获得发展动力就在于一国的政治领袖持有何种的外交理念，这种外交理念是否有利于地区内各国实现共同利益，是否有利于国家之间关系的发展等积极的正向认知，这都在一定意义上决定了区域合作关系的建立和发展程度。

一　政治领袖影响外交决策的政治心理学分析

政治心理学是一门运用政治学、社会学以及心理学等学科理论知识来研究各种社会政治现象，特别是关注人的心理活动与社会政治现象的双向互动过程的新兴的交叉学科。通过对政治家或政治领袖个体的个性特征、领导风格、决策行为、谈判行为、领导魅力等的研究，来分析其在政治过程中所起的特殊作用是政治心理学研究的方向之一。社会认知、政治知觉是政治心理学个体研究中的基础理论概念。社会认知是指"个人对他人的心理状态、行为动机和意向做出推测与判断的过程，必须依赖认知者的思维活动，包括某种程度上的信息加工、推理、分类与归纳。"① 也就是说，社会认知是个人对他人及其社会行为的一种感知。这就表明，人在进行任何的社会行为时，必然受到其内在认知的支配。社会认知包括感知、判断、推测和评价，其具体过程主要是社会知觉、印象、判断以及对他人的外显行为活动原因的推测和评价。在社会认知的过程中，首先对认知客体的反应是知觉，而不是客体本身，它是社会认知的第一步，是认知主体做出判断、推测和评价的重要环节和基础。知觉的正确与否直接关系到对客体的理解程度。例如，错误知觉将导致对社会客体的错误理解。对于决策者来说，知觉至关重要。决策者通过自身的心理认知对外部环境进行判断，并加以选择，从而做出决策。正如斯布罗特夫妇所指出的，"一个人的价值观和其他心理倾向指导着他有选择地关注周围的环境，他根据有意识的记忆和潜意识的经验去解释经过他选择的周围环境"。② 决策者的正确知觉使得决策结果趋于科学、理性，而错误知觉将导致决策者做出错误判断，使决策偏离客观实际。一般而言，知觉是指"人在接受到刺激后对信息进行选择、组织和判断的过程。这些信息刺激主要来源于社会客体，既包括他人、群体、人际关系，也包括认知主体本身。"③

国际关系对于知觉的研究是对国家的决策者的认知的关注。国家的对外决策并不是抽象的，其最终决策是落实到个人的。因此，对外决策结果是与决策者的行为相关联的，而决定这种行为的便是决策者的认知。决策者如何认知具体的决策形势影响了其决策行为。国际政治学中认知学派的代表人物罗伯特·杰维斯将知觉作为研究视角，根据社会认知理论并从国际政治层面阐述了一国决策者的认知对外交决策和国家行为的影响。杰维斯将国家的决策者视为具有人类普遍存在的认知局限的个人，认知的局限性、信息不对称等因素使得决策者往往容易产生错误知觉，误解其他国家决策者的意图和行为，从而导致

---

① 时蓉华：《现代社会心理学》，华东师范大学出版社2007年版，第210页。
② 张清敏：《外交政策分析的认知视角理论与方法》，《国际论坛》2003年第1期。
③ 全国13所高等院校编写组编：《社会心理学》，南开大学出版社2016年版，第129页。

错误判断和行为。因此，杰维斯以几种错误知觉来具体说明决策者的认知对外交决策和国家行为的影响。

(一) 统一性知觉

社会认知理论认为，人类的认知具有统一性特点，这一特点表现为认知主体"总是采用直接而同一的方式把事物知觉为统一的整体，而不是知觉为一群个别的感觉"①。基于此，杰维斯指出，统一性知觉有时容易使认知主体忽视事物的复杂性，导致判断失误，进而对外决策也存在偏差。尽管决策者清楚地了解到国内的政府部门并不是完全的统一，即最终的政策结果往往是各部门讨价还价的结果，但决策者还是容易过高地估计国家在执行政策方面保持一致性的可能。因此，统一性知觉使得决策者同样会过高地估计对方的决策者掌控自己国家权力的程度，认为对方的决策者可以将自身的意志强加于其国家内部的各政府部门。由此，一国的行为通常被视为是统一协调的行为。"对方国家内部在某一问题上决定政策的利益联盟在其他问题上可能不会形成联盟；或者，即使在两个问题上均是同一组人决定政策，在一个问题上他们重点考虑的利益在另一个问题上就可能不是他们考虑的重点。"② 杰维斯指出，这种认知的结果导致一国的决策者的决策行为出现错误：一方面，倾向于将一组事件的发生看作其他国家的决策者有计划的、经过深思熟虑的、具有整体利益观念的行动，而不是由于对方偶尔愚蠢的错误、国内政府部门之间的竞争及其国内政治进程等的影响，并以此来预测对方未来的行动，常常以戒备心理来警觉其他国家的意图。例如，苏联在 20 世纪 50 年代和 60 年代削减了常规军力，但这并没有促使华盛顿更积极地重新评估莫斯科的动机。③ 另一方面，由于决策者对于对方内部的利益冲突估计不足，从而制约了对于对方政策产生影响的举措，国家也就不会调用足够的资源来研究

---

① 叶浩生主编：《西方心理学的历史与体系》，人民教育出版社 2014 年版，第 435 页。

② [美] 罗伯特·杰维斯：《国际政治中的知觉与错误知觉》，秦亚青译，上海人民出版社 2015 年版，第 370 页。

③ Evan Braden Montgomery, "Breaking Out of the Security Dilemma: Realism, Reassurance, and the Problem of Uncertainty", *International Security*, 2006 (2): 151-185.

对手国内的派系、政府结构及其重大问题。例如，结盟集团外的国家比结盟集团内部的成员国更趋于认同结盟所具有的稳定性和约束力。"第二次世界大战爆发之前的严峻岁月里，许多人相信德国和意大利之间从 1936 年以来就有着结盟关系，两个国家之间的政策是协调一致的，在这种政策框架中，它们的每一个行动都是精心策划和相互同意的。"① 从实际情况来说，德国和意大利之间由于常常怀疑彼此的意图而各自采取行动。

（二）过高估计自己作为影响者和影响对象的重要性

过高估计自己作为影响者和影响对象的重要性指的是一国的决策者会夸大他们在别国决策者的决策过程中起到的重要作用，而由此产生的错误知觉就是其他国家所表现出来的不同对外行为。这种错误知觉具体表现为，"首先，当对方的行为与行为体预期一致的时候，他就会过高地估计自己的政策影响对方行为的程度。当对方采取友好政策时，该决策者会认为是自身瓦解了对方的邪恶意图，而实际上对方根本没有这样的意图。其次，当国际形势动荡多变，虽然行为体过高估计自己产生的影响的认知会减弱，但人们采取的减缓紧张状态的行动不会达到预期的效果。因为 A 方很容易认为，B 方的行动不是友好的表现，而是 A 自己采取的强硬政策发生了作用。最后，当对方行为与行为体的预期不一致时，行为体就会将对方行为归为对方国内因素影响的结果，而不认为这是对自己的政策做出的反应。在这种情况下，行为体会认为对方试图损害自己的利益。他不会将对方的行为视为非本意行为或其他事件所产生的副作用。"② 杰维斯进一步分析认为，上述决策者可能出现的错误知觉会妨碍国家之间的合作。一方面，当别国采取友好对外政策时，本国的决策者就会因为过高估计自己的影响力而采取有利于对方的政策，然而当自身能力的局限性在实际情况下无法满足对方的利益需求时，合作就会受到限制。另一方

---

① ［美］罗伯特·杰维斯：《国际政治中的知觉与错误知觉》，秦亚青译，上海人民出版社 2015 年版，第 360 页。
② ［美］罗伯特·杰维斯：《国际政治中的知觉与错误知觉》，秦亚青译，上海人民出版社 2015 年版，第 380、383、385 页。

面，如果国家认为受到严重威胁，那么就会加强对对方怀有敌意的认识，从而决策者会更加依赖采取负面的制裁政策，导致决策者进行超出自身能力的政治行动，进一步加大了战争的可能性。这种认知导致一国的决策者忽视通过缓和自己的行为而使对方的行为也趋于缓和的可能。当两个国家之间尚未完全处于敌对状态时，这种认知取向则会加剧相互之间的紧张关系，决策者将会以这种认知取向预测对方的未来行为，如果不采取强硬措施，那么自己将会受到对方严重的威胁或伤害。杰维斯以在第二次世界大战之前的英国和德国为例。他指出，当时的英国和德国的政治领导人都没有充分意识到对方之所以采取敌意行动是因为自己的行为，都认定针对自己的敌对态度与自己的行为没有关系，而是根据对方行为的变化而变化的。再如，美国前国务卿约翰·福斯特·杜勒斯坚持认为苏联是不值得信任的，认为莫斯科的迁就表明苏联的软弱，证明美国施加额外压力是合理的。①

（三）认知失调

认知失调理论认为，人们不仅仅满足于认识到自己表现出的良好行为和明智决策，还包括人们要尽量减少自身内心的矛盾，即往往会认为没有被采纳的政策有优势，已经被采纳的政策有劣势。从而产生使人们不安的认知失调现象。于是，人们通过重新调整自己的认识来为自己采取的行动或做出的决定提供充分理由，从而尽量减弱认知失调。根据认知失调理论，杰维斯认为，在国际政治中，认知失调是"决策者所具有的、与自己后来选定的政策相互矛盾的认知"②。由认知失调所导致的决策者的错误知觉是决策者在决策之后尽量弱化自身的认知失调效应。在决策之后，那些与决策者认知不符的信息不会得到充分考虑，从而避免产生决策是不明智的知觉。杰维斯认为，减弱认知失调的后果是维持政策的持久性并且会间接地影响其他决策。当决策者轻视某个没有被采纳的目标时，即使在将来形势发生变化，该

---

① Ole R. Holsti, "The Belief System and National Images: A Case Study", *Journal of Conoict Resolution*, 1962 (3): 244-252.
② ［美］罗伯特·杰维斯：《国际政治中的知觉与错误知觉》，秦亚青译，上海人民出版社 2015 年版，第 429 页。

目标可以实现，决策者也不会重新采纳这个目标。"如果决策者轻视一个没有被采纳的目标，这就意味着即使将来形势发生了变化，因而这一目标可以得到实现，决策者也不会采纳这个目标。"①

表 5-1　　正面偏见（过度自信）和负面偏见（威胁敏感、
损失厌恶和失败突出）对领导人的认知和国家行为的显著影响

领域	可观测的影响：	
	感知（领导人）	行为（的状态）
过度自信	行动者对自己的能力、对环境的控制和未来前景保持积极的幻想	国家更有可能发动战争
威胁敏感	行动者搜索和夸大关于其他行动者的负面信息；当威胁消失时，其他危险就会填补恐惧的真空	国家对威胁反应过度，引发了安全困境、军备竞赛、危机和战争
损失厌恶	参与者对损失过于敏感，对沉没成本过于关注	当面临损失时，国家是风险接受者，更有可能挑战对手，选择战斗，或升级失败的军事行动
失败突出	行动者对失败的回忆比对成功的回忆更强烈，从过去的灾难中学到的东西比从胜利中学到的要多	失败比成功更有可能导致政策或军事理论的改变

资料来源：Dominic D. P. Johnson, Dominic Tierney, "Bad World: The Negativity Bias in International Politics", *International Security*, 2019 (3): 117。

综上所述，杰维斯发现政治领导人的政治心理认知对其外交决策和对外政策的制定会产生重要影响，特别是政治领导人的错误知觉会导致对其他国家背后的动机判断失误，进而阻碍了国家之间关系的发展甚至是国际体系秩序的稳定。

二　政治领袖正向的外交理念对国际区域合作的调动作用

罗伯特·杰维斯的错误知觉理论表明政治领袖的认知倾向在对外政策目标和行为结果方面起到了关键作用，影响了国家对外的政治意图。如果政治领袖以错误认知取向来认识和判断其他国家的行为将会引发国家之间的冲突甚至战争，丧失了本国发展的机遇和空间。国际区域合作是国家之间进行交往的载体之一，政治领袖的认知、观念直

---

① ［美］罗伯特·杰维斯：《国际政治中的知觉与错误知觉》，秦亚青译，上海人民出版社 2015 年版，第 429 页。

接影响着国家间的区域合作的建立、发展和未来的走向。阿克塞尔曾指出,"很多例子说明长期的相互关系对人们选择合作的稳定性的重要性"①。可见,国家之间增进和保持相互关系对现实和未来合作所产生的重要影响,而这恰恰取决于一国政治领袖的政治思想和行为。只有政治领袖具有积极正向的政治认知才能对国际区域合作产生正面的推动作用。政治领袖在国际区域合作中的正向的影响作用主要体现在以下方面。

(一) 与时俱进的执政理念有利于获得国内民众支持国际区域合作,提高各国参与合作的政治意愿

外交执政理念是一国外交理念的构成内容。执政理念是指"对执政问题所形成的理论和观念,是执政主体对其执政活动的理性认识和价值取向,属于执政活动的意识形态层面及其意识形态的核心观念,是执政党围绕执政目标形成的基本理论、指导思想、理论准则和行为规范,既是产生执政纲领、主张、方略、政策以及工作思路的思想基础,也是执政活动的理论指导和执政能力的思想基础。"② 作为一国政党执政的指导原则,执政理念贯穿于执政党的全部执政活动中,对执政党的执政活动起着关键作用。对于处于执政党首要地位的政治领袖来说,执政理念不仅是巩固其执政地位的重要基础,而且还是谋求本国发展的必然要求,更是科学制定和实施对外政策目标的价值取向和行为结果的参考依据。政治领袖在一切对外事务中首先要考虑的就是整个国家民众的福祉。与时俱进的执政理念所蕴含的不仅是对外部环境的准确判断,对历史经验的总结,更是对国家所面临的机遇和挑战的正确认识以及肩负国家和民众所赋予使命的责任感。因此,政治领袖与时俱进的执政理念能够将促进本国经济社会发展作为其执政兴国的核心目标,把国内发展与对外开放统一起来,在保障民众利益、尊重民意的基础上能够积极地引导民众对国家利益的定位,从而能够获得民众对国际事务的支持,调动广泛参与其中的热情。在此基础上,

---

① [美] 罗伯特·阿克塞尔:《合作的进化》,吴坚忠译,上海世纪出版集团 2017 年版,第 46 页。
② 赵晓呼、陈阳:《关于树立正确执政理念的思考》,《理论探讨》2005 年第 4 期。

政治领袖能够致力于积极改善与其他国家的关系来为本国发展开辟更多的发展空间，在进行外交决策过程中将倾向于制定有利于合作的对外政策，这就减少了地区内其他国家的不信任感和猜疑，为地区内各国之间建立良好的合作关系提供了稳定的政治基础，大大增强了各国参与国际区域合作的意愿和行动力。

（二）符合发展潮流的国际格局观与时代观有利于国家之间达成合作共识，实现合作共赢

国际格局观和时代观是政治领袖观察和处理国际问题的立足点。当一国的政治领袖能够对未来社会发展趋势有一定预期，并且擅于把握世界趋势和时代特点，对国际格局、时代主题能够判断和认识，那么他就能够从全局出发考虑问题，对本国的总体战略、具体目标以及利益关系调整等方面进行远景规划。国际格局是一个国家生存和发展的基本外部环境。国际格局是指"国际舞台上的各种力量相互联系、相互作用，在一定时期形成的一种相对稳定的结构状态。"① 政治领袖通过对一定时期的国际社会变化发展的特点和趋势的把握，了解国际体系中各种主要政治力量发生的作用以及变化的趋势，明确一国在国际体系中的地位和作用。时代主题是伴随国际格局的基本发展趋势所形成的。时代主题是指"在一定历史时期内，由世界发展主要矛盾决定，反映这一时期世界发展基本特征，并对世界未来发展具有全局性和战略性影响的重大问题。"② 在对国际格局有着基本认识之后，政治领袖自身的国际格局观和时代观直接影响着其对时代主题的认识。国际格局观和对时代主题的认识往往使得一国的政治领袖争取创造良好的国际环境和维护和平的国际秩序来发展本国。第二次世界大战的彻痛使战后国家无法再肆意妄为地追求自身利益，各国都以"全人类的发展"理念为导向，这就促使国家在确保自身获得生存与发展的同时还必须要考虑到其他国家和整个国际社会的利益。格托夫（Gurtov）指出，"全球化的命题，可以让人在思考问题时，具备一种更广阔的视野：首先，它告诉人们，世界经济是某种单一的一体化单

---

① 李俊福：《普京外交构想研究》，博士学位论文，中共中央党校，2005 年。
② 李俊福：《普京外交构想研究》，博士学位论文，中共中央党校，2005 年。

位,尽管国与国之间的关系通常是高度不平等的、有时是依赖性的关系,但依赖性往往是相互的而非单方面的。"① 这就意味着,一方面,在全球化时代,尽管国家利益在形式上仍由一国决定,但其实质和内涵早已超出传统国家利益的定义和范围,国家利益是由国内利益和国际利益共同构成的;另一方面,国家的根本利益是追求经济繁荣,但不能再用战争的手段来获取,这就需要一国的政治领袖在对外政策上要合理地追求国家经济利益。因此,政治领袖所具有的国际格局观、时代观以及随之而来对于国家利益的认知使得政治领袖在注重维护国家利益的同时以长远战略利益为目标,从而努力寻求与其他国家的共同利益,制定和调整有利于合作的外交战略和政策,积极改善和发展与其他国家之间的关系,加强与其他国家的交流,这就为区域合作所遵从的相互尊重、平等互惠奠定了良好的合作基础。

三 政治领袖正向的外交理念在国际区域合作中发挥特殊作用的实践分析

在当今世界几乎所有的国际区域合作的建立和发展的历程中,很多国家的政治领袖通过他们的外交思想在推进区域国家间的观念认同、区域合作制度构建以及维护地区秩序稳定等方面,都曾对国际区域合作起到直接或者间接的推动作用,其中包括德国总理阿登纳、新加坡总理李光耀等。

(一) 德国总理阿登纳推动"欧洲联合"的外交战略思想

第二次世界大战后,由于战争的破坏,欧洲四分五裂。随后美苏形成的两极冷战格局导致欧洲又被分为归入资本主义阵营的西欧和社会主义阵营的东欧。苏联在东欧的"共产主义渗透"对西欧形成了咄咄逼人的威胁态势,西欧危机重重。尽管当时美国是维护西欧安全的重要屏障,但如果美国和苏联出现缓和迹象,美国有可能退出欧洲,西欧将在不适宜的时机独立生存。因此,法德两个西欧大国意识到国际体系格局的压力使彼此的对立已不合时宜,当务之急是要努力发展

---

① [美] 梅尔·格托夫:《人类关注的全球政治》,贾宗谊译,新华出版社2000年版,第12—14页。

经济，以此抗衡苏联，维护西欧安全。德国的政治领袖致力于修复与法国的关系和谋求欧洲地区和平发展的外交理念，最终启动了欧洲区域经济一体化的进程。第二次世界大战后，当时的德国有30%—40%的工业已不能生产，加之盟国严格控制德国工业，执行旨在剥夺德国工业生产能力的设备拆除计划，导致德国经济处于瘫痪状态。因此，阿登纳（Adenauer）的目标就是复兴和提高德国的国际地位，而在他看来这一切只能通过有利于德国统一和复兴的法德和解和西欧联合才能实现。他的这种考虑是有原因的，两次世界大战的灾难使得包括他在内的一些政治家都反思并认识到以欧洲民族国家为至上将会带来无休止的战争，陷入民族极端主义，欧洲联合运动的蓬勃发展也激发了他的思考。"民族主义是欧洲的痼疾，过分狭隘的民族主义把欧洲带到了深渊的边缘，应摆脱他们早先的民族主义思想。"[1] 为此，阿登纳指出，"我们不能永远指望美国。美国人曾给予欧洲以许多慷慨的援助，但是，他们一做出反应，或好或坏，都嫌快了些。美国人还是一个很年轻的民族，所以从长远的观点看，人们还不能确切地知道美国将抱怎样的态度……在这种情况下，我们必须作最坏的打算，必须设法使欧洲摆脱对美国的依赖。"[2] 美国拥有强大的经济实力和原子弹，苏联则控制着广阔的领土和拥有常规武装部队。面对美苏争霸的国际形势，阿登纳指出，"一个欧洲国家的经济单靠自己的力量是不可能永葆健康的，因为单独一个欧洲国家的经济活动范围本身是太小了……是不能单独地在世界经济或世界政治中起作用的。只有合并为一个共同的欧洲经济区域，才能使欧洲国家与世界其他经济地区进行竞争，并保持这种竞争能力"，"只有欧洲联成一体，我们欧洲人才能使我们在几个世纪中从先辈那里继承下来的财富，即欧洲的思想、西方的思想和基督教的思想重新发扬光大，并且重新让欧洲国家在世界

---

[1] ［德］康拉德·阿登纳：《阿登纳回忆录（1945—1953）（一）》，上海外国语学院德法语系德语组、上海机械学院外语教研室、上海人民出版社编译室译，上海人民出版社1976年版，第485、534页。

[2] ［德］康拉德·阿登纳：《阿登纳回忆录（1955—1959）（三）》，上海外国语学院德法语系德语组、上海机械学院外语教研室、上海人民出版社编译室译，上海人民出版社1976年版，第504页。

经济和世界政治中占有一个席位。"① 由于德国发动的两次世界大战给欧洲各国带来的灾难使欧洲各国都仇视德国，尤其是法国。因此，阿登纳意识到德国要想实现复兴和取得平等的国际地位，首要的出发点就是取得欧洲各国的信任，尤其是作为欧洲大国的法国。同时，在阿登纳看来，欧洲一体化的关键是德国和法国的和解。法德都是欧洲的大国，具有政治影响力，法德和解将会给西欧其他国家一个示范作用，消除其他邻国对德国的畏惧与担忧，推动欧洲国家之间以经济联合为纽带，逐渐实现欧洲一体化各项事业的发展。因此，阿登纳逐渐将缓和与法国的关系作为外交重点。"有必要寻求一条道路，它既能考虑到欧洲国家的安全需要，又能使包括德国在内的西欧得以重建，经过这条道路，我们也将逐步地获得置身于世界各自由人民之中的平等地位。"② 因此，"德意志联邦共和国决心为创建一个统一的欧洲做出一切可能的贡献，法德之间的良好关系是任何一种欧洲联合的核心内容"③。1949年11月3日，阿登纳利用接见美国《时代周刊》记者的机会，向世界公众和法国表达了寻求和解的愿望。"许许多多历史上的荆棘挡住了两国人民的视野，阻碍着双方往来的道路。处在欧洲今天的阶段，'世仇宿怨'已经完全不合时宜。因此我决心要以德法关系作为我的政策的一个基点。身为联邦总理，必须既是正直的德国人，也是正直的欧洲人。"④ 由此，在缓和法德关系最为关键的萨尔和鲁尔的问题上，阿登纳采取了容忍的态度，从长远的眼光以退为进而又不失原则。同时，在1950年5月9日，舒曼公布了法国政府的联

---

① ［德］康拉德·阿登纳：《阿登纳回忆录（1955—1959）（三）》，上海外国语学院德法语系德语组、上海机械学院外语教研室、上海人民出版社编译室译，上海人民出版社1976年版，第306页。

② ［德］康拉德·阿登纳：《阿登纳回忆录（1955—1959）（三）》，上海外国语学院德法语系德语组、上海机械学院外语教研室、上海人民出版社编译室译，上海人民出版社1976年版，第32—33、275页。

③ ［德］康拉德·阿登纳：《阿登纳回忆录（1945—1953）（一）》，上海外国语学院德法语系德语组、上海机械学院外语教研室、上海人民出版社编译室译，上海人民出版社1976年版，第3页。

④ ［德］康拉德·阿登纳：《阿登纳回忆录（1945—1953）（一）》，上海外国语学院德法语系德语组、上海机械学院外语教研室、上海人民出版社编译室译，上海人民出版社1976年版，第287页。

合计划——"舒曼计划"之后,阿登纳认识到"舒曼计划"的历史意义,对其表示大力支持,并在准备建立欧洲煤钢共同体的过程中依然做出妥协来积极推动欧洲区域一体化进程的开启。

阿登纳的外交战略思想适度、灵活和注重长远发展,在总结了历史教训的基础上,力图超越狭隘的、极端的民族主义来探寻欧洲联合与德国复兴的利益交汇点。他主张的德法和解不仅要消除历史罪恶感,缓和局促的政治环境,而且还要构建一种富有建设性的、紧密相关的国家关系。在缓解与法国的关系上,阿登纳的让步和低姿态促使法德关系在欧洲区域经济一体化形成与发展过程中紧密交织,对德法和解和西欧联合的起步和发展起到了不可或缺的积极作用。

(二) 新加坡总理李光耀的地区合作观对东盟区域合作建设的重要作用

新加坡总理李光耀在其当政期间对于发展东南亚地区合作发挥了重要作用,他对该地区合作提出的构想和一些区域合作思想为日后东盟的建立与发展发挥了引领作用,在其之后的新加坡政治领袖秉承其思想更是在东盟的合作中充当先锋角色。李光耀执政时期的新加坡正处于国家建构的发展时期,基于对国内外环境的认知和考虑,李光耀的执政理念和对外政策从新加坡的生存与发展的角度考虑,其政治价值具有务实和发展的特点。因此,李光耀的地区合作观也正是体现了这一特点,包含了他对东南亚地区合作的构想和一系列的理念。李光耀认为,地区合作可以使各国互相了解,消除猜疑,减少矛盾与冲突,加强彼此休戚相关的认同感,从而可以相互牵制和共同发展。因此,他倡导了东南亚地区合作的构想,这在他发表的讲话中有所表明。1966年元旦,李光耀通过电台向东南亚各国发表了新年祝词,在祝词中,他谈到东南亚各国合作的问题。"东南亚从历史上来说,从未真正分开过,所有国家具有同样的历史,相近的文化传统,有福同享、有祸同担。今天东南亚更像是一条船,我们必须联合,才能生存。目前,各国的联合还不够,我们必须建立更权威,更高层的联盟组织……"① 1967 年初，李光耀再次公开表示："……东南亚国家可能通过一种可靠的途径，保证彼此的主权与独立，然后在经济上彼此协助，不相互倾轧。并确保彼此将不借武力改变彼此的疆界……"对于东南亚地区合作所秉承的理念包含了李光耀的几点思考：其一，他树立的区域主义理念强调区域合作的非种族性和非意识形态性，体现了对冷战时期那种对抗式的国际关系的修正。② 1967 年 4 月，美国《时代》杂志采访李光耀，当被问及新加坡是否会积极考虑成为东南亚区域集团中的一员时，李光耀宣称，"只要这种联盟或集团不是基于种族或意识形态的排他性，那么新加坡参加任何联盟或集团，都不会有损失。事实上，从长远看，这是东南亚地区较小的、生存力不很强的小国能够在一个由两、三个超级大国称霸的世界上维持其独立存在的唯一办法。"③ 其二，李光耀对东南亚地区合作的安全观意识。李光耀认为，东南亚地区只有保持安全与稳定，各国才能不会陷入安全困境，摆脱可能导致分裂、肢解的相互猜疑，彼此之间建立互信，从而东南亚地区内部的经济政治合作才会稳定与繁荣。他指出，第二次世界大战后，东南亚国家之间有关经济政治上的合作发展缓慢的原因首先是因为各国的政治领袖将注意力集中在独立后自身国家面临的问题，具有强烈的民族主义政治观念。"现在，第二次世界大战以后二三十年，第二代领袖们虽然理智上相信建设相当规模经济需要一个大的基础，但在感情上仍被 20 年代和 30 年代的思想所束缚。"④ 其三，李光耀具有实用主义价值观。李光耀强调"功效至上"，即实用的价值意义，将其作为制定和实施国内外政策的根本原则，贯彻于执政党内部及其政治制度之中。因此，他在处理与地区内部国家之间的关系时也遵循实用主义原则，实行睦邻政策并以积极的姿态努力改善地区环境，从而稳定了与东南亚地区其他国家之间的关系，如与马来西亚和印度尼西亚的关系，并凭借着本国的经济优势为东盟的建立和发展

---

① 谢永亮：《智谋大师李光耀：小国伟人》，中原农民出版社 1997 年版，第 149—150 页。
② 谢永亮：《智谋大师李光耀：小国伟人》，中原农民出版社 1997 年版，第 153 页。
③ 谢永亮：《智谋大师李光耀：小国伟人》，中原农民出版社 1997 年版，第 76 页。
④ 谢永亮：《智谋大师李光耀：小国伟人》，中原农民出版社 1997 年版，第 76 页。

奠定了良好基础，成为东盟的创始国之一。其四，李光耀通过对历史经验的总结，认识到发展中国家在现代化过程中的发展局限性。基于此，他提出了建立开放型地区经济共同体的理念。他分析指出，东南亚各国经济发展程度较为落后，该地区经济合作的可持续发展应该依靠发达国家的带动。"教育和工业都不发达的国家之间合作，相对于大多数贫穷和饥饿的人们来说，只能产生最小的经济利益……为了获得人们能够较快感受到的进步，落后的东南亚国家必须和工业更发达和富裕的国家合作，在相当有利的条件下，不仅获得资本和设备，还获得管理经验、工业技术、教育和训练方法。"[1]

第三节 政治领袖在国际区域合作中发挥实质作用的依据

如前所述，国际区域合作中政治领袖作用的发挥源于政治领袖个人的政治认知，而政治领袖政治认知的形成是各种因素相互作用的结果，因此，这些因素必然影响了政治领袖以什么样的态度和认识来参与区域合作以及如何积极地推动区域合作的形成与发展。通过对相关研究文献的分析和整理，本书认为影响政治领袖政治认知形成的主要因素包括政治领袖的个性、政治文化、国家利益、利益集团、思想库以及国际环境等。

一 政治领袖的个性：政治领袖理念形成的风格

政治领袖的个性对决定他们如何发挥作用也有着重要影响。个性是指"在个体身上经常地、稳定地表现出来的心理特点的总和，包括一个人怎样影响别人、怎样对待自己，以及他的可能被认识的内在和外在的品质全貌"[2]。政治领袖的个性是其在政治活动中表现出来的较为稳定的心理特征。在认知方面，政治领袖的个性直接影响其对政治事务的直觉，做出决断的倾向以及对外部环境的反应，从而对政治行

---

[1] 郭继光：《李光耀的地区合作观》，《东南亚研究》2000 年第 1 期。
[2] 蒋云根：《政治人的心理世界》，学林出版社 2003 年版，第 125 页。

为产生影响。詹姆斯·巴伯（James Barber）对自华盛顿以来历届美国总统的个性行为进行了考察研究，提出了四种总统类型的划分，即主动—积极型（适应型）、主动—消极型（强迫型）、被动—积极型（屈从型）和被动—消极型（退缩型），从中体现了个性对政治领袖的态度、思维和判断等认知方面的影响。例如，主动—积极型（适应型）的总统对自己要求较高、理性、热爱工作。因而在决策时有着积极的主动性，"对自己决定解决的问题表现出一种强烈的兴趣和关注，能迅速地了解到他所需要了解的事情，并在记忆中贮存大量他认为有用的信息"①，会积极调整自己的目标和战略以适应现实的需要。如，富兰克林·罗斯福（Franklin Roosevelt）、杜鲁门（Truman）、肯尼迪（Kennedy）、老布什（George Bush）、克林顿（Clinton）。被动—消极型（退缩型）的总统"是踌躇和不情愿地被卷入其政治职权之中的，并且时时对职位赋予他不容推诿的权力持能躲且躲的态度。他情愿从政治的冲突和不安定中撤出兵力，使之集中在含糊的原则和程式化的工作安排上。他在政治生涯中的表现从根本上可以理解为一种责任意识，这种意识使其不同于少数采用卑鄙手段参政的人，并引导他去做一个正统行为的保护者来补偿自己于事无补的感觉。"② 巴伯以历史上的美国总统艾森豪威尔（Eisenhower）为例。他指出，艾森豪威尔的个性属于被动—消极型。艾森豪威尔的政治倾向是安于现状，排斥极端主义、激进和反动，在政治上关注具有原则性的问题，将很多事情都委派给其他政府机构，这种个性使他对自己的判断缺乏信心而趋于陈腐，缺少了对社会和政治环境的脆弱性的敏感和在必要时为激发紧张的创造状态而主动使用权力。

上述内容大体说明了个性对政治领袖认知产生的影响。尽管如此，人的个性是一个很复杂的系统，很难确定属于某种特定的类型，对于任何的政治领袖来说，其个性特征也往往是多种类型的综合体，

---

① [美] 詹姆士·戴维·巴伯：《总统的性格》，赵广成译，中国人民大学出版社2015年版，第260页。
② [美] 詹姆士·戴维·巴伯：《总统的性格》，赵广成译，中国人民大学出版社2015年版，第17页。

只是必有一种心理属性是占主导的,从而体现了政治领袖个性的本质特征。

二 国内政治文化:政治领袖理念形成的根基

阿尔蒙德（Almond）等曾指出,"政治文化是一个民族在特定时期流行的一套政治态度、信仰和感情"[①]。政治文化是一个民族在长期的历史和现实的政治、经济和社会活动进程中形成的,它不仅是对一国政治形态独特之处的整体性的反映,而且直接影响着个体的政治行为活动。阿尔蒙德等指出,"政治文化影响各个担任政治角色者的行为、他们的政治要求内容和对法律的反应"[②]。在对外决策的过程中,为了制定合理的方案,政治领袖需要对所收集的情报信息进行分析和判断,并在综合考虑国内外形势之后进行选择。对外决策行为的结果很大程度上与政治领袖的政治态度、价值观念和道德感情有着密切联系,而这又取决于政治领袖所身处的国内政治文化背景,即体现这个国家的民族特点、历史传统、哲学、宗教等。政治文化之所以能够对政治领袖的政治心理认知产生重要影响正是因为它也是国家利益的一个重要组成部分。它以自身的社会制度、价值观念以及传统文化等服务于国家的经济发展、政治稳定和国家安全,而政治领袖的外交理念、政治倾向和政策偏好是以实现国家利益为根基的。因此,政治领袖在政治心理认知上是不能忽视政治文化因素的,由此在对外政策的制定和实施上也无不体现了本国的政治文化。政治文化对政治领袖的政治思想意识与价值取向具有导向作用,通过其自身所具有的内在价值结构,决定了政治领袖如何认识外部环境和处理与其他国家的关系,成为政治领袖在对外决策过程中的行为依据,并有助于政治领袖形成一定的外交风格,也给一国外交刻上了区别于他国的文化烙印。基督教新教理念所包含的"美国优越论"和"天赋使命观"的思想

---

① ［美］加布里埃尔·A.阿尔蒙德等:《比较政治学——体系、过程和政策》,曹沛霖等译,东方出版社 2007 年版,第 26 页。

② ［美］加布里埃尔·A.阿尔蒙德等:《比较政治学——体系、过程和政策》,曹沛霖等译,东方出版社 2007 年版,第 26 页。

内容一直是美国对外政策的重要源泉,"它使得历代美国总统不仅在对外交往中坚信美国的价值观和制度最为优越,而且把向世界推广这种价值观和制度视为自己的使命。"① 同时,从基督教新教理念中汲取思想养料的自由主义作为美国主导的政治文化价值规范,同样影响着美国的政治领袖对外交的理解。而所有与此相关的政治文化在政治领袖的外交行为上就表现为"输出民主",包含着美国的民主制度、人权、有限政府和政治制度等,其输出的重点突出主动性意愿和行为来加强美国政治文化价值观的渗透,这从美国历代总统的外交战略思想中都可以看出,如卡特(Carter)的"人权外交"理念、老布什的"世界新秩序"构想、克林顿的"新干涉主义"思维、小布什(George Walker Bush)的"大中东民主计划"思想、奥巴马(Obama)的"巧实力"外交战略。

三 国家利益:政治领袖理念形成的目标

莫顿·卡普兰将国家利益概括为"一个国家行为体在满足国家行为系统的需要时所具有的利益。"② 这些源于国家系统内部的利益需要,主要包括"维持系统基本规则的需要或满足于子系统所具有的或个人行为体的人格系统所要求的需要"。同时,国家利益也包括环境需要,如防务,"环境需要取决于国际社会的结构和危险敌手的存在与否,但并不随着内部结构的变化而变化"。国家利益的根本目的是实现国内外的需求,因而它直接决定了一国发展的基本方向,而外交政策更是体现了国际层面上国家的发展需求。因此,国家利益对政治领袖的外交决策理念及其行为结果发挥着指导性的关键作用,这主要体现在:一是国家利益是政治领袖设计、制定和推行对外政策的现实依据。国内民众的最高利益是一国利益的根本体现,它使得政治领袖得以明确需要维护什么以及为什么要维护。因此,政治领袖的政治认

---

① 张宏志、郑易平:《析美国对外政策的政治文化基础》,《世界经济与政治论坛》2014年第6期。
② [美]莫顿·卡普兰:《国际政治的系统和过程》,薄智跃译,上海人民出版社2008年版。

知倾向及其外交决策结果都体现了国家利益的具体内容，是国家利益的集中反映。二是国家利益是政治领袖如何看待国家之间关系的最高准则。在区分敌友关系方面，取决于国家之间的共同利益是否大于冲突，是否在根本利益上能够实现共赢。在确定亲疏关系程度方面，国家之间是对抗还是联合的程度也是取决于彼此之间的利益关系。

四 国内利益集团：政治领袖理念形成的趋向

"一切群体，包括国家在内，都是权力结构。"① 国家权力的多元化使得各种政治力量和利益集团能够在政府的决策过程中共同发挥作用。根据组织的不同性质，利益集团分为四种类型：非正规性的利益集团、非社团性的利益集团、机构性的利益集团以及社团性的利益集团。本书所指的利益集团是社团性的利益集团。它们是"从事利益表达的专门结构，它们是为了表达某些特定集团的目标而专门建立起来的。"② 如工会、为某些商业或工业服务的组织、种族性集团、由不同的宗教派别组织的团体以及为推进某项政治事业的民政改革或外交政策等而建立的协会。多元主义的集团政治理论认为，"集团是个人和大范围的国家政体之间的中介，是领袖和民众之间联系的媒介。"③ 利益集团以实现共同利益为目标，在政治过程中起到了自身利益表达和聚合的作用，体现了社会公众的需求，通过游说、施压以及提供意见咨询和信息情报等方式，将汇聚的利益诉求转达给各个政党和政府部门，如立法机构、行政机构等，使得社会问题和争议提上政治议程，是政府吸取民意和做出反馈的主要途径，因而对政治领袖的政治倾向和政策偏好以及外交决策产生一定影响，加强了政治领袖及其政党对公众的责任，使政策能够符合实际，贴近民意，这也是现代民主政治的要求。阿尔蒙德等进一步指出，"在渗透性独裁的体系中，为大多

---

① [美] 希尔斯曼：《美国是如何治理的》，曹大鹏译，商务印书馆1995年版，第608页。
② [美] 加布里埃尔·A. 阿尔蒙德等：《比较政治学——体系、过程和政策》，曹沛霖等译，东方出版社2007年版，第185页。
③ 谭融：《美国的利益集团政治理论综述》，《天津大学学报》（社会科学版）2001年第1期。

数公民和集团所进行的合法的利益表达，局限于提供信息或可能是申诉疾苦。再就是政府行政机构和政党中的各类机构性集团可能在上面确定的广大范围内向上司提出改变政策的建议。较开放的体系，为表达提供了种类繁多的渠道。对实行新政策或继续推行某些政策的要求，是同给予支持的承诺合法联系在一起的。"① 对于国际合作而言，利益集团往往关注的是他们在合作中所获得的收益分配，政治领袖在进行参与国际合作的外交决策时，往往会倾向于追求那些能够维护和协调满足利益集团的政策。例如，美国的利益集团与其国内的立法部门、行政部门共同构成影响贸易政策的主要力量。由于这三种力量所发挥的不同作用使得贸易政策具有突出保护性、鼓励参与性、强调制衡性和追求灵活性等特点。"对于当时《北美自由贸易协定》的签订，美国有72%的公司执行董事表示支持。这些公司的掌权者组成联盟和国会中意见一致者、农业利益集团及部分环境保护主义者一道加入当局促进该协定的签订过程。"② 在发展中国家，利益集团影响政府决策的途径主要通过提案、所属的主管部门、直接游说和利用大众传媒，这些方式以直接或间接的形式对我国政治领导人的政治倾向和政策偏好产生影响。例如，利益集团一是通过与人大代表保持一定的联系，以便反映其利益诉求；二是通过向所联系的人大代表提出建议进而反映给决策机构；三是通过行使公民监督权和咨询权等影响政府决策。当然，政治领袖和利益集团是双向的，彼此之间的需求存在着互补关系。

五　国内思想库：政治领袖理念形成的参照

精英理论认为，"每个重要的社会群体都会产生它自身的精英，一个社会的精英是那些自发地从社会里浮现的精英的总称，包括议员

---

① ［美］加布里埃尔·A. 阿尔蒙德等：《比较政治学——体系、过程和政策》，曹沛霖等译，东方出版社2007年版，第188页。
② 范思聪：《北美自由贸易区的发展过程及其政治解读》，《江汉论坛》2013年第12期。

与官僚系统，但范围远逾于此。"① 精英区分为统治精英、经济精英和知识精英等，其中知识精英"具有科学严谨的态度和过硬的技术手段，可以促进社会教育、科技、文化等方面的发展和社会技术手段及工具的更新"②。思想库的专家、学者就是知识精英，是为政治精英提供咨询服务并影响国家决策的知识精英群体。一般而言，思想库是指"那些以政策研究为核心、以直接或间接服务于政府为目的、非营利的独立研究机构"③。也就是说，思想库的目标是通过自身的研究成果来影响政府机构，并且也起到了监督政府行为的作用。对于政治领袖来说，思想库在为其制定外交决策方面提供了思想渠道，在不断提供新思想方面发挥了重要作用。思想理念是政治领袖在进行外交决策时的行动指南，思想库的宗旨是探求和形成新的政策思想，通过对现实社会政治现象中规律的总结，对未来世界发展进行思考和预测，形成相应的政治理念。思想库的政治理念可以通过其内部的专家学者为政治领袖制定和落实外交政策提供一种参考依据，是政治领袖形成新的施政理念并认识世界、把握时代脉搏的"思想工厂"。同时，思想库针对国际关系的需要为政治领袖提供外交决策方案。思想库能够对某个国际问题从不同角度进行分析，提出各种建议，使得政治领袖可以在外交决策过程中对各种提议进行比较分析，从而权衡利弊，做出合理的判断和决策。此外，思想库帮助政治领袖掌握大众的思想动态，为政治领袖的外交决策提供公众舆论意见。例如，日本很多学者通过为政府提供决策咨询甚至直接担任行政职务来影响政治决策和社会主流意识。而日本首相的政治认知倾向就受到这些学者倡导的政治思潮的影响。近年来，由于现实主义右翼学者在日本的中央政府高层较为活跃，成为日本首相趋于政治右翼倾向的主要推力，因而阻碍了中日关系的发展。

---

① ［英］约翰·麦克里兰：《西方政治思想史》，彭淮栋译，中信出版社2014年版，第714页。
② 宋静：《冷战后美国思想库在影响对华决策中的角色分析》，博士学位论文，华东师范大学，2009年。
③ 中国现代国际关系研究所编：《美国思想库及其对华倾向》，时事出版社2003年版，第4页。

六 国际环境：政治领袖理念形成的外界环境

任何一个国家的生存与发展都离不开国际体系这一宏观背景。因此，一国的政治领袖对于如何制定外交战略以及决策的总体思考和认识也会受到国际环境的影响。国际环境主要是指国际政治、经济格局，包括国际政治格局中以国家为中心的力量分布状况及其变化趋势、本国在国际格局中的地位、世界经济形势、国际安全与战略形势等。国际环境使得一国的政治领袖必须从认知上把握世界发展趋势和时代主题。从总体来说，当今国际格局是在以多极化格局为特点的基本趋势下稳定发展的，时代主题仍然是和平与发展，在这样的国际局势下，无论是发达国家还是发展中国家的政治领袖都会意识到将发展经济作为自身的外交战略和决策重点，以此致力于维护和平、谋求发展，这就促使参与国际合作的意愿较为强烈，通过参与合作努力加强本国的实力和国际地位，从而大大提升了合作的可能性和长远性。同时，在国际局势总体稳定的情况下还存在局部地区的动荡和一些非传统安全的全球性问题的发生。这也促使一国的政治领袖认识到全球问题的产生会对本国的发展产生一定的影响，但又不是能由一个国家所能独立解决的，这需要国家之间的合作治理才能加以解决，这就促使政治领袖在制定外交战略和决策上既考虑到维护国家利益，也要认识到与其他国家具有的共同利益，从而为改善了国家之间的关系提供了契机，更为合作的建立和发展奠定了良好的基础。

第六章

国际区域合作驱动力要素的作用机理

从国际区域合作发展的历程和逻辑来看，国际区域合作可以说是一个由诸多要素相互作用、共同驱动的过程。基于前面章节分别对某单个驱动要素与国际区域合作的作用的分析，可以看出，四个驱动要素之间并非是孤立的，而是相互作用，每一个要素不仅有着自己单独发展的规律和特点，而且与其他三个要素之间还存在着直接或间接的影响。本章将从整体上系统分析国际区域合作中的核心驱动要素的作用机理。对此，本书将借鉴系统论的相关原理和思想，分别从横向维度和纵向维度来分析其在国际区域合作中所展现的共时性关系和历时性关系，从而揭示国际区域合作中核心驱动要素所发挥作用的内在机理，以此，试图提供一个揭示国际区域合作如何形成、发展以及持续深入的初步的分析框架。作为一个世界性的大国，中国参与国际区域合作的深度和广度日益加强，如何在应对日趋激烈的国际竞争和全球化挑战过程中，发挥我国在国际区域合作中所应有的领导能力和主导作用，推进我国周边地区的区域一体化建设，本书的相关研究亦有所借鉴和启示。

第一节 国际区域合作驱动力要素作用机理的学理分析

根据系统分析的相关思想和理论，如果可以把政治生活解释为由一系列复杂的行为过程所构成一个政治系统，那么"同样可行的是在国际层次上把政治生活设想为一个国际政治系统，一个涉及国际社会许多方面的系统"①。由此也就需要进一步对国际政治系统做出以下更为确切的阐释和说明，即"系统是由什么单元组成、系统与次系统原因的相对作用以及在不同系统中力量和作用是如何变化的"②。如果可以把国际区域合作看作一个相对独立的国际政治系统中的一个子系统，那么同样需要依照系统分析的逻辑对国际区域合作及其各驱动要素之间关系做一般性的理论阐释，这其中包括对国际区域合作驱动要素作用机理的理论基础的阐释。

一 一般系统论的基本思想

人们以系统的思维方式分析和看待问题可以追溯到古希腊时期，古希腊先哲亚里士多德曾指出，整体内在存在着的紧密联系，不会因其中任何一部分的变动和消失而肢解和破坏了整体，"因为凡是存在或不存在都不引起任何觉察得出的不同的，就绝不是整体真正的构成部分。"③ 这种从整体性角度出发看待现实问题的方式，打破了静态的、机械的线性思维方式的局限，从而极大地拓展了人类的视野和活动范围。随着科学技术的进步和人类社会的不断发展，系统性思维方式逐渐发展起来。到20世纪中叶，成为专门以系统为研究对象，形成了包括研究系统的类型、性质、运动规律及其演化机制等内容的理论体系，即系统科学。作为一门新兴学科，系统科学包含系统论的诸多研究领域和分支，为了更好地理解系统理论，我们可以从广义和狭义两个层面来划分和阐述系统知识。广义层面而言，"系统理论可以等同于系统科学的概念，具体涵盖系统论、控制论、信息论、协同学、超循环理论和分形学等学科。"④ 狭义层面的系统理论则主要指由贝塔朗菲提出的一般系统论。

---

① ［美］戴维·伊斯顿：《政治生活的系统分析》，王浦劬主译，人民出版社2012年版，第456页。
② ［美］肯尼思·华尔兹：《国际政治理论》，信强、苏长和译，上海世纪出版集团2017年版，第43页。
③ 北京大学哲学系外国哲学史教研室编译：《古希腊罗马哲学》，商务印书馆2021年版，第337—338页。
④ 常绍舜：《系统科学方法概论》，中国政法大学出版社2004年版，第1页。

作为"一般系统论"的创始人，贝塔朗菲（Bertalanffy）认为存在一种一般意义上的系统理论或者系统原理，这种原理"适用于一般化系统或其亚类的模型、原理和规律，而并不考虑它们的特定种类、它们的组成元素的性质、它们之间的关系或'力'"①。由此而言，这种"原理"主要用于一般系统的通用原理，而不是属于那种专门性的、个别类别系统的理论。一般系统的主题是表述和推导对一般"系统"有效的原理。那么何谓系统，就可以被定义为"相互联系的元素的集合"②。对于系统概念的界定，另一位学者贝尔（工程控制论的创始人）认为它是"具有动态学联系的元素之内聚统一体"③。通过对上述两位学者关于系统的定义分析，我们可以进一步总结出系统内在的特性，即系统内各元素间的联系并非松散无序的，而是基于各元素内在性质和关系形成的紧密体系，"这种联系是动力学的相互作用，动态的过程的联系而不是外力的静态的平衡"④。基于上述，我们可以把系统理解为：具有特定功能的、相互间具有有机联系的许多要素所构成的一个有机整体。这个定义包括三方面的意思，即系统是由若干独立要素组成的；要素间的关系是相互作用、相互依赖的；要素彼此的相互作用使系统作为一个整体具有特定功能。

判断一个事物是否构成系统应具体从以下几个特征进行判别："（1）系统是由一些相互联系的和彼此影响着的部件或者组成部分所构成，其中的部件或者组成部分及其结构是系统的基本组成部分。（2）系统的存在和演化具有一定的目的性。系统的组成部分及其结果的演化都是为了实现这个系统的目的，不同的组成部分及其结构类型可以实现不同的特定目的。（3）系统存在一个界限，这个界限能够将其与环境区分开来或者从环境分离出来。（4）具体的系统总是具有一

---

① ［澳］L. 贝塔朗菲：《一般系统论：基础、发展、应用》，秋同等译，社会科学文献出版社 1987 年版，第 27 页。
② ［澳］L. 贝塔朗菲：《一般系统论：基础、发展、应用》，秋同等译，社会科学文献出版社 1987 年版，第 46 页。
③ L. V. bertalanffy, *General System Theory: Foundations, Development, Applications*, New York: George Bragiller, 1976, p. 55.
④ 吴彤：《多维融贯：系统分析与哲学思维方法》，云南人民出版社 2005 年版，第 13 页。

定时间的'生命'的，换句话说系统此时的存在意味着彼时的消亡。系统在不同阶段可能其性质和表现都有不同，研究系统的存在和演化也是认识系统的重要方式。"① 系统演化的过程就是一个新系统取代旧系统的过程，是个简单系统到复杂系统的过程，是系统的结构和内部关系变得关联强化，关系复杂化，并进而生成内部不同层次的过程。

整体性是系统的基本属性，是系统内各要素相互作用综合起来的整体性功能的反映。系统整体的属性不仅仅取决于其内部不同要素和部分的"基质"的不同，而在"很大程度上取决于构成整体的各个部分（要素）之间的相互作用与相关关系。"② 这样就要求我们在研究的过程中立足于对事物特征的整体性把握，注重发挥系统各要素的合力作用。另外，系统的整体性的特征也反映出系统内部结构具有层次的特点。结构体现的是"系统内各要素在空间和时间上相互联系和相互作用的方式和顺序。"③ 结构反映了系统内部元素之间的稳定关系，结构一旦改变，则系统性质或自身也随之变化。层次是系统内各要素按照某种排列组合方式而构成相互关联的聚合体，反映了事物的排列次序。从系统演化的过程来看，系统的结构层次呈现出两种形态：一种是空间结构形态，即组分通过空间进行排列和配置的关联方式；另一种是时间结构形态，即组分在时间流程中的关联方式。④ 此外，也存在两种结构结合在一起的方式，即时空结构，此种结构形态也更为复杂。系统的结构层次性，表明这样一个原理，即世间万物可以按照不同的层次结构划分为不同的系统，如陆地、海洋、天空等，同时，由各个元素组合形成的不同系统之间存在着相互联系和制约的关系，一个大的系统可能包含着其他小的系统，同时又可能成为另一个更大系统的子系统；不同系统的有机结合方式和特点的不同，导致出现不

---

① 吴彤：《多维融贯：系统分析与哲学思维方法》，云南人民出版社 2005 年版，第 13—14 页。
② 邹珊刚等：《系统科学》，上海人民出版社 1987 年版，第 27 页。
③ 吴彤：《多维融贯：系统分析与哲学思维方法》，云南人民出版社 2005 年版，第 30 页。
④ 吴彤：《多维融贯：系统分析与哲学思维方法》，云南人民出版社 2005 年版，第 31 页。

同质的系统形式和系统组合,这实际上呈现出不同系统之间内在的互动关系和整体联系。系统的内在运行依赖于各子系统,表现为:子系统之间的相互作用和反馈优化了系统的层次结构,增强了系统的整体状态和功能,从而影响了系统的整体运行。当我们说系统的时候,常常是相对于系统之外的环境而言的,也就是说,一旦确定某一个系统,系统之外的一切即是系统的环境。就系统的某一单个要素,系统本身是它的环境,系统中的不同要素互为环境,即构成了系统的内部环境。"系统之外一切同系统关联的事物总和则可称为系统的外部环境"。① 系统只有与环境的不断互动才能充分体现其自我功能,同理,系统要保持稳定,就要不断从环境中进行物质、能量和信息的交换和调适。

上述一般系统论的相关思想所给予本研究的启示在于:把研究对象看成是一个系统,善于运用系统分析的方法,从系统的整体观点出发来研究系统内部各组成部分之间的有机联系以及系统与外部环境的相互关系。立足系统分析方法考察和看待社会发展的进程和脉络,即把"对社会的横向剖析和纵向判断结合起来,在社会的横向关系中把握纵向发展;把考察社会的要素和考察整个系统结合起来,在社会系统的整体中把握社会的要素;把社会系统的结构和考察社会系统的功能结合起来,在社会结构的分析中把握社会的特定功能;把社会系统的动态发展和相对稳定结合起来,在社会的动态中把握其稳定形式"。②

二 政治系统分析的基本思想

随着 20 世纪 20—30 年代西方行为主义研究思潮的兴起,很多自然科学领域的研究方法逐渐被引入哲学社会科学的研究领域中,使得哲学社会科学研究界掀起了一场"行为主义革命"。伴随着这场革命,政治学的研究范式和研究方法发生了深刻而又广泛的变化,许多政治

---

① 齐卫平、宋瑞:《试析系统论思想与党的建设科学化》,《社会科学》2012 年第 7 期。
② 姜兴宏:《社会系统分析》,东方出版社 1993 年版,第 32 页。

学家纷纷采用定量分析、数理模型、实证分析等新的思维方式和研究方法来认识和解释社会政治现象，建立起一整套政治理论体系，以期提高政治学研究的科学性，这其中就包括政治系统分析理论与研究方法。

(一) 政治生活的一般系统分析理论

运用系统分析方法研究政治现象并构建了政治科学的系统分析理论的代表人物主要有两位：一位是美国当代著名的政治学家、行为主义政治学的代表人物戴维·伊斯顿（David Easton），另一位是美国当代政治学家、比较政治学结构功能主义的创始人加布里埃尔·阿尔蒙德（Gabriel Almond）。他们分别从不同角度阐释了政治学的一般系统思想。

戴维·伊斯顿通过对政治生活的系统观察，将生发于自然科学领域的系统理论进行了创造性的变革，从而建立了一整套对现实社会政治生活和政治活动现象进行分析的理论——一般政治系统理论。该理论的产生背景源于行为主义政治学对于传统政治哲学围绕价值问题展开的无休止的反思和批评，是对于包括政治学在内的社会科学的"科学化"的一种努力。在与《政治生活的系统分析》同年出版的《政治分析的框架》（1965）一书中，伊斯顿就提出了运用系统分析方法对政治生活进行分析的一些"设想"和"承诺"，而他在《政治生活的系统分析》一书中则进一步详细分析和阐述了"作为一个开放和适应性系统的政治生活"[①] 所诉诸的各种基本概念和取向。首先，伊斯顿的一个创见在于把政治生活看作一个由社会中的政治互动所构建的行为系统。该行为系统处于一个环境之中，相互之间产生作用，即环境对该行为系统产生影响，该行为系统反过来又对环境发生作用。"在行为系统与其环境相互作用中，政治系统通过这些互动能够为一个社会权威性地分配价值，因而具有最大的效用，也是其区别于它所

---

① [美] 戴维·伊斯顿：《政治生活的系统分析》，王浦劬主译，人民出版社2012年版，第16页。

处环境中的其他系统的不同之处。"① 对于政治系统的社会环境，伊斯顿将其区分为两个部分：社会内部环境和社会外部环境。社会内部环境由人类现实活动中的社会系统、个人系统、生物系统以及生态系统等构成，也就是说是那些与政治系统处于同一社会中的诸多系统组成了社会内部环境，"我们所说的经济、文化、社会结构或人的个性这样的各种行为、态度和观念"也是其构成部分。② 社会外部环境包括国际政治系统、国际生态系统和国际社会系统等那些处于某社会本身以外的系统。"社会内部和社会外部这两种被看作一个政治系统外部的系统，被认为一起构成了政治系统的总体环境。"③ 政治系统的总体环境会对政治系统产生影响，这些影响被称为"干扰"，伊斯顿认为，"并不是所有的干扰都会对系统造成压力"④，实际上，尽管许多"干扰"被认为会造成压力，但是有些"干扰"有益于系统的持续，有些"干扰"所产生的压力则完全是中性的。为了把各式各样的影响缩减成为基本上可以处理的若干指标，伊斯顿借助于"输入"和"输出"的概念来进行分析和说明。他将环境的重要影响集中为两种主要的输入，即"需求"和"支持"。在他看来，环境中的大量行为正是由它们加以输送、反映，从而对政治生活施加压力的。那么，输入对系统所造成的结果——主要表现为权威当局的决策和活动——可以用"输出"加以表述，输出的意义不仅在于使政治系统对于外界环境的输入做出适当的回应，还在于直接影响每个进入政治系统的下一轮输入。因而，对于政治系统而言，"输入"和"输出"之间形成一个"反馈环路"，即"权威当局生产输出，社会成员对于输出做出反应，这种反应的信息获得与权威当局的沟通，最后，权威当局做出下一步的可能行为。因此，新一轮的输出、反应、信息反馈和由权威当局做出的

---

① ［美］戴维·伊斯顿：《政治生活的系统分析》，王浦劬主译，人民出版社 2012 年版，第 20 页。
② ［美］戴维·伊斯顿：《政治生活的系统分析》，王浦劬主译，人民出版社 2012 年版，第 21 页。
③ ［美］戴维·伊斯顿：《政治生活的系统分析》，王浦劬主译，人民出版社 2012 年版，第 21 页。
④ ［美］戴维·伊斯顿：《政治生活的系统分析》，王浦劬主译，人民出版社 2012 年版，第 22 页。

再反应"①，从而形成一个循环过程，这也说明政治生活就是一个政治系统与系统环境相互作用、循环往复的过程。政治系统与环境之间的相互作用关系可以用以下简化图示进行表示，如图 6-1。

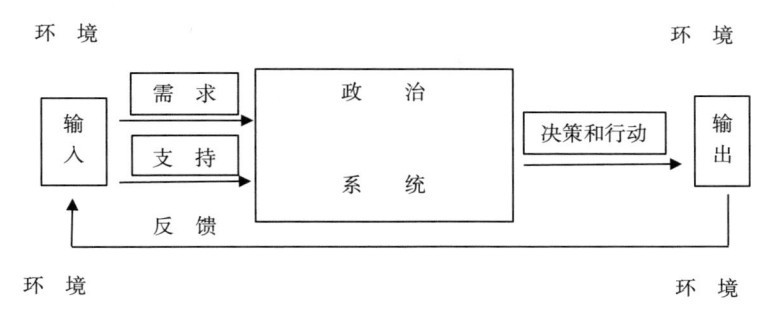

图 6-1 政治系统的一般分析模式

综上，戴维·伊斯顿的一般政治系统理论"以社会价值的权威性分配这一政治和公共决策的根本特征为分析基准，以政治行为之间的互动为分析单元，以政治系统的环境与系统之间的作用和权威当局的约束性决策流程为研究对象，以包括需求和支持在内的输入、包括环境的适应及其存续为研究目标，建立了联系政治和公共决策与社会和自然环境循环往复的一般政治系统分析模式。"②

阿尔蒙德在借鉴戴维·伊斯顿研究成果基础上，更进一步对政治体系与环境之间关系及内在作用机理进行了较为系统的总结和分析。"输入、转换和输出"③ 是他对政治体系与环境的相互作用过程的 3 个阶段划分。首先是输入阶段。这一阶段主要存在两种输入形式，即要求和支持。要求的形式主要包括：关于产品和服务分配的要求、关于行为管制的要求、关于增税或者减税以及其他形式的资源提取的要求、关于传递信息的要求、关于参与政治过程的要求、关于加强社会安定和秩序、减少暴力和冲突的要求；支持的形式主要分为两大类，

---

① [美] 戴维·伊斯顿：《政治生活的系统分析》，王浦劬主译，人民出版社 2012 年版，第 27 页。
② [美] 戴维·伊斯顿：《政治生活的系统分析》，王浦劬主译，人民出版社 2012 年版，第 462 页。
③ [美] 加布里埃尔·A. 阿尔蒙德等：《比较政治学——体系、过程和政策》，曹沛霖等译，东方出版社 2007 年版，第 9—12 页。

即政治资源的支持（参与者的支持）和顺从者的支持。其次是转换阶段，发生在政治体系内部，主要是制定公共政策的过程。再者是输出阶段，主要包括四个方面的内容："（1）提取，采取的形式可有贡品、战利品、税收或个人服役；（2）行为管制，其形式可以多种多样；（3）分配产品、服务、机会、荣誉、地位等；（4）象征性输出，包括确立价值观、展示政治象征、阐明各种政策和意图"。① 最后，政治系统输出对环境所产生的影响，即政治体系所要实现的目标和结果，主要包括国内和国际的公共福利和安全。这些影响不会消失而是通过"反馈回路"转换为公众对输出的回应，即形成新的输入。政治体系的系统过程可以如下图所示（图6-2）。

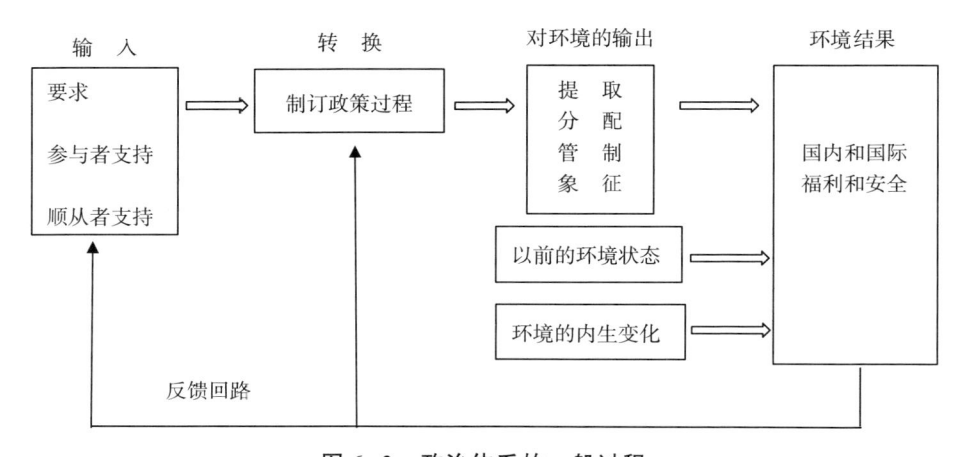

图 6-2 政治体系的一般过程

需要说明的是，阿尔蒙德不仅对政治体系过程做出了分析，而且他进一步阐明了政治体系的结构以及其功能发挥的内在关系，"为了对政治体系进行充分的描述和比较，人们需要懂得各种结构在政治体系中是怎样发挥功能的"，② 他对政治结构的分析主要是从体系、过程和政策三个层面进行的，首先是体系结构，他认为是"维持或改变政

---

① 杨腾原：《论政策系统与政策过程的关系——基于对国内"公共政策学"研究思路的梳理和反思》，《内蒙古大学学报》（哲学社会科学版）2013年第2期。
② [美] 加布里埃尔·A. 阿尔蒙德等：《比较政治学——体系、过程和政策》，曹沛霖等译，东方出版社2007年版，第18页。

治结构的组织和机构，特别是执行政治社会化、政治录用和政治交流功能的组织和机构"；其次是过程结构，他指出"应包括执行利益表达、利益综合、政策制定和政策执行等功能的组织和机构"；最后是政策结构，他认为主要是"承担外交、国防、税收、教育或福利等政策制定、执行功能的结构"。① 与结构相对应，可以从体系、过程和政策三个层面来综合考量政治体系的功能发挥，即"体系层次的功能涉及体系的维持和适应，包括录用各种政治角色、通过政治社会化传承政治文化、交流政治信息等。过程功能是要求和支持的输入，通过一个转换过程变成权威性政策的输出，它包括利益表达、利益综合、政策制定和政策实施。政策功能包括资源的提取、产品和服务的分配、行为的管制、象征和信息的交流等，它同结果、反馈等密切相关"。② 还需明确的是，上述对政治体系的结构和功能的三个层次的划分和分析只是一般性的分析，而在现实中，特别是在政治体系的系统过程中这些层次、功能和机构往往是同时并存和相互作用的，因此为了维护政治体系本身的稳定，更需要系统在层次、功能和结构三者之间实现动态的平衡。

（二）国际关系理论中的层次分析思想

在20世纪50年代之前，传统人文学科的研究方法一直在现代国际关系研究中占据主导地位。直到50年代之后，受社会科学研究的"行为主义革命"的影响，自然科学以及其他社会科学的研究方法尤其是系统论等相关研究方法逐渐被国际关系学者引入进国际关系的相关研究之中，从而给国际关系理论的发展带来了巨大的影响。国际关系的系统分析主要是把国际体系看成是一个由诸多变量组合而成的统一整体，从中确立关键变量以及各变量间的内在关系，其鲜明的特点是整体性、层次性和关联性等。因此，"当代的理论家们对国际体系的研究已不仅局限于描述或比喻，而是将其看成像一个生态系统或者

---

① 张钦朋：《阿尔蒙德的结构功能主义评析》，《内蒙古大学学报》（哲学社会科学版）2012年第6期。

② [美]加布里埃尔·A.阿尔蒙德等：《比较政治学——体系、过程和政策》，曹沛霖等译，东方出版社2007年版，第14—17页。

一个钟表,各部分(国家)彼此之间以及各部分与总体之间密切相关,不研究整个系统的机能则无法理解各部分的行为"。① 在现代国际关系理论史上,系统论在国际关系研究中应用最为广泛而又重要的是关于层次分析的思想和方法,而作为一种研究方法的产生、形成和发展则与莫顿·卡普兰(Morton Kaplan)、肯尼思·华尔兹(Kenneth Waltz)和戴维·辛格(David Singer)这三位美国政治学家密不可分。

莫顿·卡普兰是首次将"系统分析"的方法应用于国际关系的研究的学者,而且他还试图在此基础上创建一套完整的国际关系的"行为理论"②。他在其著作《国际政治中的系统和过程》(1957)一书中,运用系统分析的方法将国际体系理解为一个"行动系统",这个行动系统是一个"相互联系又区别于其环境的一个变量集合,其联系之密切使得可描述的行为规律不但赋予这些变量相互之间的内在关系以特征,而且赋予这些内在变量的集合和外在变量组合的外部关系以特征"。③ 他进一步指出,"国际行动是国际行为体之间发生的行动。国际行为体被看作是国际政治系统的要素,国际行为体的内部系统是国际政治系统的参数,它们的输出是国际政治系统的变量"。④ 基于此,他根据历史上国家间权力分布状况和同盟排列模式归纳出六种不同的国际政治系统或者说是国际政治系统的六种平衡状态,即"均势系统、松散的两级系统、牢固的两级系统、全球性系统、定向性和非定向性的等级系统、单位否决系统",⑤ 并且指出了不同系统状态的相关变量,即"系统的基本规则、转换规则、行为体分类变量、能力变量以及信息变量",⑥ 从而揭示了作为国际政治子系统的国际行为体间

---

① [美]威廉·奥尔森:《国际关系的理论与实践》,王沿、孔宪倬译,中国社会科学出版社 1987 年版,第 29 页。
② 吴征宇:《关于层次分析的若干问题》,《欧洲》2001 年第 6 期。
③ [美]莫顿·卡普兰:《国际政治的系统和过程》,薄智跃译,上海人民出版社 2008 年版,第 3 页。
④ [美]莫顿·卡普兰:《国际政治的系统和过程》,薄智跃译,上海人民出版社 2008 年版,第 20 页。
⑤ [美]莫顿·卡普兰:《国际政治的系统和过程》,薄智跃译,上海人民出版社 2008 年版,第 21 页。
⑥ Morton A. Kaplan, *System and Process in International Politics*, European Consortium for Political Research Press, 2008, p. 9.

的互动关系以及所形成的基本行为模式，对后续国际关系理论的发展产生了重要影响。

另一位国际关系理论的大师肯尼思·华尔兹则在卡普兰研究的基础上，真正意义上从系统分析出发研究并完善了国际体系的系统分析方法——层次分析法。1959年，华尔兹在其著作《人、国家和战争》中，开始尝试遵循层次分析的逻辑思路构建了有关战争爆发原因的"三个意象"或"三个层次"的分析框架，即决策者个人、国家以及国际系统。基于"三个意象"的理论，华尔兹在《国际政治理论》（1979）一书中，"以结构作为体系层次的独立变量（自变量），通过对结构的严格定义和分析，将体系层次的结构同单元层次的变量明确地区分开，并进而在此基础上构建起一种对国际政治的系统性分析框架"。① 华尔兹认为，"相同的原因有时会导致不同的效果，相同的效果有时则源于不同的原因"，② 这直接导致了对还原解释方法的有效性的质疑，故而对国际政治现象的揭示不能依靠分析性方法，而必须采用系统分析方法——既通过整体各部分的性质及互动，同时又通过它们的组织方式——来理解整体的方法。因此，如果人们"宣称应用系统方法或是构建系统理论必须标明，系统与单元层次如何得到清晰的区分。如果无法区分和维持结构与单元和过程之间的界限，我们就不能分辨不同类型的原因，也不能区分原因和结果。并且混淆系统内不同层次之间的区别，一直是影响国际政治理论发展的主要障碍"③。对此，他认为，"国际政治中系统可以定义为一系列互动的单元，从一个层次来说，系统包含一个结构，结构是系统层次上的一个组成部分"④，由此，华尔兹将国际体系分为系统、结构和单元三个层次。

---

① ［美］肯尼思·华尔兹：《国际政治理论》，信强、苏长和译，上海人民出版社2017年版，第114页。
② ［美］肯尼思·华尔兹：《国际政治理论》，信强、苏长和译，上海人民出版社2017年版，第47页。
③ Kenneth Waltz, *Theory of International Politics*, New York: McGraw-Hill, 1979, p.78.
④ ［美］肯尼思·华尔兹：《国际政治理论》，信强、苏长和译，上海人民出版社2017年版，第42页。

"系统由结构和互动的单元构成。"① 结构的确立则基于这样一个事实,即"以不同方式排列和组合的单元具有不同的行为方式,在互动中会产生不同的结果"②,故而结构即系统各单元或各部分的排列和组合的方式。在此基础上,关于系统结构与系统单元之间的关系,我们可以做出以下界定:"(1)结构根据系统的排列原则来界定。如果一种排列原则被另一种原则所替代,就意味着系统发生了变化;(2)结构根据不同单元的特定功能来界定。如果功能的定义和分配发生变化,那么等级制系统也随之变化;(3)结构根据单元间能力的分配来界定。无论是等级制的还是无政府性质的系统,能力分配的变化就是系统的变化"③。华尔兹对国际体系的层次分析,揭示了国际体系层次与国际单元层次之间的联系和区别,对国际关系理论研究产生了巨大影响。

戴维·辛格的贡献在于他确立了层次分析方法在国际关系研究中的重要地位,因为他首次明确提出了层次分析方法是研究国际关系的重要方法。他在《国际关系中的层次分析问题》(1961)一文中,首次将层次分析方法作为国际关系理论的一种研究方法专门提出来并进行探讨。辛格提出了一个充分的国际政治理论模式所具备的三个基本功能——描述功能、解释功能和预测功能——"一个好的理论模式要能够高度准确地表述所研究的对象,解释所研究诸现象之间的关系,为所研究现象的发展提供比较可靠的预测"④。据此他认为,国际关系研究中常用的研究方法主要包括"国际系统层次理论"和"国家层次理论"。对于研究者而言,"国际系统是最全面、最具综合特征的层次,使研究人员能够从宏观上把握国际关系的规律;国家则是微观层

---

① [美]肯尼思·华尔兹:《国际政治理论》,信强、苏长和译,上海人民出版社2017年版,第84页。
② [美]肯尼思·华尔兹:《国际政治理论》,信强、苏长和译,上海人民出版社2017年版,第86页。
③ [美]肯尼思·华尔兹:《国际政治理论》,信强、苏长和译,上海人民出版社2017年版,第106页。
④ J. David Singer, "The Level-of-Analysis Problem in International Relations", *World Politics*, 1961 (1).

次，可以使研究人员分析国家政策和行为的细节"①。辛格还进一步指出了上述两种层次理论各自所具有的优势和存在的缺陷，"我们能在此处使用此层次，在彼处则使用彼层次，但是不能在同一个研究项目中半途转向"。② 这实际上告诉研究者，不能将两种层次理论相互混淆，而应根据不同的研究需要选择不同的理论方法。总体来看，辛格的研究增强了国际关系研究人员对层次方法的重视和自觉，对层次分析方法在国际关系研究中地位的确立起到了巨大的推动作用。

三 国际区域合作驱动力要素作用机理的系统分析

作为国际政治生活中的一道靓丽风景，国际区域合作愈来愈成为世界各国争相追逐的"时髦"运动，一时间各种形式的国际区域合作遍地开花，然而真正持续深入下去且具有示范意义的合作案例却少之又少。这不得不让人深思国际区域合作的开展需要怎样的条件，什么样的驱动力量能够推动国际区域合作以及国际区域合作驱动要素的内在作用机理是什么等问题。上述对政治生活的一般系统分析和国际关系理论发展的层次分析思想的讨论，为本书探讨国际区域合作驱动要素及其内在作用机理提供了基本的理论框架和方法论原则。由此，我们可以在一定意义上把国际区域合作看作一个包含诸多要素（变量）的系统，系统内这些要素的相互作用（在系统内的排列顺序和结构层次）影响着国际区域合作的前进和发展。

依循系统分析的内在要求，可以将事物本身视为一个内部多种要素具有内在关联的整体，从而既需要对系统内各组成部分相互联系的机制与规律进行分析，又要关注构成整体的各部分的排列组合以及如何维持整体稳定并推动系统演进。对国际区域合作进行系统分析，应首先将国际区域合作视为一个诸多要素内在关联的整体，也是一个系统，那么在系统内部驱动该系统运行和活动的一个"动力要素集"，我们可以将其设想为由要素 a、要素 b、要素 c、要素 d……要素 n 来

---

① 秦亚青：《层次分析法与国际关系研究》，《欧洲》1998 年第 3 期。
② J. David Singer, "The Level-of-Analysis Problem in International Relations", *World Politics*.

组成，如图 6-3。尽管对这些要素一一进行分析和探讨对于准确理解和把握国际区域合作系统的运行和发展有着重要的意义，然而为了使理论构建变得可驾驭，使理论变得"简约"，只能采取一个折中的策略，即"在不失去理论本身的'解释力'的情况下，舍弃系统内的一些次级影响因素（变量），而抓住影响系统运行的关键的、核心的因素（变量）进行探讨和分析"①，毕竟如果变量数目不受控制，进行复杂关系的理论建构根本无法完成。由此驱动国际区域合作系统运行的"动力要素集"就可以简化为由一些核心要素共同作用所构成的动力系统，如图 6-4。

研究国家战略行为的专家认为，"多变量研究的最大困难不在于列举出许多可能影响战略行为的因素（或变量），而在于如何厘清变量之间的相互作用以及变量之间相互作用的机制"②。同样对于国际区域合作而言，我们在确定影响国际区域合作的影响因素（或变量）之后，应逐步明确各变量之间的相互作用、相互影响过程（本书所指的作用机理）。前述几个章节的内容分别就某一单个变量在国际区域合作的作用发挥以及其与其他变量的关系（发挥作用的基础）进行了探讨和分析。对于国际区域合作各个变量相互作用的机制和规律的研究，将是本部分探讨的重点，对此，依循系统分析的逻辑和方法可以初步做出以下几点认识：（1）如果以国家为国际行为的单元，可以将驱动国际区域合作的要素变量划分为国际和国内两个层次，国际体系和国内政治两个层面的要素对国际区域合作有着同样重要的影响；（2）在国际区域合作发展的不同阶段，各个要素变量的组合形式可能是不同的，不同形式的变量组合直接影响国际区域合作的发展进程，这其中包括三种不同的影响：推进、停滞和倒退；（3）同一变量在国

---

① 从理论上讲，是所有动力因素形成的合力直接决定了国家安全战略的制定和变化，但是要考虑所有要素并不现实，因此在考察影响国家安全和战略的因素时，必须舍去一些不太重要的要素。学者罗斯诺引入"显著因素"的概念，即只有那些危及政权存续，或造成重大的政治、经济和社会影响的因素才被视为影响国家安全战略的要素。参见赵建明《伊朗国家安全战略的动力学分析（1953—2007）》，博士学位论文，复旦大学，2007年。

② 左希迎、唐世平：《理解战略行为：一个初步的分析框架》，《中国社会科学》2012年第11期。

际区域合作的不同发展阶段发挥作用的大小是不同的,也即是说在国际区域合作的某一阶段里,存在一个或者几个变量发挥主导性作用,而其他变量则是辅助性作用的情况,换言之,在国际区域合作的不同阶段,各个变量发挥作用的大小是不同的。鉴于国际区域合作的驱动要素之间的复杂关系,系统分析国际区域合作中要素变量的内在作用机理,将有助于构建一个初步的驱动国际区域合作发展的解释框架。

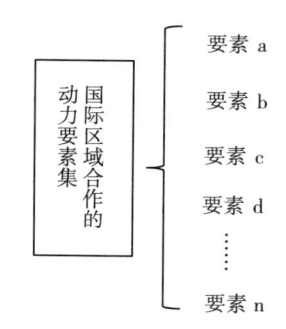

图 6-3 驱动国际区域合作的"动力要素集"

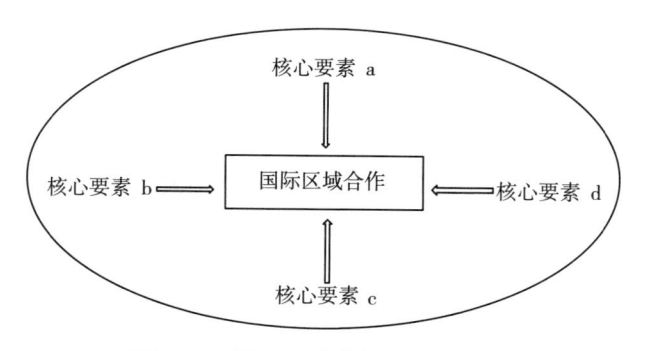

图 6-4 国际区域合作的动力系统

第二节 国际区域合作驱动力要素作用机理的过程分析

国际区域合作是一个由诸多要素相互作用、共同驱动的复杂过程。前文所述,我们将驱动国际区域合作的主要因素变量界定为四个,即共有观念、国际制度、政治领袖和国际体系结构。前文从一般系统论的视角对国际区域合作驱动要素作用机理的理论分析为我们进一步探讨国际区域合作驱动要素作用机理提供了可行的分析框架，在此框架下，我们可以从两个维度来分析国际区域合作的驱动要素相互作用的过程和内在机理，即横向维度上，考察单个驱动要素与国际区域合作之间相互作用的过程和关系，揭示各驱动要素与国际区域合作之间所存在的共时性关系；纵向维度上，考察国际区域合作发展的不同阶段上各驱动要素发挥作用和影响的情况，揭示各驱动要素在整个国际区域合作发展进程中的历时性关系。

一 横向维度对国际区域合作驱动力要素作用机理的考察

从横向维度上，考察国际区域合作驱动要素的作用机理主要是将驱动国际区域合作的动力要素系统分解为一个个单个的驱动要素与国际区域合作之间的相互作用关系，通过对每个驱动要素与国际区域合作之间作用机理的逐个分析，揭示出不同的驱动要素对国际区域合作所发挥的独特驱动作用和影响。为了增强理论框架分析的简约性，我们设置了不同的"中间变量"，以此来确定和衡量驱动国际区域合作的各要素的标准和尺度。

（一）共有观念与国际区域合作

前文所述，共有观念是国家间共有的知识和文化，对国家的利益取向和身份认同具有重要的塑造意义。共有观念对国际区域合作的驱动作用和影响，可以用国家间的相互信任和彼此认同的程度来进行衡量。显然，对于地区内的不同国家而言，国家间彼此具有的共有理念越强，对"命运共同体"的认同程度越高，国家间的敌意就越少，相互信任和彼此认同的程度也就越高，因而合作的意愿更强烈，也就更容易促成国际区域合作。反之，国家间共有观念不足或缺失，各国完全以自我为中心，相互间争斗不断，国家间的相互信任和彼此认同的程度就较为低下，也就不能实现国家间的地区合作。

（二）国际制度与国际区域合作

依据基欧汉的认识，"规定行为的职责、限制行动以及影响行为者期望的持久的互为联系的一组正式的或非正式的规则"即为国际制度，它包括"正式的政府间组织和跨国非政府间组织、国际机制以及协约或者习惯"。① 国际制度建立的目的就是克服国家的自私行为，对国家的行为方式、行动范围进行了约束。同时，国际制度通过提供信息渠道，改善信息不对称现象，使得国家之间能够全面、准确地了解彼此行动的意图。国际制度对国际区域合作的驱动作用和影响，可以用国际制度的规范和完善的程度来进行衡量。也就是说，在国际区域合作中，国际制度越规范、越完善，就越能促进地区国家间的合作，因为这些已经制定的相关规则和制度对地区内所有国家具有重要的约束力，起到了规范国家行为，防止国家"搭便车"情况的发生，因而能够促进国家间的合作和地区秩序的稳定。因此，我们可以得出这样一组关系，即地区间的国际制度愈完善，区域间的国家合作愈能实现。反之，区域间的国际制度不完善，则国家间的合作就不能实现。

（三）政治领袖与国际区域合作

政治领袖既是"国家和政党中最有威信、最有影响、最有经验、担任最重要职务的领导人物"②，又是"一个国家实际上或形式上的对内对外的最高代表，是国家主权的实际掌握者或象征，在国家机构体系中，实际上或形式上处于首脑地位。"③ 因此，政治领袖一般是指那些国家元首、政府首脑等实权人物。政治领袖除具有异于常人的个人禀赋之外，还具有卓越的政治远见、才干能力和领导艺术。政治领袖对国际区域合作的驱动作用和影响，可以用政治领袖的政治统合能力来进行衡量。政治领袖的政治统合能力主要体现在对国际和国内政治局势的统合能力上。具体来说，在国际方面，政治领袖应对国际局势发展的规律和趋势具有明确的认识，能够清晰判明国家利益所在和未来发展的方向；在国内方面，政治领袖能够形成一整套切实可行的执政理念和方案，能够广泛动员并获取国内精英集团（官僚体系）和社会公众的支持和响应，形成深入持久执行下

---

① Robert O. Keohane, *International Institutions and State Power: Essays in International Relations Theory*, Boulder: Westview press, 1989, pp. 3-4.
② 冯深:《简明现代政治辞典》，广西人民出版社 1988 年版，第 394 页。
③ 阎钢:《政治伦理学要论》，中央文献出版社 2007 年版，第 380 页。

去的政策和动力。由此来说，政治领袖要素与国际区域合作的相互作用关系，可以表示为政治领袖的政治统合能力强，则国家间的区域合作更容易建立和实现，反之，政治领袖的政治统合能力弱，则国家间的区域合作无法形成。

（四）国际体系结构与国际区域合作

国际体系结构是国家间的能力的分配状况及其相互作用、相互影响所呈现的关系状态。肯尼思·华尔兹将国际体系结构划分为"无政府状态结构"和"分布性状态结构"两种类型。国际体系结构一经形成便具有客观性、全局性和相对稳定性等特点。显然国际体系结构对不同国家的行为会产生不同的影响，不同国家在同样的国际体系结构下的行为取向和方式也是不一样的。国际体系结构对国际区域合作的影响，主要可以从不同国家在面对同样的国际结构下所采取的国家行为及其能力的大小来衡量。一般而言，国际体系结构的无政府状态下，世界各国采取自助生存的方式，对于区域内的国家而言，则更倾向于建立国家之间的相互依赖关系，更倾向于通过区域合作来增强一致对外的实力。然而，区域内国家之间力量对比存在差异导致地区国家在区域合作中的行为能力的大小是不同的，因此，通常是在地区中实力较强的大国更能发挥主导性的作用。例如，在北美自由贸易区中，美国具有的综合实力优势远远超过加拿大和墨西哥，因而成为北美区域合作中的主导力量，成为区域合作发展的主要推手。由此，我们可以将国际体系结构对国际区域合作的驱动作用和影响，通过国家的行为能力的大小来衡量，在拥有区域合作的共同意愿的情形下，地区行为能力强的国家更能够促进地区国家间的合作，反之，行为能力弱的国家，则不能有效推进地区合作。

上述从横向维度对国际区域合作驱动要素作用机理的考察和分析，我们可以用以下简表来进行说明，其中以国家的合作意愿作为因变量，以国家间相互信任和认同的程度、地区内国际制度完善的程度、领袖的政治统合能力和国家的行为能力为自变量，如表6-1。

表 6-1　从横向维度对国际区域合作驱动要素作用机理的分析

衡量指标＼合作意愿	强	弱
国家间相互信任和认同	高	低
地区内国际制度完善程度	高	低
领袖的政治统合能力	大	小
国家的行为能力	大	小

二　纵向维度对国际区域合作驱动要素作用机理的考察

从纵向维度上，考察国际区域合作驱动要素的作用机理，是将国际区域合作看成一个不断发展的动态过程，这个过程可以划分为不同的阶段，即区域合作的酝酿阶段、建立阶段、发展阶段和成熟阶段。[①] 在不同的发展阶段上，驱动国际区域合作的要素变量所发挥的作用和影响是不同的，有的驱动要素在这个阶段的作用明显（显性的），而在下个阶段的作用不明显（隐性的），有的驱动要素在这个阶段的作用不明显，而在下个阶段的作用明显。换言之，在不同的阶段，有的驱动要素发挥着显著的主导性的作用，而其他要素则发挥着辅助性的作用，这些要素所构成的不同的要素组合直接影响着国际区域合作的发展进程。因此，如果把国际区域合作看作一个复杂的系统，那么这个"复杂系统在演化的过程中具有路径依赖特征，也就是复杂系统的完整演化过程要形成一个演化轨迹"[②]。在这一演化轨迹上，一个阶段演化结果的产生不仅依赖于上一阶段的演化路径，而且同本阶段的初始状态紧密相连，这种合作系统的演化不仅具有动态性的特点，而且这种结果的演化体现了承前启后的性质。下面我们来具体分析在国际区域合作的不同发展阶段上，不同的驱动要素所发挥的作用和影响的不同表现和差异。

---

① 本划分依据于左希迎、唐世平对国家战略行为的相关研究成果。参见左希迎、唐世平《理解战略行为：一个初步的分析框架》，《中国社会科学》2012 年第 11 期。
② 衣保中、王浩：《区域合作系统演化与东北亚能源合作》，《东北亚论坛》2009 年第 6 期。

(一) 国际区域合作的酝酿阶段

国际区域合作的酝酿阶段是区域合作的初始阶段，是国家对外部环境、自身能力以及对外战略等诸多影响其行为选择因素进行全面、细致评估的一个过程。作为国际区域合作建立的第一步，如果国家不能顺利完成上述评估工作，国家间的区域合作则只能停留于理念层面，而无法实际实施。因此，对于开展国际区域合作的合作国而言，开展国际区域合作前期的战略评估至关重要，同时这又是十分复杂的过程。从现实情况来看，对于区域内不同国家而言，它们面临的国际环境压力、国家间实力以及国家的对外发展策略是不同的，因而，不同的国家所做出的战略选择很难趋于一致。然而，随着区域外环境变化所带来的压力的增大，区域内各国逐渐认识到通过合作"一致对外"的重要性，区域内国家间的合作逐渐提上议程。在国际区域合作的酝酿阶段，国际体系结构所给予区域内各国的压力是一样的，而真正能够促进地区内合作的只能是那些实力较强的大国，这主要是因为大国凭借自身的实力能够平衡地区内各种利益。另外，地区内的政治领袖也将发挥重要的推动作用，特别是在倡导地区合作理念、地区领导人间的互访和磋商以及改善地区外部压力环境等方面作用巨大，然而真正促进区域内国家走向合作的主导要素是国家间所共有的观念，包括彼此间的互信和认同、对地区集体利益的认同以及地区命运共同体的价值观等核心理念。共有观念的形成，不仅使地区内国家间基于共同的知识、文化和价值观更好地展开区域内国家间的互动交往，同时也使得国家间对彼此的行为能够形成有效的预期，提升了地区凝聚力、向心力，因而也就更容易实现"一致行动"。总结起来，在区域合作的酝酿阶段，国家间的共有观念是促使区域内国家走向合作的主导性因素，政治领袖和国际体系结构在共有观念的基础上发挥辅助作用，是辅助性因素，由于地区内的国际制度体系还未建立，因而这一因素在酝酿阶段并未发挥作用。

(二) 国际区域合作的建立阶段

国际区域合作的建立阶段是区域内国家间的合作从理念形态走向现实形态的重要阶段，其鲜明标志就是区域内成员国家之间通过谈判订立了相关区域合作的制度机制和框架协议。区域合作制度和协议的订立，不仅是区域成员国家对地区合作所达成共识的制度文本的体现，同时也是区域内国家在谈判协商过程中彼此的妥协和让步的体现。区域合作制度一经订立就作为地区内国家间合作的制度依循，具有对区域内所有国家行为的约束和规范的效力，从而为区域内国家间的合作提供了制度性的保障。然而，作为国际区域合作建立阶段的重要成果的区域合作制度的订立，并不是不费吹灰之力、自然而然就能实现的，而是需要经过区域内所有成员国反复的谈判协商和讨价还价之后彼此做出妥协和让步才逐步完成的，是一个十分复杂繁琐的过程。区域合作之所以能够建立，不仅仅是区域内国家谋求合作的共同愿望所使然，更是区域内各国政治领袖尤其是大国政治领袖发挥地区影响力，游说呼号、运筹帷幄的结果。由于区域合作涉及区域内诸多国家的切身利益，即使各个国家间对合作充满期待和热情，但是往往囿于国家主权统一等核心利益而彼此不肯做出让步，致使区域合作陷入僵局。因而，这就需要区域内的政治领袖尤其是地区大国的政治领袖发挥独特的作用，促使区域内国家超越自身利益的狭隘眼界，引领区域成员国走向合作，建立区域内国际区域合作的制度和框架。因此，在国际区域合作的建立阶段，政治领袖发挥着主导性的作用，是区域合作得以建立的显性要素。国家间共有的观念和国际体系结构起着隐性要素的辅助性的作用，由于区域内国际制度初步确立，还未形成制度化的体系，因而其发挥的保障作用仍比较有限。

（三）国际区域合作的发展阶段

国际区域合作建立之后，由于标志其建立的区域合作制度还不太健全和完善，区域内国家间进行合作的深度和广度有待于进一步的加强，因而必然经历一个长时期的区域合作的发展过程。这个过程是区域合作制度体系由不完善向完善转变、国家间合作的深度和广度逐渐扩展增强、区域合作由不成熟向成熟转变的过程。在国际区域合作的发展阶段，区域成员国家订立的国际制度逐步成为推动区域合作深入发展的主导性动力要素。这主要是由于区域合作制度内在规定了区域合作的目标、任务、原则以及相关实施步骤和推进策略等，是在区域内所有国家一致同意基础上制定的规范性文件，因而对成员国家具有规范和约束的效力，同时为区域内国家间的合作提供了制度依循，从而内在地提升了区域合作的制度化水平。随着区域合作制度体系的建立和逐步完善，"制度外溢"所带来的驱动效应会进一步加深区域合作的深度和广度，区域合作的制度化水平和一体化水平也将不断提升。区域合作制度体系的完善是一个渐进而又复杂的进程，因为对某项区域合作制度进行修订或者订立新的区域合作的其他制度，都需要经过区域成员国家的一致同意，而要取得一致同意则需要成员国之间反复协商和讨论，这个过程是十分复杂而又艰难的。因此，推进成员国顺利达成协议则需要地域内有影响力的政治领袖来发挥协调和引领的作用，如果没有地区领袖从中协调和引领，区域内成员国家很难取得一致行动，也就无法使区域合作相关的制度顺利制定和实施。由此，我们认为区域合作制度和政治领袖在国际区域合作的发展阶段共同起着主导性的作用，它们的影响是显性的、直接的而又明显的。同时在此阶段，共有观念和国际体系结构仍然是影响国家间合作的重要因素，不过它们更多地发挥着辅助性的作用，因此它们的影响是隐性的。

（四）国际区域合作的成熟阶段

国际区域合作发展到成熟阶段最鲜明的特点是实现了区域内的一体化。一体化是国际区域合作发展的最高形式，是"制度机制导向型"的深度一体化，目前只有欧洲的国际区域合作发展到这一阶段。制度驱动是国际区域合作发展到成熟阶段——区域一体化——的鲜明特点，也就是说，区域内国家间的合作已经形成了完备的区域合作制度体系，在这些制度和机制体系的驱动下，区域内国家间实现了资金、技术、产品以及市场的完全的、高度的一体化。由此而言，区域内形成的国际制度体系是国际区域合作发展到成熟阶段的主导性因素，区域合作制度体系的完备化、制度化和规范化为区域内国家间的合作提供了制度支撑和环境保障。区域内成员国家之间的联系和活动完全由区域合作制度体系来规范和保障，减少了区域国家间的摩擦和冲突，有助于增进地区凝聚力和向心力。相比于国际制度因素的显著影响之外，共有观念、政治领袖和国际体系结构对国际区域合作的影响是隐性的，它们发挥着辅助性的作用。

上述对国际区域合作发展的四个阶段的解析，表明在国际区域合作的不同阶段上，不同要素的驱动作用是不相同的，即存在显性作用和隐性作用之分；在国际区域合作发展的不同阶段，驱动其发展的要素组合方式也是不同的。迄今为止，国际区域合作走向成熟并实现一体化的关键要素在于区域内形成体系完备的区域合作制度体系和机制。下图给出了国际区域合作不同发展阶段里各个要素标量及其作用的变化，如表6-2。

表6-2 国际区域合作不同发展阶段中的要素变量及其作用的变化

影响因素 \ 合作阶段	酝酿阶段	建立阶段	发展阶段	成熟阶段
共有观念	◆◆◆	◇◇	◇◇	◇◇
国际制度	无	◇	◆◆	◆◆◆
政治领袖	◇◇	◆◆◆	◆◆	◇
国际体系结构	◇◇	◇◇	◇◇	◇◇

（注：其中◆表示为要素发挥着显性作用，◇表示为要素发挥着隐性作用，其中◇表示要素起着一般作用，◇◇/◆◆表示要素起着重要作用，◆◆◆表示要素起着主导作用。）

通过进一步观察，我们会发现国际上现已建立的较具代表性的国际区域合作形式，都形成了各具特色的国际区域合作模式，如欧盟、北美自由贸易区以及东盟。很多学者对这些国际区域合作形式的特点和优势进行了分析和探讨，如高程认为欧洲的国际区域合作是一种基于"自由竞争而产生的欧洲'契约合作模式'"[①]，而美洲建立的国际区域合作是在"权力非对称依赖基础上的美洲类'帝国合作模式'"[②]。从国际区域合作驱动要素作用过程的角度来分析，由于不同要素所发挥影响的力度和方式不同，因而产生了多种驱动要素的组合形式，进而形成了不同的国际区域合作的驱动模式。欧盟的建立和

[①] 高程：《区域合作模式形成的历史根源和政治逻辑——以欧洲和美洲为分析样本》，《世界经济与政治》2010年第10期。

[②] 高程：《区域合作模式形成的历史根源和政治逻辑——以欧洲和美洲为分析样本》，《世界经济与政治》2010年第10期。

发展主要是基于欧洲长期"囚徒博弈"所形成的共有观念——契约合作的精神——进而逐步发展成为欧洲各国走向一体化所普遍信守的价值理念。北美自由贸易区的建立直接基于美国在北美地区体系结构中所具有的强大实力和霸权地位,从而成为驱动该地区走向合作的主导性力量。东盟的建立和发展直接源于国际体系结构发展变化所带来的外部压力促使东南亚国家搁置争议,通过奉行"不干预内政"的原则和构建一系列"非正式"的协议、制度以及机制体系推动了东南亚地区的国际合作①。

第三节 国际区域合作驱动力要素作用机理的现实启示

国际区域合作是一个不断演化、发展的过程,把握其中各驱动要素相互作用的机理及转化变迁的逻辑和规律将有助于更好地从动态的视角理解国际区域合作的进程。进一步而言,对于地区秩序的变迁过程的理解,如果仅仅从某一单一视角做静态性的和经验性的描述和分析是远远不够的,"我们还需要在此基础上进一步研究地区秩序演化的动态过程以及那些不同类型的地区秩序形态得以维系和相互转化的条件。"② 鉴于此,通过上述对国际区域合作驱动要素作用机理的过程分析,笔者尝试揭示国际区域合作发展进程的内在逻辑。通过对国际区域合作中的驱动要素的相互作用机理的系统分析,试图提出一个关于国际区域合作发展动力机制的分析框架,这个分析框架不仅力图对国际社会蓬勃发展的区域合作浪潮及其内在运行过程给予理论观照,同时对推动国际区域合作的良性健康发展提供理论上的支撑和现实性的启示与借鉴。

一 国际区域合作驱动力要素作用机理的一般性启示

理解国际区域合作各驱动要素的作用机理,不仅影响构建区域内

---

① 唐玉华:《东盟的"非正式"机制》,《当代亚太》2003年第4期。
② 高程:《区域公共产品供求关系与地区秩序及其变迁——以东亚秩序的演化路径为案例》,《世界经济与政治》2012年第11期。

一体化的经济贸易合作框架,而且对不同国家参与制定区域合作战略意义重大。而各个区域合作国制定的国际合作政策又会通过国家间的相互作用直接影响国际区域合作的进程,包括合作的深度和广度两个层面。因此,对于区域内任何一个国家而言,能否相对全面而又清晰地对国际区域合作驱动要素作用机理有所了解和认识,对其制定区域合作战略和参与区域内国家间的互动与合作有着至关重要的意义。在以往的国家参与国际区域合作的历史中,国家往往都是以"粗鄙"的现实主义来理解国际区域合作的发展,更多地从国家自身的实力出发选择参与国际区域合作的策略——进行国家间权力的博弈和较量或搭乘大国的"便车"抑或走向完全的自我封闭——难免陷入以邻为壑的囚徒困境。然而,对照现实已经发展起来的国际区域合作的样本——欧盟、北美自由贸易区和东盟等,又会使诸多参与国家区域合作的国家陷入对国际区域合作范式的"迷思",即单纯地追逐制度体系建设、共有观念塑造以及大国权威主导等某一单个要素对国际区域合作所具有的驱动作用,而忽视了驱动国际区域合作各要素之间的内在联系以及国际区域合作动力机制的系统性和内在统一性。因此,国际区域合作的行为体缺乏从系统性的角度来理解国际区域合作的进程,难以制定出切合实际的国家对外合作的战略,也无法从根本上推进地区国家间合作稳步向前发展。

(一) 国家自我封闭的相对性、相互依赖的绝对性是国家参与国际区域合作的现实动力

在当今世界,很难找出一个国家是完全在封闭环境下发展的,而是或多或少地与周边国家存在着某种联系,因此,可以说,国家的自我封闭是相对的,绝对封闭的国家是不存在的。国家自我封闭的相对性也就表明国家间的相互依赖是绝对的,奥兰·扬认为相互依赖是指"发生在一个世界体系内任何特定部分或特定单元,在物质或精神方面影响发生于该体系内各个体或组成单元的事件之程度。"[1] 罗伯特·基欧汉和约瑟夫·奈则把相互依赖定义为"彼此之间的依赖",突出

---

[1] 梁守德:《论国际政治学理论的"中国特色"》,《外交学院学报》1997年第2期。

体现了国际社会不同角色之间相互影响和相互制约的关系。在国际政治学的理论中，更多地把相互依赖看成是国际社会的一个基本特点。国家间的相互依赖特性促使国家更多地从"相互有利"的角度考虑彼此的关系，因而也就更容易促成彼此间的合作，特别是在经济领域，相互依存的国家更倾向于通过区域经济贸易合作的方式实现区域内资源的有效整合和互补，进而提升区域经济生产效率，促进区域经济贸易的增长。而国家间经济领域的功能性合作则会产生"外溢"的效应，使国家间的合作从经济领域逐步向社会、文化乃至政治等其他领域扩展，从而带来区域内以国家为主体的区域整合，并逐步形成"区域内聚力"[①]，实现区域一体化。

（二）从系统性的角度认识和理解国际区域合作发展演变的动力条件和内在逻辑

国际区域合作是一个多种要素相互作用、彼此影响、共同驱动的过程，对国际区域合作的理解应从系统思维的角度来进行把握，将其看成是一个系统要素共同作用、动态发展的过程，从而避免从某一单一要素或者从国际区域合作的某一发展阶段来考量国际区域合作的发展进程和现实成效。对于区域合作的各个行为体而言，单纯从某一单个要素出发，将国际区域合作看作区域合作制度体系相对完善健全的产物，或者是地区内共有观念促生的结果，抑或是由区域内某些大国主导推动的组织形式等都稍显片面，不能完全地解释国际区域合作发展演变内在的动力条件，相反会使国家陷入对某种驱动要素的盲目推崇之中。单纯从国际区域合作的某一发展阶段出发，去衡量国际区域合作的现实成效或者是单纯地向其他地区国家区域合作模式"看齐"，都会以忽视本地区的区域合作所面临的实际问题为代价，丧失本地区区域合作发展所具有的独特优势，导致本地区的区域合作停滞不前甚至是走向崩坏。事实上，"欧债危机"和"乌克兰危机"的爆发，反映出了欧洲区域一体化在结构性方面存在的更深层次的缺陷。"这使得亚洲国家开始意识到，亚洲区域合作的方式不能完全照搬欧洲模

---

① 朱景鹏：《区域主义理论基础与相关学说》，《国际政治研究》2000年第1期。

式,亚洲区域合作理论也不能完全套用欧洲一体化理论。"① 因此,为使本地区的区域合作稳步向前发展,需要各国系统全面地认识和理解国际区域合作发展演变的动力条件和内在逻辑,客观地看待区域合作发展的进程和成效,并能适时地运用多种政策工具和手段助推国际区域合作向着更为积极、成熟的方向发展。

(三) 国家选择国际区域合作的政策工具时具有复合性、互动性的特点

区域内的国际合作的展开和发展是多种驱动要素相互协同、循序渐进发展的内在过程,并不是某一单个要素主导的线性过程,同时在国际区域合作的不同发展阶段,发挥驱动作用的各个要素的组合形式也不相同,实际发挥作用的方向也不尽相同,这实际上反映出国际区域合作驱动要素作用过程的复杂性和多变性的特点。因此,对于参与区域合作的各个成员国而言,在区域合作政策工具的选择和使用上显现出鲜明的复合性和互动性的特点,即国家在选择某一主要的区域合作政策工具时,还需兼顾其他政策工具所起的辅助性作用,而在国际区域合作的长时段过程中,国家还需考虑不同政策工具组合所带来的实际驱动效应,需要适时地调适和转换不同区域合作政策,以此来增强不同区域合作政策工具的互动性和契合度。例如,国家在国际区域合作建立之初及其之后的区域合作政策工具的选择和使用上存在明显不同,区域合作建立之初,国家更多通过国家间双边或者多边的联系机制来参与地区性共同事务,逐步建立起国家间的互信和共识。在区域合作建立之后,国家参与区域性事务更多地依靠区域性的国际合作组织和合作制度体系,随着国家与区域合作组织联系的增强,国家获得参与区域性事务的机会和空间得到极大的提升,从而具有更大的影响力和行动力。

(四) 在绝大多数情况下不能孤立地以一国的区域合作政策取向来评判区域内国际合作的成败

这主要是因为国际区域合作的展开需要区域内各国相互协调一

---

① 吴泽林:《探析欧亚两种不同的区域合作模式》,《中国国情国力》2016 年第 3 期。

致，甚至是在有些国家需要做出"关键利益"的让步和妥协基础上逐步建立和发展的。但是很多时候区域内的各个国家的政策、立场很难取得一致，各国经常囿于"以邻为壑"和对彼此行为预期的不确定性，而形成相互影响又有可能相互冲突的政策取向，自然很难去分辨国际区域合作成败对错应该归于哪一国家的责任。因此，在绝大多数情况下，很难从一国的区域合作政策取向来衡量区域内国际合作的成败。故而，各国在制定本国区域合作政策时，必须考虑地区其他国家的区域合作政策取向以及对其可能带来的影响，从而尽可能地从凝聚地区性共识的角度制定国家的外交政策，逐步减少和克服彼此间的隔阂，才有可能实现各国行动的协调一致。

二 对中国参与国际区域合作实践的借鉴意义

冷战格局的终结引发了国际体系结构的巨大变化，特别是世界各国在参与竞争日益激烈的全球化经济发展的过程中，区域内国家间的经济贸易合作及一体化的趋势逐渐增强，以地区性的经济和政治联合实体为主要发展样态的区域合作组织开始大量显现。在欧洲大陆，欧盟正从经济一体化向更高程度的政治、安全一体化迈进；在美洲大陆，南方共同市场和北美自由贸易区在稳步前行；在非洲大陆，以南部非洲发展共同体、东非共同体和东南非共同市场等为代表的区域合作获得较大发展；在亚洲大陆，亚太经合组织、东南亚国家联盟（东盟）、上海合作组织、阿拉伯国家联盟、中亚合作组织相继建立，东亚地区的中日韩领导人峰会、中日韩分别与东盟建立的"10+1"合作机制和中日韩与东盟建立的"东盟+3"合作机制等地区性合作机制成为本地区一体化建设的重要推动力量。

中国是世界第二大经济体，同时也是世界第一大贸易国，其所在的东亚地区也是全球最具发展活力的地区。根据商务部发布的中国对外贸易形势报告（2016年春季）显示，2015年，"中国与前十大贸易伙伴的贸易额及占比中，中国与东南亚国家联盟（东盟）的贸易额为4721.6亿美元，占比11.9%，中国与日本的贸易额为2786.6亿美元，占比7.0%，中国与韩国的贸易额为2758.1亿美元，占比7.0%，如果加上中国与中国香港地区、台湾地区的贸易额度占比，中国在东亚地区的贸易额占据中国对外贸易额度的三分之一以上，远远高于中国与欧盟、中国与美国的贸易额度占比"①，这充分表明中国与本地区主要国家间的经济贸易往来之密切，与本地区国家之间彼此依存、联系紧密。自1997年亚洲爆发金融危机之后，东亚地区合作进入了新的阶段，取得的显著成效就是东亚地区经济得到了快速发展，由中国参与并与其他国家共同推动的多种形式的地区性多边主义的合作组织、论坛和会议蓬勃发展起来，东亚区域经济一体化也逐渐被提上各国发展的日程。尽管如此，经过近30年的发展，尤其是在2008年发生全球金融危机之后，东亚地区的合作态势呈现出以多元地区合作框架并存为特点的复合格局，其突出体现在"东亚经济安排与地理范围不匹配，即东亚始终未能启动覆盖整个区域的多边一体化进程，而现有的不少地区合作机制在成员、议题、规则、执行等方面存在局限和差异，又难以统一起来"②，致使东亚地区一体化陷入"迟滞"甚至是"停滞"的状态，更有学者指出，"直至今天，东亚共同体建设所取得的成果还是很少的，本地区多边合作的整体水平比较低，远没有形成一个地区共同体所需要的共有行为规范和地区认同。"③ 对此，学者们从不同角度对东亚区域合作发展滞后的原因进行了分析，其中代表性的观点有"安全互信不足论"④ "贸易结构差异论"⑤ "美国阻挠论"⑥ "主导国缺位或错位论"⑦ 以及"制度机制复杂论"⑧ 等。中国

---

① 商务部：《中国对外贸易形势报告（2016年春季）》，http://zhs.mofcom.gov.cn/article/cbw/201605/20160501314656.shtml。
② 吴泽林：《近年中国学界关于东亚一体化的研究述评》，《现代国际关系》2015年第10期。
③ 张小明：《东亚共同体建设：历史模式与秩序观念》，《世界经济与政治论坛》2011年第1期。
④ 包广将：《东亚国家间信任生成与流失的逻辑：本体性安全的视角》，《当代亚太》2015年第1期。
⑤ 刘中伟：《东亚生产网络、全球价值链整合与东亚区域合作的新走向》，《当代亚太》2014年第4期。
⑥ 郭振家：《美国的介入与亚洲一体化——基于欧盟创立及发展历程的反思》，《太平洋学报》2014年第2期。
⑦ 江瑞平：《东亚合作与中日关系的互动：困局与对策》，《外交评论》2014年第5期。
⑧ 王明国：《国际制度复杂性与东亚一体化进程》，《当代亚太》2013年第1期。

作为东亚地区的大国,是推动东亚区域一体化的主要力量,并且在近些年推进东亚经济一体化发展进程中发挥着至关重要的作用。然而中国周边的区域环境态势十分复杂,尤其是在东亚地区,"许多地方历来是大国政治与安全战略中的必争之地,大国利益纵横交错;历史遗留问题繁多;社会制度、意识形态差异和民族、宗教、文化差异巨大;国家实力参差不齐,既有超级大国、又有区域大国和众多中小国家。"① 这种地区环境的复杂性、多样性也充分表明,"东亚地区化和东亚区域主义不像欧洲地区化和欧洲区域主义那样是单数,而是复数,即东亚存在着多种不同进程的地区化和地区主义"②,同时也意味着中国参与和推进东亚区域合作发展进程的逻辑思路和策略路径具有复合性、灵活性和渐进性的特征,即中国在参与和推进东亚区域合作的发展中,应根据国际区域合作发展进程的内在逻辑以及国际区域合作驱动要素作用机理的一般规律,从区域合作的发展理念、发展方式、发展策略以及发展道路上进行创新和变革,以更加灵活、包容、协作和共享的心态和方式推进东亚区域经济一体化向前发展。

(一) 在推进区域合作的发展理念上,提出符合时代发展主题、具有国际感召力和彰显"中国智慧"的价值理念

随着对外交往和海外利益的延伸和扩大,中国与周边国家乃至世界的联系日益紧密,在与世界互动和联系的过程中促使中国的国家治理和社会发展必须置于统筹内外政治格局的宏大背景中去思考和建设,由此激发了中国参与国际合作的世界意识和发展意愿,使中国逐渐从传统的比较局促的区域性国家治理理念向更为宽广的全球性的国家治理理念转变。中国参与国际合作的全球性治理理念的转变,促使国家在"注重自身核心价值体系建设的同时,致力于与国际社会一起,改革国际社会的评价体系,确立一套有利于中国与世界互识以及

---

① 褚新宇:《区域秩序的建构与中国的策略选择——历史与现实维度的经验分析》,博士学位论文,中央党校,2006年。
② 庞中英:《地区化、地区性与地区主义——论东亚地区主义》,《世界经济与政治》2003年第11期。

世界和平发展的共同价值体系。"① 而在构建区域合作国家公认的核心价值体系上，采取照搬以往的国际区域合作价值理念生成模式或者由某些区域大国霸权式主导的"单边意志"和"价值标杆"的做法已经在实践中被证明是不能获得认可和长久维系的，而只有反映大多数国家的意愿，去除强权政治思维，在"鼓励不同的观念价值进行沟通对话，求同存异，和而不同，彼此尊重与包容，相互借鉴，共同发展"基础上确立的价值理念更具有生命和活力。对于中国而言，在推进区域合作的发展理念上，除了明确国家发展的目标以及在国际秩序中的地位和所应承担的责任、所应发挥作用之外，还需根据现实发展的需要提出符合时代发展主题、具有国际感召力和彰显"中国智慧"的发展理念和主张。实际上，自美苏两极对抗的格局结束以来，中国先后提出了"新安全观、新发展观和新利益观"② 等一系列地区发展的新型理念，在这些发展理念中都内在地包含了"亲、诚、惠、容"的核心思想和内容。在实践中，中国不仅在促动东亚地区合作机制的构建中体现这一主张，即"在自己利益攸关的地区培育和建立共同利益基础之上的平等、合作、互利、互助的地区秩序，在建设性的互动过程中消除长期积累起来的隔阂和积怨，探索并逐步确立国家间关系和国际关系的新准则"③，而且将这一主张逐步落实到整合进欧亚经济合作的"一带一路"④ 的区域合作发展战略构想中。不仅在参与和构建国际区域合作体系中清楚彰显中国的理念表达和愿景设计，而且在一些国际规范与制度的变革和塑造中，体现中国式的政治智慧，注入中国元素和中国思维。

（二）在推进区域合作的发展方式上，综合运用政治、经济、文化等多层次、多维度和立体化的手段协调推进区域合作

东亚地区幅员辽阔，人口众多，各国之间在经济、政治、文化等

---

① 苏长和：《在新的历史起点上思考中国与世界的关系》，《世界经济与政治》2012年第8期。
② 门洪华：《中国大战略的主导理念》，《学习时报》2005年5月2日。
③ 门洪华：《中国大战略的主导理念》，《学习时报》2005年5月2日。
④ 孙久文、顾梦琛：《"一带一路"战略的国际区域合作重点方向探讨》，《华南师范大学学报》（社会科学版）2015年第5期。

方面的发展存在差异，因而在整个区域范围内实现统一的一体化，历时较长、难度较大。由此，在推进东亚区域合作的发展方式上，需要从政治、经济、法制、外交及文化等多层次、多领域入手，综合运用政治的、经济的、法律的、外交的以及文化的多样化、立体式的手段协同推进区域合作，建立起具有不同功能和特点的次区域合作方式和合作机制。"所谓不同功能和特点的次区域机制，即东北亚次区域可以以集体安全为主要目标，东南亚次区域可以以市场整合和贸易自由化为主要目标，西北亚可以以反恐和经济合作为主要目标。"① 之所以建立不同功能和特点的次区域合作机制，除了不同国家间存在着制度和文化上的巨大差异之外，从经济贸易、产业和科技等非政治性议题和领域入手将使得区域合作更容易展开，区域合作机制更容易建立。更为重要的是随着全球性国际事务和治理问题的不断增长和复杂化需要国家间展开更多的合作，然而国际体系的松散化和国际社会治理的碎片化问题又制约了国际社会采取统一行动的步伐和进程，使得大多数国家愿意采取更为灵活、多样和策略化的手段来实现彼此的协作，国家间合作的"事务主义"倾向减少了不同国家间在制度和文化上的冲突，有效降低了国家间合作的成本，有力地提升了不同国家对区域乃至全球问题的协同治理能力。

在政治维度，一方面要加强国内法治建设，增强中国参与区域合作的法律保证和稳定因素，另一方面要积极参与区域合作制度建设，推动建立多边的、正式与非正式的论坛合作，加强区域合作的权威性。加强国内的法治建设，为其他国家参与区域合作提供良好的平台，有利于区域内其他国家在参与区域合作过程中的利益保证，这需要根据合作实践，进行必要的法律法规的修改、补充和完善，提高法律程序的有效性。同时，从国际层面来说，中国要积极参与区域合作制度的建设。郑永年认为，"在中国国家利益不断向外拓展的今天，中国应该考量如何发挥国家影响力的制度化方式"。② 在以往的国际组织中，国际制度的设计与制定基本由发达国家主导，国际合作更多地

---

① 郑必坚：《中国的和平崛起与亚太地区的机遇》，《半月谈》2004年。
② 郑永年：《中国应考量如何保护其海外利益》，《科学决策》2007年第3期。

体现了发达国家的利益，发展中国家只能被动接受和适应。在区域合作中，区域合作制度是对成员国利益维持的制度安排。作为发展中大国，中国应该本着不谋求霸权为宗旨去承担建设和制定涉及各个议题领域合作制度的责任，在议题安排上注重整体规划而非单一领域的聚焦，推动区域合作制度的民主化和公正性，强调协商、谈判在区域合作制度形成与发展中的重要意义，从而谋求自身的发展，扩大自身在地区中的影响力，改善与周边国家的关系，为地区的和平与繁荣做出贡献。在外交方面，中国应该始终重视奉行理性审慎原则。汉斯·摩根索认为，国家采取审慎的外交原则会弱化国家对动机和意识形态的关注。中国秉持理性审慎的外交原则，在符合国内大局、避免谋求短期国际利益而损害自身发展的基础上，勇于承担国际责任、有所作为，发挥协调区域合作的积极作用，从而塑造良好的国际形象，消除各国对中国崛起的猜疑和敌视，营造一个有利于发展的相对宽松、可靠的国际环境。同时，各国领导人要定期互访，加强战略对话，建立政治互信。在经济维度，要不断创新国家经济开放模式，拓展经济合作范围，充分利用与地区内其他国家之间的优势互补资源，推进地区贸易，实现区域分工协作；通过合作保持地区内的各国之间宏观经济和金融的稳定；积极提高对外投资力度，通过政策扶持鼓励各类企业在境外投资办厂。在文化维度，超越差异、构建区域合作共识和认同，这不仅要凝聚地区内各国有关国际社会共有的价值共识，而且还要积极发展相互之间的文化交流和民间交往，增进不同文明之间的对话，从而避免各国文化的冲突，加强相互之间的理解和尊重，防止历史问题转化为现实困境。

（三）在推进区域合作的发展策略上，以柔性化、渐进性、增量式为基本特点和要求的方针策略适时推进区域合作积极稳健地向前发展

进入 21 世纪以来，随着世界经济一体化发展趋势日趋鲜明、各国联系日益紧密的同时，国家间经济贸易的竞争和对发展资源、市场的争夺也日益"白热化"。为了保护本国经济利益和在地区贸易中的垄断（主导）地位，一些西方发达国家通过关税、进出口管制、制定

标准、特许等手段和方式设置贸易壁垒，限制和打压新兴经济体的发展，对全球经济贸易一体化发展进程产生了深远的影响。改革开放以来，中国经济持续的高速增长使得中国的整体实力和现代化水平得到极大的提升，然而伴随着中国的发展壮大，由西方国家炮制出的"黄祸论""中国威胁论""中国崩溃论"等遏制中国崛起的思想和言论喧嚣于尘，不仅给中国对外交往和合作的形象和环境带来诸多负面影响，而且给中国有效参与全球问题治理、展开地区间经济贸易合作带来诸多挑战。对此，中国不仅需要以更加自信、开放、包容的胸怀和眼光来推进世界各国共同发展，倡导互惠共赢、休戚与共的命运共同体的发展理念，以此来回应个别国家别有用心的"流言蜚语"，同时，中国还应在推进区域合作的发展策略上，以柔性化、渐进性、增量式为基本特点和要求的方针策略适时推进区域合作积极稳健地向前发展。"柔性化"主要是指立足于中国传统的和合文化观、义利观等文化"软实力"柔性化地推进国家的交往和合作，不以武威和霸权来谋求发展；"渐进性"主要是指在推进区域合作发展过程中，坚持以先易后难、由点及面、由经贸合作向政治、安全合作转变等渐进性的发展原则和策略推进区域发展；"增量式"主要是指在保持和维系地区合作良好发展势头的同时，选取合作的某些关键环节和重点领域主动、积极地着力进行突破和变革，以此来推进区域合作的"增量"发展。"柔性化、渐进性和增量式"的区域合作发展策略是中国奉行和平发展道路的外在表现，是应对周边区域合作长期发展滞后、停滞不前的理性选择。在推进东亚区域合作的发展上，不能仅仅将其看作政府间相互订立合作协议的过程，而应更多地将其看作一种社会进程，是"一个公共部门、私营机构与第三部门相互协调作用的过程"①，因此，在推进区域发展的策略上，应着力构建区域内各国的"共同合作模式"，即着力打破由地区边界所形成的行政管理限制，通过不断强化区域间的贸易、货币、道路、政策及民众间的沟通互联，"在区域间建立交通、管理和信息一体化平台，实现资源的共享、进行联合

---

① 陈瑞莲：《欧盟国家的区域协调发展：经验与启示》，《政治学研究》2006 年第 3 期。

行动，从而促进区域经济的一体化发展。"①

（四）在推进区域合作的发展道路上，兼容并蓄，在借鉴其他地区区域合作有益经验的基础上独立自主地探索适合本地区实际情况的区域发展模式

采取何种区域发展道路归根结底是采取何种区域发展模式的问题。不同的区域发展道路体现了不同区域根据自己的独特"域情"所采取的独特发展模式，在国际关系发展史上，欧洲地区和美洲地区都曾形成了具有自己区域特点的区域合作模式——欧洲形成了契约性质的合作模式，而美洲形成了帝国性质的合作模式。历史上，东亚地区也曾建立起具有地区性质的区域合作秩序和模式，在古代中国曾建立起"华夷"秩序，然而这种地区秩序中国家间是不平等的，是由中心区域国家所主导的、非均等性的地区合作关系；近代日本建立的"大东亚共荣圈"的地区共同体尝试，则是完全依靠武力侵略和征服建立起来的，国家间的关系是不平等的，体现着殖民主义和强权政治的地区秩序观念，因而不仅无法实现，而且给本地区带来了深重灾难。这表明"以一种文明的价值来统领、取代甚至覆盖多样文明各自包含的价值，或者以一个国家的'一'来改造全世界的'多'，违背了各种文明竞相发展的规律，制造出无数的冲突和仇恨"②，反观之，基于人类文明多样性基础上的和平共处的价值理念则为不同文明逐渐走向融合提供了契机。因此，东亚未来的区域合作发展道路，应该是在地区各国之间相互尊重、彼此平等的基础上，拒斥霸权价值体系，彰显各国主体意识而形成的新型合作共同体。自中华人民共和国成立70多年以来，在中国共产党的领导下，探索出了一条坚持以独立自主、互利共赢、和平发展为理念的对外合作道路。这条道路不仅蕴含了具有中国特色的文化和制度价值理念，而且也是在借鉴其他地区合作发展的有益经验基础上所体现出的区域合作共识性价值。习近平主席曾在

---

① 曹阳、王亮：《区域合作模式与类型的分析框架研究》，《经济问题探索》2007年第5期。
② 苏长和：《在新的历史起点上思考中国与世界的关系》，《世界政治与经济》2012年第8期。

亚信第五次外长会议开幕式上引用中国古代典籍的一句名言——"恃德者昌，恃力者亡，"表明了这样的道理，即只有互相谅解谦让、彼此坚守恒有的道义，才能迎来持久稳定和安全，相反"弱肉强食有违时代潮流，穷兵黩武缔造不了和平"①。从此意义上来看，中国所奉行的"独立自主、互利共赢、和平发展"的区域合作道路，在与国际社会维持着包容性合作关系的同时，突破了殖民扩张、霸权政治维系下的现代化模式，为区域一体化和人类社会发展提供了一种全新的道路选择。

---

① 杨立新：《习近平用典释义——"恃德者昌，恃力者亡"》，《学习时报》2016年7月21日。

结　　论

在经济全球化发展的当代国际体系中，国际区域合作成为各国顺应世界经济发展潮流的必然选择。国际区域合作不仅减少了长期以来各国国内资源支持本国经济建设的巨大成本，促进了各国国内经济的增长，为各国的发展提供了良好的国际环境，而且还推动了各国与国际社会的联动，牢固了国家之间相互依存的关系，为解决各国共同面临的全球问题和区域问题提供了有效的路径，是带动各国最终参与和融入全球治理的必由之路。21世纪是中国改革开放进入新时期、经济实力跃居世界前列、国际关系改良的关键时期。在中国的外交战略格局中，区域战略的地位越来越重要，为中国的发展提供了机遇，具体体现在：一是国际区域合作日渐成为中国深化多边外交的可行途径。从20世纪末开始，国际格局的多极化发展，中国在国际社会的整体实力和国际地位的不断提升，使得中国越来越多地将多边主义纳入到未来发展的战略规划之中。国际区域合作作为联合地区多个国家互动的组织形式，不仅为亚洲国家之间探寻共同利益奠定了良好的基础，也为中国具体践行多边外交理念提供了有利契机，并进而为化解周边和亚洲国家猜疑和担忧，建立彼此之间的信任提供了条件。二是国际区域合作为中国有效发挥地区领导力提供了平台。"议程设置能力不强、具体可操作性建议少、对规则的利用能力弱等缺陷"[①] 使得中国在参与国际事务中经常处于被动地位，而国际区域合作正是中国承担大国的国际责任、有效发挥地区领导能力的现实选择。中国通过参与

[①] 苏长和：《发现中国新外交——多边国际制度与中国外交新思维》，《世界经济与政治》2005年第4期。

和担负区域合作公共产品的供应来分享收益,提升中国的国际声誉,发挥大国的文化软实力影响,从而赋予中国发挥地区领导力的合法性。三是国际区域合作成为中国提升国际形象的有效媒介。尽管和平崛起的方式是中国一贯奉行的外交方针,但实际上"也是一种例外论,也会无意间突出中国同其他国家的异质性"①,这实际上也对中国的国际形象带来消极影响。国际区域合作给予中国向地区提供资源的机会,并通过遵循合作机制的规章制度使地区内其他国家信任中国不搞特殊,走和平发展道路的诚意,显示谋求共同发展和实现共赢的决心。由此,如何从理论层面理解国际区域合作,特别是作为一种国际经济政治现象,其背后支持其形成与发展的实质性规律是把握和有效推动区域一体化实践的关键所在。笔者立足于政治学理论、国际政治理论以及系统动力论,改变了以往从某种单一要素探讨国际区域合作的动力问题,在相关理论启示的基础上,从中总结和归纳出四种具有推动国际区域合作形成与发展的动力要素,即国际制度、共有观念、国际体系结构和政治领袖,以此为理论假设,建立了一种国际区域合作动力机制的理论分析框架,分别着重阐述了这四种动力要素在国际区域合作中的作用。在此基础上,运用系统动力论与政治系统理论分析、从横向维度和纵向维度阐述了四种动力要素之间是如何相互作用、相互影响的作用机理,这对中国如何更好地推动东亚区域合作、摆脱"中国威胁论"的困境具有一定的启示意义。

与此同时,加强和推动中国与周边国家的合作,特别是东亚区域合作则需要做进一步努力:其一,进一步加强东亚区域合作制度性机制建设。中国作为地区大国,一方面应积极倡导和促成制度化的区域合作机制,并使其在满足成员国各种发展需要、实现互利共赢的前提下,推动区域合作机制的不断完善,从而进一步适应区域经济一体化的发展步伐。另一方面,应积极促成东亚区域合作机制的整合。为改变目前东亚区域合作机制相互重叠和互不相干的状况,"中国应努力

---

① 《江忆恩于 2011 年 6 月 1 日在中共中央党校国际战略研究所发表演讲,"中国外交面临的挑战和难题"》,http://news.xinhuanet.com/world/2011-07/13/c_121656681.htm。

促使现有的地区合作机制相互协调……最终形成整个亚洲多层次、多样化、相互联系又相互促进的地区合作框架。"① 其二，进一步促成东亚地区认同，尽快形成并实现地区性共识。形成区域性认同是国际区域合作得以建立并能获得持久和深入发展动力的基础。中国在与东亚地区内其他国家共享和谐、秩序、协商、宽容、多样性等共时性价值理念的同时，还要不断拓宽和夯实与地区邻国进行对话和交流的渠道和途径，通过发挥自身文化软实力的正向影响来增进地区邻国对中国的理解和信任，从而为尽早形成地区共识奠定基础。其三，进一步彰显和发挥中国在区域合作的领导能力。卓越的领导能力对于中国推动东亚国际区域合作向前发展起着重要的牵引作用，强大的经济实体为中国发挥地区领导力奠定了基础，但是要想更好地彰显和发挥这种能力，还必须得到地区其他国家的认同和接受，当然，这也离不开中国在区域合作中所奉行的和平外交理念的彰显，从而根本上避免其他国家用霸权主义思维眼光看待中国。

总体而言，对国际区域合作的理论与实践问题的探索是一个艰巨和漫长的过程，其中不乏问题种种，但在和平与发展的时代主题下，其发展前景仍然良好，已然成为世界各地区政治经济稳定、秩序良好的重要路径选择。

---

① 马嬛：《中国参与地区合作的理念演进、特点及前瞻》，《毛泽东邓小平研究》2008年第7期。

参考文献

外文译著

［加］阿米塔·阿查亚:《建构安全共同体:东盟与地区秩序》,王正毅等译,上海人民出版社2004年版。

［英］A.P.瑟尔沃:《增长与发展》,郭熙保译,中国财政经济出版社2001年版。

［美］埃德明·M.胡佛:《区域经济学导论》,王翼龙译,商务印书馆1990年版。

［美］安德鲁·莫劳夫奇克:《欧洲的抉择——社会目标和政府权力:从墨西拿到马斯特里赫特》,赵晨、陈志瑞译,社会科学文献出版社2008年版。

［英］安东尼·吉登斯:《现代性与自我认同:晚期现代中的自我与社会》,夏璐译,中国人民大学出版社2016年版。

［美］奥兰·扬:《世界事务中的治理》,陈玉刚等译,上海人民出版社2007年版。

［英］巴里·布赞等:《世界历史中的国际体系:国际关系研究的再构建》,刘德斌等译,高等教育出版社2004年版。

［英］巴里·布赞等:《国际安全研究的演化》,余潇枫译,浙江大学出版社2011年版。

［美］鲍德温:《新现实主义和新自由主义》,肖欢容译,浙江人民出版社2001年版。

［瑞典］贝蒂尔·奥林:《地区间贸易和国际贸易》,王继祖译,首都经济贸易大学出版社2001年版。

［德］贝娅特·科勒—科赫等：《欧洲一体化与欧盟治理》，顾俊礼等译，中国社会科学出版社 2004 年版。

［美］彼得·卡赞斯坦：《地区构成的世界》，秦亚青、魏玲译，北京大学出版社 2007 年版。

［美］彼得·卡赞斯坦：《国家安全的文化：世界政治中的规范与认同》，宋伟、刘铁娃译，北京大学出版社 2009 年版。

［美］布鲁斯·拉西特、哈维·斯塔尔：《世界政治：供选择的菜单》，张传杰译，人民出版社 2018 年版。

［美］戴维·伊斯顿：《政治生活的系统分析》，王浦劬译，人民出版社 2012 年版。

［美］道格拉斯·C.诺思：《制度、制度变迁与经济绩效》，杭行译，格致出版社 2014 年版。

［德］菲迪南·滕尼斯：《共同体与社会》，张巍卓译，商务印书馆 2020 年版。

［美］菲利克斯·格罗斯：《公民与国家——民族、部族和族属身份》，王建娥等译，新华出版社 2003 年版。

［澳］L.贝塔朗菲：《一般系统论：基础、发展、应用》，秋同等译，社会科学文献出版社 1987 年版。

［英］格雷厄姆·沃拉斯：《政治中的人性》，朱曾汉译，商务印书馆 2011 年版。

［法］古斯塔夫·勒庞：《乌合之众：大众心理研究》，李丹译，电子工业出版社 2020 年版。

［美］汉斯·摩根索：《国家间政治：权利斗争与和平》，徐昕等译，北京大学出版社 2012 年版。

［英］赫德利·布尔：《无政府社会：世界政治秩序研究》，张小明译，上海人民出版社 2015 年版。

［美］加布里埃尔·A.阿尔蒙德等：《比较政治学——体系、过程和政策》，曹沛霖等译，东方出版社 2007 年版。

［德］康拉德·阿登纳：《阿登纳回忆录（1945—1953）（一）》，上海外国语学院德法语系德语组、上海机械学院外语教研室、上海人

民出版社编译室译，上海人民出版社 1976 年版。

［德］康拉德·阿登纳：《阿登纳回忆录（1955—1959）（三）》，上海外国语学院德法语系德语组、上海机械学院外语教研室、上海人民出版社编译室译，上海人民出版社 1976 年版。

［美］康芒斯：《制度经济学》，于树生译，商务印书馆 2021 年版。

［美］克利福德·格尔茨：《文化的解释》，韩莉译，译林出版社 2014 年版。

［美］肯尼思·华尔兹：《国际政治理论》，信强、苏民和译，上海世纪出版集团 2017 年版。

［美］拉塞尔·哈丁：《群体冲突的逻辑》，刘春荣译，上海人民出版社 2013 年版。

［美］莉萨·马丁：《国际制度》，黄仁伟等译，上海人民出版社 2018 年版。

［英］霍布斯：《利维坦》，黎思复等译，商务印书馆 2020 年版。

［菲］鲁道夫·C. 塞韦里诺：《东南亚共同体建设探源：来自东盟前任秘书长的洞见》，王玉主等译，社会科学文献出版社 2012 年版。

［美］罗伯特·吉尔平：《世界政治中的战争与变革》，宋新宁等译，中国人民大学出版社 2019 年版。

［美］罗伯特·吉尔平：《全球政治经济学：解读国际经济秩序》，杨宇光等译，上海人民出版社 2013 年版。

［美］罗伯特·基欧汉、约瑟夫·奈：《权力与相互依赖》，门洪华译，北京大学出版社 2012 年版。

［美］罗伯特·基欧汉：《局部全球化世界中的自由主义、权力与治理》，门洪华译，北京大学出版社 2004 年版。

［美］罗伯特·基欧汉：《霸权之后：世界政治经济中的合作与纷争》，苏长和等译，上海人民出版社 2016 年版。

［美］罗伯特·杰维斯：《国际政治中的知觉与错误知觉》，秦亚青译，世界知识出版社 2015 年版。

［加］罗伯特·杰克逊等：《国际关系学理论与方法》（第四版），吴勇、宋德星译，中国人民大学出版社 2012 年版。

《马克思恩格斯选集》（第一卷），中共中央马克思恩格斯列宁斯大林著作编译局编译，人民出版社 1995 年版。

《马克思恩格斯选集》（第三卷），中共中央马克思恩格斯列宁斯大林著作编译局编译，人民出版社 1995 年版。

［德］马克斯·韦伯：《中国的宗教》，康乐、简惠美译，上海三联书店 2020 年版。

［美］梅尔·格托夫：《人类关注的全球政治》，贾宗谊译，新华出版社 2000 年版。

［美］莫顿·卡普兰：《国际政治的系统和过程》，薄智跃译，上海人民出版社 2008 年版。

［英］诺曼·戴维斯：《欧洲史》，郭芳、刘北成等译，世界知识出版社 2007 年版。

［美］塞缪尔·亨廷顿：《我们是谁？美国国家特性面临的挑战》，程克雄译，新华出版社 2005 年版。

［美］塞缪尔·亨廷顿：《文明的冲突与世界秩序的重建》（修订版），周琪等译，新华出版社 2010 年版。

［西班牙］圣地亚哥·加奥纳·弗拉加：《欧洲一体化进程——过去与现在》，朱伦等译，社会科学文献出版社 2009 年版。

［美］斯蒂芬·沃尔特：《联盟的起源》，周丕启译，北京大学出版社 2007 年版。

［英］泰勒：《多维视野中的文化理论》，顾晓鸣译，浙江人民出版社 1987 年版。

［美］威廉·奥尔森：《国际关系的理论与实践》，王沿、孔宪倬译，中国社会科学出版社 1987 年版。

［美］西奥多·A. 哥伦比斯、杰姆斯·H. 沃尔夫：《权力与正义》，白希译，华夏出版社 1990 年版。

［美］希尔斯曼：《美国是如何治理的》，曹大鹏译，商务印书馆 1995 年版。

［日］星野昭吉：《全球政治与东亚区域化：全球化，区域化与中日关系》，刘小林译，北京师范大学出版社 2012 年版。

［美］亚历山大·温特：《国际政治的社会理论》，秦亚青译，上海人民出版社 2014 年版。

［古希腊］亚里士多德：《政治学》，吴寿彭译，商务印书馆 1980 年版。

［比利时］尤利·德沃伊斯特：《欧洲一体化进程——欧盟的决策与对外关系》，门镜译，中国人民大学出版社 2007 年版。

［日］羽长久美子：《全球化时代的亚洲区域联合》，姜德春译，中央编译出版社 2014 年版。

［美］约翰·鲁杰：《多边主义》，苏长和等译，浙江人民出版社 2003 年版。

［英］约翰·麦克里兰：《西方政治思想史》，彭淮栋译，中信出版社 2014 年版。

［美］约瑟夫·拉彼德、弗里德里希·克拉：《文化和认同：国际关系回归理论》，金烨译，浙江人民出版社 2003 年版。

［美］约瑟夫·奈：《理解国际冲突：理论与历史》，张小明译，上海人民出版社 2009 年版。

［美］约瑟夫·奈：《硬权力与软权力》，门洪华译，北京大学出版社 2005 年版。

［美］詹姆斯·罗西瑙：《没有政府的治理》，江西人民出版社 2001 年版。

［美］詹姆士·戴维·巴伯：《总统的性格》，赵广成译，中国人民大学出版社 2015 年版。

［美］詹姆斯·多尔蒂等：《争论中的国际关系理论》（第五版），阎学通等译，世界知识出版社 2013 年版。

［美］詹姆斯·麦格雷戈·伯恩斯：《领袖论》，刘李胜等译，中国社会科学出版社 1996 年版。

［美］朱迪斯·戈尔茨坦、罗伯特·基欧汉：《观念与外交政策：信念、制度与政治变迁》，刘东国译，北京大学出版社 2005 年版。

[荷] 岩·瓦德哈斯特：《欧债危机与中欧关系》，张利华译，知识产权出版社 2013 年版。

中文著作

白英瑞、康增奎：《欧盟：经济一体化理论与实践》，经济管理出版社 2002 年版。

北京大学哲学系外国哲学史教研室编译：《古希腊罗马哲学》，商务印书馆 2021 年版。

陈峰君、祛建华主编：《新地区主义与东亚合作》，中国经济出版社 2007 年版。

陈乐民：《20 世纪的欧洲》，生活·读书·新知三联书店 2007 年版。

陈乐民：《战后西欧国际关系（1945—1984）》，生活·读书·新知三联书店 2014 年版。

陈乐民、周弘：《欧洲文明的进程》，生活·读书·新知三联书店 2003 年版。

陈勇：《新区域主义与东亚经济一体化》，社会科学文献出版社 2006 年版。

陈玉刚：《国家与超国家——欧洲一体化理论比较研究》，上海人民出版社 2001 年版。

陈岳、陈翠华主编：《李光耀——新加坡的奠基人》，时事出版社 1990 年版。

陈志敏等：《欧洲联盟对外政策一体化——不可能的使命？》，时事出版社 2003 年版。

储祥银等编著：《国际经济合作原理》，对外贸易教育出版社 1993 年版。

戴中等：《国际经济学》，首都经济贸易大学出版社 2002 年版。

丁斗：《东亚地区的次区域经济合作》，北京大学出版社 2001 年版。

樊莹：《国际区域经济一体化的经济效应》，中国经济出版社

2005年版。

方柏华：《国际关系格局：理论与现实》，中国社会科学出版社2001年版。

富景筠：《丝绸之路经济带与欧亚经济联盟》，社会科学文献出版社2016年版。

付玉丹等主编：《西方经济学》，东北师范大学出版社2011年版。

古莉亚：《欧洲一体化的悖论》，吉林大学出版社2010年版。

郭定平主编：《东亚共同体建设的理论与实践》，复旦大学出版社2008年版。

国务院新闻办公室等主编：《习近平谈治国理政》，外文出版社2014年版。

洪邮生：《欧洲国际关系的演进》，生活·读书·新知三联书店2013年版。

华晓红：《国际区域经济合作——理论与实践》，对外经济贸易大学出版社2007年版。

黄河：《一带一路与国际合作》，上海人民出版社2015年版。

黄伟峰主编：《欧洲联盟的组织与运作》，台北：五南图书出版股份有限公司2007年版。

霍绍周：《系统论》，科学技术文献出版社1988年版。

姜安等主编：《政治学概论》（第2版），高等教育出版社2011年版。

江帆：《东盟安全共同体变迁规律研究：历史制度主义视角下与阿米塔·阿查亚教授商榷》，中国社会科学出版社2013年版。

姜兴宏：《社会系统分析》，东方出版社1993年版。

蒋云根：《政治人的心理世界》，学林出版社2003年版。

教育部社会科学研究与思想政治工作司组编：《马克思主义哲学原理》，高等教育出版社2003年版。

李铁主编：《图们江合作发展报告2016》，社会科学文献出版社2016年版。

李铁立：《边界效应与跨边界次区域经济合作研究》，中国金融出版社 2005 年版。

李巍、王学玉编:《欧洲一体化理论与历史文献选读》,山东人民出版社 2001 年版。

李向阳:《一带一路:定位、内涵及需要优先处理的关系》,社会科学文献出版社 2015 年版。

李新安等:《中国区域经济协调发展的动力机制——以中原经济区为样本》,社会科学文献出版社 2013 年版。

李玉潭等:《东北亚区域经济发展与合作机制创新研究》,吉林人民出版社 2006 年版。

梁守德、洪银娴:《国际政治学理论》,北京大学出版社 2013 年版。

刘文秀等:《欧洲联盟政策及政策过程研究》,法律出版社 2003 年版。

刘作奎:《欧洲和一带一路倡议:回应与风险》,中国社会科学出版社 2015 年版。

罗必良:《经济组织的制度逻辑》,山西经济出版社 2000 年版。

吕康银:《利益分配、矛盾冲突与协调发展》,东北师范大学出版社 2006 年版。

马胜利、邝杨主编:《欧洲认同研究》,社会科学文献出版社 2008 年版。

倪世雄:《当代西方国际关系理论》,复旦大学出版社 2001 年版。

祁怀高:《构筑东亚未来:中美制度均势与东亚体系转型》,中国社会科学出版社 2011 年版。

秦亚青:《权利·制度·文化》,北京大学出版社 2005 年版。

秦亚青主编:《文化与国际社会:建构主义与国际关系理论研究》,世界知识出版社 2014 年版。

全国 13 所高等院校编写组编:《社会心理学》,南开大学出版社 2016 年版。

时蓉华:《现代社会心理学》,华东师范大学出版社 2007 年版。

苏长和:《全球公共问题与国际合作:一种制度的分析》,上海人民出版社 2009 年版。

王德禄：《区域的崛起——区域创新理论与案例研究》，山东教育出版社 2002 年版。

王家福、徐萍：《国际战略学》，高等教育出版社 2005 年版。

王金波：《"一带一路"经济走廊与区域经济一体化：形成机理与功能演进》，社会科学文献出版社 2016 年版。

王浩斌：《马克思主义中国化动力机制研究》，中国社会科学出版社 2009 年版。

王明华主编：《"一带一路"：战略与国际区域经济合作》，法律出版社 2016 年版。

王逸舟：《当代国际政治析论》，上海人民出版社 2015 年版。

王玉主：《"一带一路"与亚洲一体化模式的重构》，社会科学文献出版社 2015 年版。

韦红：《地区主义视野下中国—东盟合作研究》，世界知识出版社 2006 年版。

魏燕慎：《亚洲增长三角经济合作区研究》，中国物价出版社 1998 年版。

吴彤：《多维融贯：系统分析与哲学思维方法》，云南人民出版社 2005 年版。

伍贻康等：《三足鼎立？全球竞争体系中的欧美亚太经济区》，上海社会科学院出版社 2001 年版。

夏禹龙等主编：《亚太地区经济合作与中国亚太经济战略》，上海人民出版社 1996 年版。

谢永亮：《智谋大师李光耀：小国伟人》，中原农民出版社 1997 年版。

许亮：《东北亚安全制度中的同盟主义与多边主义：理论与历史》，中国政法大学出版社 2014 年版。

徐希燕等：《"一带一路"与未来中国》，社会科学文献出版社 2016 年版。

阎钢：《政治伦理学要论》，中央文献出版社 2007 年版。

杨栋梁、郑蔚主编:《东亚一体化的进展及其区域合作的路径》,天津人民出版社2008年版。

叶浩生主编:《西方心理学的历史与体系》,人民教育出版社2014年版。

叶裕民:《中国区域开发论》,中国轻工业出版社2000年版。

俞正梁:《当代国际关系学导论》,复旦大学出版社1996年版。

赵展:《东南亚国家——成立发展同主要大国的关系》,中国物资出版社1994年版。

张鸿:《区域经济一体化与东亚经济合作》,人民出版社2006年版。

张季良主编:《国际关系学概论》,世界知识出版社1989年版。

张洁主编:《中国周边安全形势评估——"一带一路":战略对接与安全风险》,社会科学文献出版社2016年版。

张可云:《区域经济政策——理论基础与欧盟国家实践》,中国轻工业出版社2001年版。

张曙霄、李秀敏:《国际贸易:理论、政策、措施》,中国经济出版社2001年版。

中国现代国际关系研究所编:《美国思想库及其对华倾向》,时事出版社2003年版。

邹珊刚等:《系统科学》,上海人民出版社1987年版。

朱琴芬编著:《新制度经济学》,华东师范出版社2006年版。

庄锡昌等主编:《多维视野中的文化理论》,浙江人民出版社1987年版。

郭树勇:《文化国际主义:新型国际治理的逻辑》,上海人民出版社2019年版。

王明国:《全球治理引论》,世界知识出版社2019年版。

期刊论文、报纸:

星野昭吉、刘小林:《全球化与区域化视角下构建东亚共同体的思考》,《世界经济与政治》2011年第4期。

赫特、索德伯姆：《地区主义崛起的理论阐释》，《世界经济与政治》2000年第1期。

包广将：《东亚国家间信任生成与流失的逻辑：本体性安全的视角》，《当代亚太》2015年第1期。

曹阳、王亮：《区域合作模式与类型的分析框架研究》，《经济问题探索》2007年第5期。

陈瑞莲：《欧盟国家的区域协调发展：经验与启示》，《政治学研究》2006年第3期。

陈玉刚：《多重国际体系的视野与战略》，《国际观察》2008年第5期。

高程：《区域合作模式形成的历史根源和政治逻辑——以欧洲和美洲为分析样本》，《世界经济与政治》2010年第10期。

高程：《区域公共产品供求关系与地区秩序及其变迁——以东亚秩序的演化路径为案例》，《世界经济与政治》2012年第11期。

宫倩、高英彤：《制度视角下东北亚区域经济合作的建构路径》，《黑龙江社会科学》2016年第2期。

郭继光：《李光耀的地区合作观》，《东南亚研究》2000年第1期。

郭树勇：《区域治理理论与中国外交定位》，《教学与研究》2014年第12期。

郭湛、王洪波：《改革、发展、稳定、和谐的动力机制》，《天津社会科学》2008年第5期。

郭振家：《美国的介入与亚洲一体化——基于欧盟创立及发展历程的反思》，《太平洋学报》2014年第2期。

范思聪：《北美自由贸易区的发展过程及其政治解读》，《江汉论坛》2013年第12期。

樊勇明：《从国际公共产品到区域公共产品——区域合作理论的新增长点》，《世界经济与政治》2010年第1期。

黄凤志、刘瑞：《日本对"一带一路"的认知与应对》，《现代国际关系》2015年第11期。

李峰、郑先武:《区域大国与区域秩序建构——东南亚区域主义进程中的印尼大国角色分析》,《当代亚太》2015 年第 3 期。

李明明:《论欧盟区域认同的社会建构》,《南开学报》(哲学社会科学版) 2005 年第 5 期。

李少军:《怎样认识国际体系》,《世界经济与政治》2009 年第 6 期。

李巍:《霸权国与国际公共物品——美国在地区金融危机中的选择性援助行为》,《国际政治研究》2007 年第 3 期。

李巍:《从体系层次到单元层次——国内政治与新古典现实主义》,《外交评论》2009 年第 5 期。

李巍、邓允轩:《德国的政治领导与欧债危机的治理》,《外交评论》2017 年第 6 期。

梁守德:《论国际政治学理论的"中国特色"》,《外交学院学报》1997 年第 2 期。

刘均胜:《APEC 模式的制度分析》,《当代亚太》2002 年第 1 期。

刘鹏等:《印度尼西亚 2012 年回顾与未来展望》,《东南亚研究》2013 年第 2 期。

高伟凯:《国家利益概念的界定及其解读》,《世界经济与政治论坛》2009 年第 1 期。

刘卿:《新形势下加快中日韩合作的路径选择》,《东北亚论坛》2019 年第 5 期。

刘兴华:《地区认同与东亚地区主义》,《现代国际关系》2004 年第 5 期。

刘中伟:《东亚生产网络、全球价值链整合与东亚区域合作的新走向》,《当代亚太》2014 年第 4 期。

江瑞平:《东亚合作与中日关系的互动:困局与对策》,《外交评论》2014 年第 5 期。

孔繁颖、李巍:《美国的自由贸易区战略与区域制度霸权》,《当代亚太》2015 年第 2 期。

马嫕:《中国参与地区合作的理念演进、特点及前瞻》,《毛泽东邓小平研究》2008 年第 7 期。

门洪华：《地区秩序建构的逻辑》，《世界经济与政治》2014 年第 7 期。

庞中英：《地区化、地区性与地区主义——论东亚地区主义》，《世界经济与政治》2003 年第 11 期。

庞中英：《习近平外交思想解读》，《人民论坛》2013 年第 12 期。

齐卫平、宋瑞：《试析系统论思想与党的建设科学化》，《社会科学》2012 年第 7 期。

秦亚青：《层次分析法与国际关系研究》，《欧洲》1998 年第 3 期。

沈雅梅：《亚太秩序的构建：基于中美日视角的分析》，《国际观察》2016 年第 6 期。

任琳：《英国脱欧对全球治理及国际政治经济格局的影响》，《国际经济评论》2016 年第 6 期。

苏长和：《发现中国新外交——多边国际制度与中国外交新思维》，《世界经济与政治》2005 年第 4 期。

苏长和：《中国的软权力——以国际制度与中国的关系为例》，《国际观察》2007 年第 2 期。

苏长和：《在新的历史起点上思考中国与世界的关系》，《世界经济与政治》2012 年第 8 期。

孙洪魁、李霞：《东北亚区域合作的文化视角——打造区域合作的文化基础》，《东北亚论坛》2006 年第 3 期。

孙久文、顾梦琛：《"一带一路"战略的国际区域合作重点方向探讨》，《华南师范大学学报》（社会科学版）2015 年第 5 期。

谭融：《美国的利益集团政治理论综述》，《天津大学学报》（社会科学版）2001 年第 1 期。

唐世平、张蕴岭：《中国的地区战略》，《世界政治与经济》2004 年第 6 期。

唐世平：《国际秩序变迁与中国选项》，《中国社会科学》2019 年第 3 期。

唐玉华:《东盟的"非正式"机制》,《当代亚太》2003年第4期。

王公龙:《国家利益、共有利益与国际责任观——兼论中国国际责任观的构建》,《世界经济与政治》2008年第9期。

王国平:《东盟与东亚新地区主义》,《当代亚太》2007年第7期。

王明国:《国际制度复杂性与东亚一体化进程》,《当代亚太》2013年第1期。

王义桅、郑栋:《"一带一路"战略道德风险与应对措施》,《东北亚论坛》2015年第4期。

王逸舟:《国家利益再思考》,《中国社会科学》2002年第2期。

吴昕春:《论地区一体化进程中的地区治理》,《现代国际关系》2002年第6期。

伍贻康:《东亚一体化发展态势和内外条件的点评》,《亚太经济》2006年第1期。

吴泽林:《近年中国学界关于东亚一体化的研究述评》,《现代国际关系》2015年第10期。

吴泽林:《探析欧亚两种不同的区域合作模式》,《中国国情国力》2016年第3期。

吴征宇:《关于层次分析的若干问题》,《欧洲》2001年第6期。

邢悦:《文化功能在对外政策中的表现》,《太平洋学报》2002年第3期。

杨建党:《领袖权威与制度成长:基于互动的视角》,《云南社会科学》2009年第4期。

俞正樑、高品:《一个重点,两条主线——2015年中国外交》,《国际观察》2016年第1期。

曾向红:《"一带一路"的地缘政治想象与地区合作》,《世界经济与政治》2016年第1期。

张度:《比较视角下的东北亚区域意识:共同命运对集体认同的关键影响》,《当代亚太》2011年第4期。

张宏志、郑易平：《析美国对外政策的政治文化基础》，《世界经济与政治论坛》2014年第6期。

张继平：《基于利益视角下东北亚海洋环境区域合作治理问题研究》，《上海行政学院学报》2018年第5期。

张景泉：《观念与同盟关系探析》，《世界经济与政治》2010年第9期。

张钦朋：《阿尔蒙德的结构功能主义评析》，《内蒙古大学学报》（哲学社会科学版）2012年第6期。

张清敏：《外交政策分析的认知视角理论与方法》，《国际论坛》2003年第1期。

张小明：《东亚共同体建设：历史模式与秩序观念》，《世界经济与政治论坛》2011年第1期。

张蕴岭：《推进东北亚区域合作：困境、空间与问题》，《东北亚学刊》2019年第4期。

郑先武：《东盟"安全共同体"：从理论到实践》，《东南亚研究》2004年第1期。

郑先武：《区域研究的新路径："新区域主义方法"述评》，《国际观察》2004年第4期。

郑必坚：《中国的和平崛起与亚太地区的机遇》，《半月谈》2004年。

郑永年：《中国应考量如何保护其海外利益》，《科学决策》2007年第3期。

周琦、邓榕：《"一带一路"外交战略的内涵》，《湘潭大学学报》（哲学社会科学版）2016年第1期。

朱景鹏：《区域主义理论基础与相关学说》，《国际政治研究》2000年第1期。

朱仁显：《欧洲议会的立法程序》，《人民论坛》1999年第2期。

左希迎、唐世平：《理解战略行为：一个初步的分析框架》，《中国社会科学》2012年第11期。

褚新宇：《区域秩序的建构与中国的策略选择——历史与现实维

度的经验分析》，博士学位论文，中央党校，2003年。

韩万圣：《冷战后中国国际制度战略研究》，博士学位论文，复旦大学，2008年。

李俊福：《普京外交构想研究》，博士学位论文，中共中央党校，2005年。

李明明：《欧洲联盟的集体认同研究》，博士学位论文，复旦大学，2004年。

宋静：《冷战后美国思想库在影响对华决策中的角色分析》，博士学位论文，华东师范大学，2009年。

孙志煜：《区域经济组织争端解决模式研究》，博士学位论文，西南政法大学，2011年。

肖欢容：《地区主义理论的历史演进》，博士学位论文，中国社会科学院研究生院，2002年。

杨晓萍：《中共外交中的观念因素》，博士学位论文，中共中央党校，2009年。

赵广成：《从合作到冲突：国际关系的退化机制分析》，博士学位论文，外交学院，2010年。

赵建明：《伊朗国家安全战略的动力学分析（1953—2007）》，博士学位论文，复旦大学，2007年。

周兴泰：《动力、作用与反馈：国际政治中的国家行为研究》，博士学位论文，华中师范大学，2013年。

门洪华：《中国大战略的主导理念》，《学习时报》2005年5月2日。

王辉耀：《发展中日韩合作，凝聚亚洲力量》，《北京青年报》2019年12月30日。

杨立新：《习近平用典释义——"恃德者昌，恃力者亡"》，《学习时报》2016年7月21日。

张鹭、李桂花：《"人类命运共同体"视域下全球治理的挑战与中国方案选择》，《社会主义研究》2020年第1期。

张蕴岭：《转变中的亚太区域关系与机制》，《外交评论》（外交学报）2018 年第 3 期。

陈积敏：《特朗普政府"印太战略"：政策与限度》，《和平与发展》2018 年第 1 期。

王亚军：《亚洲安全新格局的历史性建构》，《国际安全研究》2018 年第 1 期。

马荣久：《亚洲地区秩序构建的制度动力与特征》，《国际论坛》2019 年第 3 期。

董贺：《东盟的中心地位：一个网络视角的分析》，《世界经济与政治》2019 年第 7 期。

蒋芳菲、王玉主：《中美互信流失原因再探——基于对中美信任模式与互动过程的考察》，《太平洋学报》2019 年第 12 期。

王明国：《制度实践与中国的东亚区域治理》，《当代亚太》2017 年第 4 期。

石之瑜：《国际关系中的"关系"理论与"后华性"实践》，《东南亚研究》2020 年第 3 期。

郑先武：《区域大国区域安全治理的多重角色——印度和印度尼西亚的案例比较分析》，《国际观察》2019 年第 5 期。

张云：《国际关系中的区域治理：理论建构与比较分析》，《中国社会科学》2019 年第 7 期。

郭树勇、杨文萱：《大变局中国际格局的影响因素及其主要特点分析》，《毛泽东邓小平理论研究》2020 年第 12 期。

钮松、伍睿：《美国的中东"护航联盟"及其走向》，《现代国际关系》2019 年第 7 期。

耿协峰：《全球性地区治理的观念生成和实现路径——兼以互联互通的政策扩散为例》，《国际政治研究》2021 年第 4 期。

程铭、刘雪莲：《共生安全：国际安全公共产品供给的新理念》，《东北亚论坛》2020 年第 2 期。

外文文献

Amitav Acharya, "Culture, Security, Multilateralism: the 'ASEAN

Way' and Regional Order", in Keith R. Krause, ed. *Multilateralism, Arms Control and Security Building*, London: Frank Cass, 1999.

Blyth, M., *Austerity: The History of a Dangerous Idea*, New York: Oxford University Press, 2013.

Boulder, C. O., *The Return of Culture and Identity in International Relations*, Lynne Rienner Publishers, 1996.

Charles McClelland, *Theory and International System*, New York & London: the MacMillan Company, 1996.

Cyril E. Black, Rebirth, *A History of Europe Since World War II*, Colorado: Westview Press, 1992.

M. Shellyetal, eds., *Aspects of European Cultural Diversity*, London: Routledge, 1995.

Morton A. Kaplan, *System and Process in International Politics*, European Consortium for Political Research Press, 2008.

Kenneth Waltz, *Theory of International Politics*, New York: McGraw-Hill, 1979.

Krugman P., Hanson G., *Mexico-US Free Trade and Location of Production: the Mexico-US Free Trade Agreement*, MIT Press, 1994.

L. J. Cantori, S. L. Spiegal, *The International Politics of Regions: A Comprehensive Approach*, Eaglewood Cliffs: N. J. Prentice-Hill, 1970.

L. V. Bertalanffy, *General System Theory*, New York: George Bragiller, 1968.

Robert Gilpin, *War and Change in World Politics*, New York: Cambridge University Press, 1981.

Robert O. Keohane, *International Institutions and State Power: Essays in International Relations Theory*, Boulder: Westview Press, 1989.

Robert O. Keohane, *The Promise of Institutionalist Theory in Michael E. Brown etc ed. Theories of War and Peace*, Cambridge Massachusetts: the MIT Press, 2000.

Thomas Christiansen, Knud Erik Jorgensen, and Antje Wiener eds.,

The Social Construction of Europe, London: Sage Publication, 2001.

William Wallace, *Regional Integration: the West European Experience*, Washington D. C. : the Bookings Institution.

Amitav Acharya, "The End of American World Order; Barry Busan. A World Order without Superpowers: Decentered Globalism", *International Relations*, 2011 (1).

André Hedlund, Aline Regina, Alves Martins, "Germany and Greece in the Eurozone Crisis from the Viewpoint of the Neo-Neo Debate", *A Journal of the Brazilian Political Science Association*, 2017 (1).

Arie Krampf, "From the Maastricht Treaty to Post-crisis EMU: The ECB and Germany as Drivers of Change", *Journal of Contemporary European Studies*, 2014 (3).

Arthur Benzet, Dominic Heinz, "Managing the Economic Crisis in Germany: Building Multilevel Governance in Budget Policy", 2016 (3).

Bill Lucarelli, "German Neomercantilism and the European Sovereign Debt Crisis", *Journal of Post Keynesian Economics*, 2011 (2).

Bonefeld, W., "Freedom and the Strong State: On German Ordoliberalism", *New Political Economy*, 2012 (17).

Bornhorst, F. and Mody, A., "Tests of German Resilience", *IMF Working Paper* 12/239 (Washington, D.C.: International Monetary Fund., 2012.

Carlin, W., "Real Exchange Rate Adjustment, Wage-Setting Institutions and Fiscal Stabilization Policies: Lessons from the Euro-Zone's First Decade", *CESifo Economic Studies*, published online, 2012.

Charles Kindleberger, "Dominance and Leadership in the International Economy: Exploitation, Public Goods and Free Rides", *International Studies Quarterly*, June, 1981.

Draghi, M., and V. Constâncio, "Introductory Statement to the Press Conference", *Frankfurt am Main: European Central Bank*, 2012.

Glossner, C. and Gregosz, D., "60 Years of Social Market Economy

Formation, Development and Perspectives of a Peacemaking Formula", *Sankt Augustin/Berlin*: Konrad-Adenauer-Stiftung, 2010.

Gordon Hanson, "Economic Integration, Intraindustry Trade, and Frontier Regions", *European Economic Review*, 1996 (4).

Halevi, J., Kriesler, P., "Stagnation and Economic Conflict in Europe", *International Journal of Political Economy*, 2004, 34 (2).

Helen Milner, "International Theories of Cooperation among Nations", in *World Politics*, 1992 (3).

J. David Singer, "The Level of Analysis Problem in International Relations", *World Politics*.

Joseph S. Nye, Jr, "U.S. Power and Strategy after Iraq", *Foreign Affairs*, 2003 (4).

Kitschelt, H., and W. Streeck, "From Stability to Stagnation: Germany at the Beginning of the Twenty-first Century", in H. Kitschelt and W. Streeck eds., *Germany: Beyond the Stable State*, London: Frank Cass, 2004.

Kurt Hubner, "German Crisis Management and Leadership-From Ignorance to Procrastination to Action", *Asia Europe Journal*, 2012.

Luigi Bonatti, Andrea Fracasso, "The German Model and the European Crisis", *Journal of Common Market Studies*, 2013 (6).

Magnus G. Schoeller, "Providing political leadership? Three case studies on Germany's ambiguous role in the Eurozone Crisis", *Journal of European Public Policy*, 2017 (1).

Marina Geenhuizen, "Progress in Regional Science: a European Perspective", *International Regional Science Review*, 1996 (3).

Mattli, W., *The Logic of Regional Integration: Europe and Beyond*, Cambridge University Press, 1999.

Matthias Matthijs, Kathleen Mcnamara, "The Euro Crisis Theory Effect Northern Saints, Southern Sinners, and the Demise of the Eurobond", *Journal of European Integration*, 2015.

McCallum J., "National Borders Matter: Canada – U. S. Regional Trade Patterns", *American Economic Review*, 1995 (85).

Nitsch Volker, "National Borders and International Trade: Evidence from the European Union", *Canadian Journal of Economics*, 2000 (10).

Simon Bulmer, "Germany and the Eurozone Crisis between Hegemony and Domestic Politics", *West European Politics*, 2014 (6).

Stefania Baroncelli, "Long-term vs short-term perspectives: adaptation, stability and the roles of the constitutional courts in the management of the Eurozone crisis in Germany and Italy", *Contemporary Italian Politics*, 2018 (1).

Stephen Krasner, "Structural Cause and Regime Consequences: Regimes as Intervening Variables", *International Organization*, 1982.

Theodoros Papadopoulos, Antonios Roumpakis, "Rattling Europe's Ordoliberal 'Iron Cage': The Contestation of Austerity in Southern Europe", *Critical Social Policy*, 2018 (3).

Ministry of Finance of Finland: Joint Statement of the Ministers of Finance of Germany, the Netherland and Finland, 2012-09-25, http://vm.fi/en/article/-/asset_publisher/joint-statement-of-the-ministersof-finance-of-germany-the-netherlands-and-finland.

James A., "Sperling and Mark Webber. The European Union: Security Governance and Collective Securitisation", *West European Politics*, 2019 (2).

Jong-yil Ra, "Soft Side of a Security Community in Northeast Asia", *The Journal of East Asian Affairs*, 2018 (1).

Katarzyna Anna Nawrot, "Does Confucianism Promote Cooperation and Integration in East Asia?", *International Communication of Chinese Culture*, 2020 (1).

Haroldo Ramanzini and Bruno T. Luciano, "A Comparative Analysis of Regionalism in the Global South: The Security and Defence Dimension of UNASUR and African Union", *South African Journal of International*

Affairs, 2018 (2).

Brendon J. Cannon and Federico Donelli, "Asymmetric Alliances and High Polarity: Evaluating Regional Security Complexes in the Middle East and Horn of Africa", *Third World Quarterly*, 2020 (3).

Ryan Burke and Jahara Matisek, "The Illogical Logic of American Entanglement in the Middle East", *Journal of Strategic Security*, 2020 (1).

David Held, et al., "Innovation and Resilience in Global Health Governance", *Global Policy*, 2019 (2).

Joanne Wallis and James Batley, "How Does the 'Pacific' Fit into the 'Indo-Pacific'? The Changing Geopolitics of the Pacific Islands", *Security Challenges*, 2020 (1).

后　　记

　　本书是在我的博士论文基础上进行反复斟酌修改后的成果。回想在东北师范大学的苦读时光，对这里的一草一木存有深厚感情，感谢母校提供的良好环境与资源！一日为师，终生为父。感恩我的博士导师高英彤教授对我的悉心栽培。无论是做人还是做事，导师都怀揣真诚之心，特别是在做学问上，永远不乏知识分子的一片赤诚，始终是秉持理想和执着，使我由衷地钦佩不已，也深深地感染了我，是我日后在工作中保持学术激情的精神食粮。感激老师对我这个笨拙的学生的不离不弃，导师总是能够对我耐心教导和寄托一份期许。此外，还要感谢刘彤老师、柏维春老师、杨弘老师、刘晓莉老师、刘桂芝老师等，他们使我在以往的学习生活中受益颇多，并在成果撰写的过程中提出了许多值得深思的建议，衷心祝福老师们工作顺利、吉祥安康！

　　感恩我的父母从小到大为我辛勤付出的一切，是他们对我学业的支持使我能够坚持追求自己的目标而走到了今天，尤其是妈妈对我的谆谆教诲让我明白一个人的路途无论顺境和逆境都要不忘初心，坚韧意志。此外，还要感谢其他亲戚对我日常生活的关怀和照顾，特别是我年过八十的姥姥，经常惦念我的学习与生活，希望姥姥安享晚年！感谢我的伴侣胡先生对我的支持，他是我的良师益友，其自身所具备的博学才华，一直是我学习的榜样。在成果的修改过程中，他不遗余力地为我提供各种相关的参考资料，并提出了宝贵意见。此外，还要感谢他在百忙之中对家庭事务的分担和对儿子的照料。

　　感谢我所在的单位长春师范大学，本书成果能够顺利出版要得益于长春师范大学学术专著出版项目而获得资助，亦对该项目答辩过程中评审专家给予我的中肯修改意见表示由衷感谢！

  感谢中国社会科学出版社负责本书事宜的编辑等相关工作人员的辛苦校对！